NOUVEAU
TABLEAU DE PARIS
AU XIXME SIÈCLE.

II.

PARIS. — IMPRIMERIE DE COSSON,
rue Saint-Germain-des-Prés, n. 9.

NOUVEAU
TABLEAU DE PARIS

AU XIXᴹᴱ SIÈCLE.

TOME DEUXIÈME.

PARIS.

LIBRAIRIE DE MADAME CHARLES-BÉCHET,
QUAI DES AUGUSTINS, Nº 59.

M DCCC XXXIV.

PARIS
MODERNE.

BIBLIOTHÈQUES PUBLIQUES.

Bibliothèque de l'Arsenal.

Le contraste est grand, lorsque de la Bibliothèque du roi on passe à celle de l'Arsenal; horizon, physionomie, position, tout est changé; on se trouve dans un tout autre monde, et n'étaient la Seine et les quais qu'on laisse derrière soi, on se croirait fort loin de Paris, de la boue de ses rues, du roulement étourdissant de ses fiacres et

de la foule bruyante qui se heurte sur ses trot‑
toirs.

Placée à l'une des extrémités de la capitale, dans un des bâtimens dépendans de l'ancien Ar‑ senal, cette bibliothèque a vue d'un côté sur la Seine et l'île Louviers, et de l'autre sur une vaste esplanade plantée d'arbres. L'isolement du bâti‑ ment principal, son assiette sur un terre-plein qui domine la rivière et les quais voisins, donnent à ce dépôt un aspect d'élégance et de légèreté ar‑ chitecturale qui contrastent avec la lourde et triste physionomie de la Bibliothèque de la rue de Richelieu. Même différence à l'intérieur. Ici, point d'entrée monumentale, de larges escaliers et de vastes galeries; mais une porte petite et élevée de deux marches, un escalier de maison bourgeoise et une série de petites pièces qui sem‑ blent vides à peine de leur somptueux mobilier et de leurs riches locataires. Chaque salle a sa cheminée; des moulures ornent tous les plafonds; des glaces, des dessus de portes, des médaillons, des boiseries sculptées avec goût, se montrent de tous les points aux regards étonnés du visiteur. On y rencontre jusqu'à des consoles. Toutes ces pièces sont tenues avec un soin et une propreté qui feraient honneur aux meilleures maisons. La recherche y est poussée à ce point que de longues bandes de serge verte défendent la surface brillante et polie des parquets contre la chaussure boueuse des habitués.

La distribution intérieure de ce dépôt, les élégans débris qui se voient dans toutes les salles cessent de surprendre lorsque l'on apprend que le local occupé par la bibliothèque composait autrefois l'appartement de son fondateur, le marquis de Paulmy d'Argenson, ancien ministre de la guerre sous Louis XV, puis directeur de l'Arsenal.

Le marquis de Paulmy, ministre et bibliomane grand seigneur, avait dû à sa fortune et à sa position de réunir une collection nombreuse de livres imprimés et de manuscrits remarquables par le choix des éditions et la beauté des volumes. Les fonds de Barbazan, de Lacurne de Sainte-Palais et de quelques autres savans étaient successivement venus la grossir. Ses héritiers, probablement embarrassés de tant de volumes, et plus soucieux d'espèces ayant cours que de rares et beaux ouvrages, vendirent cette collection, en 1785, au comte d'Artois (depuis Charles X). Ce prince en ouvrit immédiatement l'accès au public, puis, en 1787, il vint en augmenter encore les richesses en y versant la curieuse bibliothèque du duc de La Vallière, gentilhomme de la chambre de

Louis XVI, et qui, long-temps, avait eu la direction des théâtres dans ses attributions. La révolution venue, la bibliothèque du comte d'Artois, déclarée propriété nationale, obtint sa part dans les dépouilles bibliographiques des maisons religieuses alors supprimées. Lorsqu'après la fatale journée de Waterloo, la période révolutionnaire eut décidément fait place à la restauration, une ordonnance du 25 avril 1816 rendit au comte d'Artois la bibliothèque de l'Arsenal, qui prit alors le titre de *Bibliothèque de Monsieur*. Mais ce prince ne tarda pas à renoncer à ses droits de propriétaire; peu de mois après, un acte de pur don, de gratuite munificence la réunit de nouveau au domaine de l'état.

Un récensement fait dans les derniers mois de 1832 donne à la bibliothèque de l'Arsenal 175,000 volumes imprimés et 5,800 manuscrits. Cette collection est très-riche; elle renferme un grand nombre d'ouvrages rares et de haut prix. C'est une précieuse succursale de la Bibliothèque du roi. Que de fois on y est venu consulter des volumes perdus ou prêtés par le dépôt de la rue de Richelieu! Il est peu de travailleurs qui n'aient souvent béni la richesse et la fidélité de ses rayons. Les vastes galeries de la Bibliothèque royale auraient souvent retenti d'amères récriminations si cette soudaine réflexion : *j'irai à l'Arsenal*, n'avait arrêté les plaintes de l'homme laborieux qui, demandant dix ouvrages différens, recevait chaque fois cette réponse : *il n'y est pas*. Aussi n'était la lieue qui sépare du centre de Paris l'ancien dépôt de *Monsieur*, ses tables inoccupées ne suffiraient pas à l'affluence des lecteurs. Qui ne préférerait, d'ailleurs, la fraîcheur de ses salles en été et leur douce chaleur pendant l'hiver, à la température glaciale ou brûlante des galeries de la rue de Richelieu ? là, une réponse souvent négative se fait attendre des quarts d'heure entiers ; ici, quelques secondes suffisent pour obtenir une solution. Il est vrai que parfois les salles de l'Arsenal renferment plus d'employés que de visiteurs.

La bibliothèque de l'Arsenal doit à l'acquisition faite par Charles X du fond de La Vallière, la collection la plus complète peut-être qui existe en pièces de théâtre ; elle remonte jusqu'aux plus anciens mystères, et comprend une foule d'opéras, de tragédies et d'autres pièces manuscrites tout-à-fait inconnues. Nulle part on ne trouverait autant et d'aussi curieux matériaux pour une histoire de l'art théâtral en France. Entre les documens de ce genre qui nous ont passé sous les yeux, nous citerons *un inventaire général, dressé en* 1749, *des habits et ustensiles servant au théâtre des petits ap-*

partemens de Louis XV. Il suffit de parcourir ce singulier répertoire pour se convaincre que la cour du petit-fils de Louis XIV n'avait point dégénéré de celle de l'aïeul pour l'amour des jeux scéniques. Ainsi parmi les costumes inventoriés figurent ceux de bon nombre de hauts personnages qui, mêlés aux acteurs de l'opéra, chantaient ou dansaient déguisés en dieux de l'Olympe, en Grecs, en Romains et en bergers. Les duchesses ne se montraient pas de composition moins facile, leurs noms s'y lisent au milieu des noms d'actrices de renommée fort scandaleuse; l'on y voit jusqu'à madame de Pompadour édifiant son royal amant et toute la noble assistance, dans un rôle de vestale.

A côté de ces curieuses annales se trouvent force romans de chevalerie, et une histoire des quatre fils Aymon, dont les magnifiques miniatures ont servi d'études à quelques uns des meilleurs peintres de notre époque, pour les costumes et les monumens du moyen âge. Mais l'un des manuscrits les plus précieux de ce dépôt, est le bréviaire connu sous le nom des *Heures de saint Louis*. Ce curieux volume renferme une suite de petits tableaux, où sont représentés les principaux traits de la vie de Jésus-Christ; ils témoignent chez l'artiste d'une ignorance absolue de l'anatomie humaine et du dessin; mais l'or, en revanche, y est employé d'une manière bien supérieure à tout ce que nous connaissons des travaux du treizième siècle : on se ferait une difficile idée de sa richesse et de son éclat.

Dans la rue de Richelieu, on est obligé de déposer cannes et parapluies chez le concierge. Sur toutes les portes et sur tous les murs, on lit : *Essuyez vos pieds;* mais ces préliminaires, une fois remplis, on entre comme il plaît, brusquement ou à petits pas, le chapeau sur la tête ou à la main; on parle comme on veut ou comme on peut, l'on est dans un bazar public. A l'Arsenal, c'est tout l'opposé : personne ne vous arrête à la porte; vous entrez comme chez vous, vous essuyez vos bottes ou vos souliers, ou vous ne les essuyez pas, peu importe; les bandes de serge dont nous avons parlé garantissent le parquet. Mais une fois dans l'intérieur, cette tolérance de bon goût disparaît, l'influence des salons boisés, lambrissés, dorés, se fait sentir. Des avis affichés en maint endroit invitent les arrivans *à ôter leur chapeau, à parler poliment aux employés, et à rester constamment tête nue.* Nous n'hésiterions pas à nous élever contre cette prescription quelque peu aristocratique, si les commodités de toute espèce qui entourent le lecteur, la benoîte chaleur qui l'hiver vient assouplir ses doigts, ne nous semblaient devoir faire excuser cette leçon de politesse donnée à tout un public.

La Bibliothèque de l'Arsenal n'est pas seulement remarquable par ses richesses bibliographiques ; elle offre un autre genre d'intérêt. Une partie des salles, celles à droite de l'escalier, sont seules livrées au public; les pièces situées dans l'aile gauche ne s'ouvrent que pour les employés : c'est dans cette partie réservée que se trouvent les deux pièces connues sous le nom de *Cabinets de Sully*. Rien de plus riche et de plus orné que ces deux salles. Leur décoration commence au parquet : panneaux, trumeaux, dessus de portes, plafonds, tout est couvert d'ornemens dorés ou de peintures ; partout des tableaux, des médaillons, des arabesques ; la boiserie des lambris disparaît sous la richesse des dorures et sous l'éclat et la vivacité des couleurs.

La première de ces deux pièces est assez grande. Les tableaux du plafond, tous allégoriques, reproduisent de vingt façons différentes les armes de Sully et les attributs de sa charge de grand-maître de l'artillerie. Mais au milieu des riches et éclatantes peintures qui décorent toutes les parties de cette salle, on découvre, perdu pour ainsi dire dans un panneau de boiserie, un petit tableau qui, malgré une grande faiblesse d'exécution, nous a cependant semblé valoir à lui seul plus que des toiles hautes et larges de plusieurs toises.

Qui ne connaît l'*entrée de Henri IV dans Paris*, par M. le baron Gérard, premier peintre des deux rois Louis XVIII et Charles X? Tableau du plus haut mérite sans doute comme œuvre d'art, mais que nous ne craignons pas de proclamer trois fois faux comme œuvre historique. Nous avions toujours soupçonné M. Gérard de quelque peu de flatterie dynastique et monarchique dans la conception de son sujet et dans l'arrangement des détails. Toutes ces faces fraîches et roses, tous ces visages bien nourris que l'on y voit acclamer et sourire, cette atmosphère presque voluptueuse au milieu de laquelle s'agitent acteurs et spectateurs, tout cela nous avait paru de la poésie pour ainsi dire anacréontique, faite sans nul soin de l'époque et de l'événement. Une visite aux *Cabinets de Sully* a suffi pour confirmer tous nos doutes. Là aussi nous avons trouvé *une entrée de Henri IV dans Paris*, mais entrée réelle, composée en face de l'événement et sur les lieux. Ici, nul moyen pour l'artiste de céder aux caprices de son imagination. Son œuvre, destinée à rester constamment sous les yeux de Sully et de Henri IV, devait, avant tout, avoir le mérite de la vérité.

Aussi, voyez : en dehors des murs, ce sont des magistrats humbles, soumis, qui semblent implorer leur pardon et baiser la botte du vainqueur; dans la ville, et en avant des premiers détachemens du cortége, des soldats qui tuent à coups de fusil, à coups de hallebarde, et qui jettent des cadavres dans la Seine. Telle est bien une entrée de ville prise, et le dernier retentissement d'une guerre civile que la possession de Paris terminait.

Il n'est peut-être pas cinquante personnes dans Paris qui connaissent le petit tableau des *Cabinets de Sully*. Par contre, l'œuvre de fantaisie de M. Gérard a occupé les cent voix de la Renommée. Les journaux et les livres en ont entretenu la France et l'Europe : la gravure et la lithographie l'ont introduite sous toutes les demeures, en ont tapissé nos promenades et nos rues. En vain l'histoire et les monumens du temps s'accordent à dire que l'entrée du Béarnais dans sa capitale ne pouvait emprunter la moindre allégorie à l'entrée de Louis XVIII à Paris en 1814. Le très-spirituel tableau de M. Gérard a dit le contraire : ce tableau sera cru. Et voilà justement comme on écrit et comme on apprend l'histoire !

La seconde pièce, plus petite que la première, est peut-être plus riche encore; elle étincelle de dorures. Tout autour de ce cabinet, et dans les deux tiers de la hauteur des parois, à partir du parquet, règne une espèce d'attique à entablement et à pilastres dorés. De gracieuses arabesques peintes sur fond doré, et d'élégans médaillons renfermant le chiffre et les armes de Sully (une M, un A et un croissant entrelacés), décorent chaque panneau. Au dessus de l'entablement est une suite ou pour mieux dire une galerie de petits tableaux dont les sujets sont tout-à-fait en harmonie avec le caractère austère et grave du possesseur de cette espèce de boudoir. Ils ne représentent que des femmes; mais quelles femmes! Jahel enfonçant son clou dans la tête de Sisara, Judith tenant à la main la tête d'Holopherne, etc. La figure de Jeanne d'Albret apparaît au milieu de cette galerie de toutes les *femmes fortes* sanctifiées par l'écriture. Quelles que fussent les vertus de la mère de Henri IV, la placer, à cette époque encore toute chaude de guerres religieuses, en compagnie aussi respectable, était un acte de courtisanerie qui n'appartient sans doute pas à Sully. Nous n'en accuserons que le peintre chargé de la décoration de la salle.

Lorsque Henri IV fut assassiné, il se rendait à l'Arsenal. L'arrière-cabinet dont nous nous occupons était le lieu où il travaillait habituellement avec son premier ministre. C'était assis de chaque côté de la cheminée qu'on y voit encore, que tous deux conféraient sur les affaires de la France et de l'Europe; la glace qui s'y trouve dut souvent réfléchir leurs traits; plus d'une fois aussi les échos de cette pièce durent entendre de hautes et dignes paroles; que de secrets ils recèlent sans doute!

Nous ne saurions assez regretter que les *Cabinets de Sully* n'aient pas encore été l'objet d'une description spéciale. Pourquoi le bibliothécaire en chef de ce riche dépôt ne se charge-t-il pas de cette tâche? Possédant de la science autant que toute une académie, doué de l'imagination la plus flexible et la plus chaude, penseur original et souvent profond, peintre et poëte de l'ordre le plus élevé quand il croit n'être que prosateur, artiste dans toute la haute acception du mot, nul, précisément, ne saurait aussi bien que M. Charles Nodier donner à ces deux salles l'illustration qu'elles méritent.

Nous ne quitterons point cette partie réservée du dépôt de l'Arsenal sans nous arrêter sur le plafond qui décore une autre pièce. Ce plafond se compose des deux portraits en pied de la reine Anne d'Autriche et de ce Louis XIII, au règne inique et sanglant, que des poëtes d'antichambre surnommèrent *le juste*, parce qu'il était né sous le signe de la Balance. Bien que Louis XIII n'ait guère porté d'autre épée que celle que maniait pour lui le cardinal Richelieu, cependant il est représenté là le front ceint de lauriers et les membres emprisonnés dans le costume d'un guerrier romain. Le peintre a continué la métaphore pour Anne d'Autriche. Cette reine, dont l'existence se passa toute entière dans des boudoirs ou dans des chambres à coucher, s'y montre également déguisée en héroïne de Rome. Il est vrai que l'artiste ne l'a faite ni chaste ni sauvage; la fable s'arrête au costume. La mère de Louis XIV a la gorge et le bas-ventre complétement nus; il y a plus, elle paraît enceinte.

A voir la proéminence très-marquée de son abdomen, il semblerait même que le peintre ait reçu pour mission spéciale de conserver à la postérité la représentation en relief et matériellement exacte de cette partie, telle qu'elle était chez Anne d'Autriche à l'époque d'une grossesse assez avancée. Sans l'intérêt que présente cette peinture comme monument de mœurs et d'histoire, on éviterait d'y jeter les yeux, comme par mépris d'une œuvre trop impudique.

La population habituelle de la Bibliothèque de l'Arsenal se compose en grande partie d'élèves du lycée Charlemagne, de jeunes étudians du voisinage et d'un petit nombre de rentiers du Marais.

Ceux-ci viennent là sans façon; ils sont chez eux. Nous avons vu l'un de ces honnêtes citadins en bonnet de nuit et en pantoufles, qui, le corps penché sur la table, contemplait avec une avide curiosité un volume de gravures que nous prîmes d'abord pour les planches d'un livre de voyages. Son cou était tendu, son front plissé; ses yeux avaient une fixité presque effrayante.—Il n'y a pas de doute, dîmes-nous, l'âme candide de ce rentier frémit à la vue de quelque sacrifice humain ou d'une scène d'antropophagie. —La pensée d'un aussi horrible spectacle nous émut à notre tour; nous nous approchâmes, et jetant un regard inquiet sur le terrible volume, nous vîmes — des plans de courtines et de bastions présentés à nous ne savons quel prince, par un ingénieur italien mort inconnu il y a plus d'un siècle.

Cette dernière classe de lecteurs serait sans doute plus nombreuse à l'Arsenal, si la fermeture de cette bibliothèque, dès trois heures, ne portait pas la plus grande partie d'entr'eux à préférer les salles du dépôt de l'Hôtel-de-Ville.

Bibliothèque de l'Hôtel-de-Ville.

L'habitant de Paris, celui surtout qui a vécu et vieilli dans les entresols et dans les boutiques, a horreur, en général, du vide et de la solitude. Il aime les lieux publics et choisit de préférence ceux où la foule se rencontre plus compacte et plus variée ; il y trouve à la fois un spectacle et une compagnie. Le moyen pour un employé en retraite ou un marchand retiré de se condamner pendant cinq à six heures à ne voir autre chose que des carreaux de vitres, un tapis de serge verte et le dos de plusieurs milliers de volumes. Lorsque ses yeux fatigués se lèvent de dessus son livre, il a besoin de les reposer sur des visages connus, des figures de voisins ; ce travail d'optique le délasse et lui donne la force nécessaire pour reprendre sa lecture. Ces avantages que lui refusent les salles de l'Arsenal, il les trouve dans celle de la Ville. La coquetterie de la première de ces deux bibliothèques contrarie d'ailleurs ses habitudes et ses goûts ; il y est gêné ; il n'ose y tousser long-temps et n'y saurait expectorer à l'aise. L'obligation de déposer à la porte de la collection de la Ville, sa canne ou son parapluie, lui arrache bien de très-justes murmures ; mais cette ridicule et criante exigence est bien vite oubliée. La rue où se trouve l'entrée du dépôt est sombre et déserte comme celle qu'il habite ; la petite porte qu'il lui faut franchir ressemble à la porte de son allée ; l'escalier qui le conduit au premier étage est étroit et rapide comme le sien ; enfin la salle où il va s'asseoir lui fait retrouver l'atmosphère épaisse et viciée de l'arrière-pièce où il dîne, passe ses soirées et ses nuits.

Chaque jour on voit aux deux côtés de la table étroite qui longe la salle, se presser coude contre coude un assez grand nombre de vieillards portant lunettes à branches de fer, perruques de toutes les couleurs, chapeaux de tous les âges et vastes redingotes de nuances fort incertaines. De distance en distance l'œil découvre bien, perdus au milieu de ces deux files, quelques jeunes gens aux cheveux touffus, à la taille droite et élancée, et qui appartiennent aux pensionnats voisins ; mais la masse des liseurs se tient le dos courbé, aspire de longues prises de tabac et tousse à ébranler les fenêtres. Cette foule est surtout attirée par un avantage que ne saurait lui offrir aucun des autres dépôts bibliographiques de Paris. La salle de l'Hôtel-de-Ville ne fermant qu'à quatre heures, l'habitué peut ne quitter sa chaise et sa pâture intellectuelle que pour aller immédiatement s'asseoir à la table où l'attendent les substances matérielles dont se compose le dîner domestique. Ses plaisirs et ses besoins se trouvent ainsi parfaitement harmonisés. Ce respect tout paternel du conseil municipal pour les habitudes d'une portion respectable de ses concitoyens, appelle sur ses membres des éloges d'autant mieux mérités, que leur attentive sollicitude ne s'est point arrêtée là. Durant l'hiver, un poêle toujours bien allumé entoure d'une douce chaleur les membres engourdis des lecteurs; de grossiers mais épais paillassons défendent en outre leurs pieds contre l'humidité.

La composition de cette bibliothèque se ressent de sa destination en quelque sorte toute spéciale. Les chercheurs de curiosités et de raretés bibliographiques n'y ont rien à fouiller; peu de volumes que l'on ne trouve partout; pas un seul manuscrit. En revanche force livres d'histoire, force voyages et tous les romans connus, indigènes comme étrangers. Ce dépôt, placé au centre de Paris et sur le derrière des bâtimens de l'Hôtel-de-Ville, est une véritable bonne fortune pour les quartiers populeux qui l'entourent. Ouvert pour la première fois au public, le 13 avril 1763, il doit son origine à un legs fait à la Ville par M. Mourieau, procureur du roi, mort en mai 1759. Son fondateur l'avait doté d'environ 14,000 volumes; des accroissemens successifs ont aujourd'hui porté ce chiffre au delà de 50,000.

Bibliothèque Sainte-Geneviève.

Lorsqu'on se trouve sur la place Sainte-Geneviève, en face de Saint-Etienne-du-Mont, il est impossible de ne pas être frappé de la disparate que présente avec le portail si riche, si gracieux de cette église et la façade du collége de Henri IV, une espèce de cabane isolée, assez semblable à la loge d'un garde-chasse, et que l'on aperçoit au milieu des débris de murs et de maisons épars derrière le Panthéon. Un morceau de bois lie cette masure à l'un des pignons du collége. Cette traverse, chargée de figurer la porte de la Bibliothèque de Sainte-Geneviève, donne entrée sur une cour déserte et couverte d'herbe; sans le mot *Bibliothèque*, écrit sur une petite porte pratiquée dans la partie inférieure d'une haute et vieille muraille, on pourrait long-temps errer dans cette solitaire enceinte avant de se douter qu'elle conduit au monument bibliographique le plus curieux et le plus complet de Paris, sous le rapport architectural.

La voûte sous laquelle on pénètre ensuite aboutit à un escalier dont la construction présente des détails assez bizarres : son ensemble ne manque cependant pas d'une certaine élégance. Quand on a monté trois étages, les yeux s'arrêtent sur une immense carte de la lune, dressée en 1696 par Lahire, et où l'on n'aperçoit autre chose que des lignes blanches et noires assez semblables à celles dont les géographes font usage pour figurer les montagnes et leurs vallées. En face de cette œuvre de patiente mais stérile observation, est l'entrée des salles de la Bibliothèque. Nous n'entreprendrons point de rendre l'effet que produisent ses belles galeries sur le visiteur qui y pénètre pour la première fois. Nous dirons seulement que si nombre de profanes n'éprouvent autre chose qu'une muette surprise, en revanche, l'homme de science ou d'étude y cède, dès l'abord, à un involontaire recueillement.

Élevé par des religieux, pour une maison religieuse, ce sanctuaire bibliographique dut affecter la forme des temples consacrés au culte. On lui donna la figure d'une croix. Quatre galeries, percées à angle droit et partant d'un centre commun, composent cette magnifique enceinte. Une rotonde, que surmonte un dôme peint par Restaut en 1710, forme le point de jonction. Restaut a voulu représenter l'apothéose de saint Augustin. Nous ne dirons rien du coloris, le temps peut l'avoir altéré; mais à part la tête du saint qui est dessinée avec assez de talent, ce morceau nous a semblé faiblement conçu et pauvrement exécuté. Les membres des principaux personnages, leurs bras surtout, sont d'une extrême maigreur et d'une longueur démesurée. Ce plafond est fait sur plâtre, et présente, dans toute son étendue, des fissures assez profondes pour faire craindre de le voir un jour tomber par fragmens sur la tête des employés.

Les quatre galeries sont voûtées : leurs plafonds ont pour ornemens des moulures en plâtre assez communes. Chaque paroi est garnie, dans toute sa longueur, par de hautes armoires en bois de chêne, élégamment sculptées, et dont les nombreux montans, couronnés par un vase ou corbeille, aussi en bois sculpté, supportent encore des socles en saillies où sont placés les bustes de plâtre ou de marbre blanc, d'auteurs grecs ou latins, de savans français et d'empereurs romains. L'étendue et l'uniformité de ces galeries, l'abaissement de leurs voûtes, leurs murailles de bois sculpté que le temps a noirci, et que coupent deux gracieuses et longues lignes de bustes blancs, les deux rangées de vases que l'on voit se détacher du reste des ornemens et courir tout le long des plafonds, le demi-jour qu'y laissent à peine pénétrer des fenêtres étroites et profondes, tout cet ensemble imprime à la Bibliothèque Sainte-Geneviève un caractère solennel et presque mystérieux. Lorsque, placé au centre de cette pieuse retraite, le visiteur plonge alternativement ses regards sous chacune des quatre voûtes dont il est entouré, il se surprend à regretter de n'y point voir symétriquement assis de longues files de moines au maintien rigide et à la face austère : cette décoration manque ; il y aurait parfaite harmonie entre la scène et les acteurs. Mais au lieu de ces graves et dévots personnages, on n'aperçoit, perdus au milieu de la galerie de droite, que des écoliers, des étudians, seuls hôtes de ces lieux. On pourrait penser, d'après la pétulance habituelle à cet âge, que le silence est chose inconnue sous les galeries de Sainte-Geneviève : point; tous ces jeunes gens semblent subir l'influence du lieu. Quel que soit leur nombre, le calme le plus profond règne dans toute l'étendue de cette studieuse enceinte, c'est à peine si on y entend marcher les nouveaux arrivans ; le bruit de leurs pas se perd et s'éteint au milieu de la vaste solitude de ces galeries. On pourrait se croire transporté dans le lieu le plus écarté, si, à de certaines heures, des rires, des cris partis de cours voisines, et le son rauque de quelques tambours ne venaient rappeler au lecteur absorbé dans ses recherches ou ses réflexions qu'il se trouve près du collége de Henri IV, et dans l'un des quartiers les plus populeux de Paris.

Cette Bibliothèque n'existait pas encore, lorsqu'en 1623 le cardinal de La Rochefoucauld fut nommé abbé commandataire de Sainte-Geneviève. Les PP. Fronteau et Lallemand, encouragés par lui, rassemblèrent en peu d'années 7 à 8000 volumes; on peut regarder ces deux religieux comme les véritables fondateurs de ce dépôt. Le P. Dumoulinet vint ensuite l'augmenter; mais ses richesses furent surtout grossies par la bibliothèque de l'archevêque de Reims, Letellier, qui la légua à cette maison. Vers le milieu du dernier siècle, des acquisitions successives l'avaient déjà portée au delà de 67,000 volumes. En 1789, elle comptait 80,000 volumes imprimés et 2,000 manuscrits. La part qui lui revint peu après dans la distribution des collections enlevées aux différentes corporations religieuses de la capitale, accrut considérablement ce chiffre; il est aujourd'hui de 143,000 volumes imprimés, et de 3,000 manuscrits.

La police intérieure de ce dépôt présente une particularité trop caractéristique pour être passée sous silence. À la Bibliothèque du Roi, espèce de bazar européen où sont conviés les voyageurs et les savans de toutes les nations, lieu ouvert à tous et pour tous, on n'est tenu que d'essuyer ses pieds et de déposer sa canne à la porte. A l'Arsenal, lieu de rare compagnie et d'élégante recherche, l'on est prié d'ôter son chapeau, de se montrer poli et de rester tête nue; mais à la bibliothèque Sainte-Geneviève, rendez-vous d'écoliers et d'étudians, aucune de ces prescriptions n'existe, et l'on n'exige des visiteurs que de *ne pas introduire de chiens dans les salles.*

Bibliothèque Mazarine.

Le palais de l'Institut, jadis collége des Quatre-Nations, renferme deux bibliothèques : l'une ouverte au public et connue sous le nom de *Bibliothèque Mazarine;* l'autre particulière aux cinq académies et qui porte le titre spécial de *Bibliothèque de l'Institut.*

L'entrée de la Bibliothèque Mazarine se trouve à gauche de la première cour du palais; on y est conduit par un escalier placé dans une élégante rotonde que décorent plusieurs colonnes d'un assez bon style. La première pièce où l'on pénètre est une espèce de salle d'introduction très-ornée et destinée seulement à renfermer un choix de livres précieux. A peine y a-t-on fait quelques pas, que les regards sont attirés par un beau chambranle en marbre rouge veiné de blanc, semé au pourtour de rosaces en marbre blanc et couronné par une corniche de même marbre posée sur deux consoles. Le mot *Mazarinæa* écrit au dessous de la corniche, sur un cartel de marbre noir, annonce que cette riche entrée est celle de la galerie ouverte au public. Cette galerie se compose de deux carrés longs réunis en équerre et dont le point de jonction est occupé par un globe énorme connu sous le nom de *Globe de Louis XVI*.

Nous avons parlé des deux globes-colosses que la Bibliothèque royale doit aux prodigieux efforts de Vincent Coronelli. Ce furent ces travaux herculéens qui, sans doute, inspirèrent à Louis XVI la pensée de faire construire le globe terrestre qui porte aujourd'hui son nom et qu'il destinait à l'éducation géographique de ses enfans. Œuvre, pour la partie mécanique, de Dom Bergerin, religieux de l'ordre de Saint-Bernard, et pour la partie géographique, de MM. Lecler père et fils, et de Robert de Vaugondy, ce globe fut achevé en 1785. Coronelli avait travaillé d'après les cartes de Samson; il avait résumé, comme nous l'avons dit, toute la science géographique de son époque; le globe de Louis XVI réunit à son tour les résultats des dix-neuf voyages autour du monde, faits depuis la mort du cosmographe vénitien. Ce monument, comme ceux qui lui ont servi de modèle, n'est donc pas curieux seulement comme œuvre d'art; c'est en outre un document précieux pour l'histoire de la science géographique prise à ses différentes périodes.

Le globe de Louis XVI a 8 pieds de diamètre et près de 25 pieds de circonférence; il est couvert de lames de cuivre polies au tour; les mers y sont peintes en bleu, et les terres en jaune clair; les montagnes sont ombrées; tous les noms géographiques sont gravés sur le cuivre de la surface et incrustés de noir; on le regarde comme une des plus belles pièces de ce genre. Revenons à la galerie.

Cette galerie, large de 8 toises, avait primitivement une longueur totale de 190 pieds; mais un retranchement, opéré sur la partie postérieure, réduit aujourd'hui son étendue à 136 pieds. La salle obtenue par ce retranchement sert aux séances particulières de l'Institut et communique à la Bibliothèque des cinq académies. Les livres du dépôt public sont disposés en 23 corps de tablettes flanqués chacun de deux colonnes cannelées d'ordre corinthien. Ces tablettes sont toutes garnies de peaux collées et bordées de bandes de drap à franges en soie; un corps avancé formant pupitre et drapé à hauteur d'appui, règne sur toute la longueur. Les livres sont partout fermés de grillages et divisés dans toute la hauteur des parois en six rangées d'in-f°, trois rangées d'in-4° une rangée d'in-8°, et une autre d'in-12.

Jusqu'en 1740, le plafond de cette galerie reposait, surbaissé en voûte, sur la corniche du pourtour. La nécessité d'ajouter au local, à raison de l'augmentation des livres, fit exécuter l'attique qui règne aujourd'hui à l'extrémité supérieure des parois des deux salles. Cet attique a fourni l'emplacement de 20,000 volumes petit format. On y parvient à l'aide d'un escalier dérobé, et la circulation y est établie au moyen d'un trottoir assis sur les modillons qui surmontent les chapiteaux des colonnes. La surface intérieure de ce trottoir est ornée de faisceaux empruntés aux armes du cardinal Mazarin et d'autres ornemens héraldiques. Toute cette décoration existait originairement dans le palais du cardinal; on l'en a retirée pour la placer dans le local actuel.

Les belles et nombreuses colonnes qui décorent cette galerie, ses boiseries richement sculptées, les bustes en marbre que l'on y voit symétriquement rangés, ses tablettes fermées, la recherche et la propreté qui règnent dans toutes les parties de l'enceinte, tout cet ensemble imprime à la Bibliothèque Mazarine un caractère qui lui est propre et que l'on ne rencontre dans aucun des autres dépôts publics. Ce n'est plus l'uniformité sévère et grandiose de la Bibliothèque du roi, la coquetterie de celle de l'Arsenal, la régularité tout-à-fait claustrale de la Bibliothèque de Sainte-Geneviève; mais c'est l'élégance noble et simple qu'offrirait la galerie d'un bibliomane riche et grand seigneur.

La population de la Bibliothèque Mazarine n'a point de physionomie bien arrêtée. Ce dépôt est une espèce de terrain neutre où se rencontrent bon nombre d'habitans des deux côtés de la Seine. Ceux de la rive droite y trouvent un asile plus paisible et plus confortable que les salles de la rue de Richelieu; les étudians du pays latin s'y tiennent rapprochés des Tuileries, du Palais-Royal et des quartiers du centre. Durant l'hiver l'absence de feu dégarnit un peu ses tables; mais l'été, souvent elles ne suffisent pas à la foule de lecteurs qui s'y porte de tous les points du faubourg Saint-Germain.

Cette Bibliothèque, fondée, dotée et ouverte au public rue de Richelieu, en 1648, par le cardinal Mazarin, fut léguée par lui, en 1661, au collège de son nom et transférée, en 1688, dans le local qu'elle occupe aujourd'hui. Son premier fonds se composa de 6,000 volumes de la collection de Descordes, chanoine de Limoges; elle s'accrut ensuite d'un nombre égal de volumes, que son conservateur Naudé choisit chez les libraires de Paris, puis de 12 à 15,000 autres volumes que ce même Naudé alla chercher en Allemagne, en Italie, mais surtout à Rome, où il les achetait par bloc et pour ainsi dire à tant la toise. Aujourd'hui, la Bibliothèque Mazarine compte environ 105,000 volumes imprimés et près de 5,400 manuscrits.

Bien que la *Bibliothèque de l'Institut* ne soit pas publique, nous croyons cependant ne pouvoir nous dispenser de lui consacrer quelques lignes. En effet, elle n'a pas toujours été un objet de monopole pour les membres des quatre ou cinq académies. Réunie à la Bibliothèque Mazarine par ordonnance du 16 décembre 1819, elle resta publique pendant deux ans, et ce ne fut que le 16 décembre 1821 qu'une seconde ordonnance vint la clore de nouveau.

Nous sommes loin assurément de vouloir exiger que les académiciens et le public s'assoient à la même table; les membres de l'Institut peuvent venir à la Bibliothèque moins pour travailler que pour parler; mais serait-il donc impossible de leur réserver, attenant à la salle même de la Bibliothèque, un lieu où ils pourraient faire salon, causer à l'aise, travailler même, se trouver enfin entr'eux et chez eux? On concilierait par là les intérêts du public et les exigences de position et d'habitudes que peuvent faire valoir MM. des académies. La Bibliothèque de l'Institut a été formée avec l'argent des contribuables; en droit rigoureux, elle doit leur profiter. Cela, d'ailleurs, a été; pourquoi ne serait-ce pas encore? Il y aurait, nous le répétons, convenance et justice. Mais, dit-on, les demandes d'admission sont facilement accordées : rien n'est mieux assurément, mais il est beaucoup de caractères qui ne savent point oser, et nombre de gens qui, sachant que ce dépôt est fermé, ne supposent pas possible une faveur qui doit appartenir à tous sous peine de n'être accordée à personne. Nous nous élèverons avec d'autant plus de force contre ce monopole bibliographique, que nulle part on ne trouve une aussi grande quantité de livres modernes et une collection aussi complète de tous les mémoires, travaux, etc., publiés par toutes les sociétés savantes de l'Europe.

Nous terminons cette esquisse des Bibliothèques *publiques* de Paris par une autre réclamation, mais relative seulement aux deux collections Mazarine et du roi.

Il n'est pas un individu ayant part au budget qui ne soit en outre chauffé aux dépens de l'Etat. Les commis dans leurs bureaux, les portiers dans leurs loges, les soldats dans leurs corps de garde, tout ce monde prélève sa dîme de cordes de bois tout aussi bien que la royauté et ses ministres; en un mot, il suffit de vivre de l'impôt pour se voir encore doté pendant six mois de l'année d'un poêle bien fourni et bien chaud. Le contribuable seul a froid; pour lui nul lieu où il puisse se réfugier contre la neige et la gelée, si ce n'est l'enceinte pestilentielle et resserrée des tribunaux correctionnels et des cours d'assises. Le savant, l'homme studieux que le fisc laisse sans argent et sans manteau ne peut même pas oublier dans le travail les maux et les privations qui l'assiégent. Le froid glacial qui règne à la Bibliothèque du roi et à celle Mazarine, le chasse de leurs salles pendant près de quatre mois. Cette absence de feu compromet inutilement la santé des employés et va directement contre le but de la création de ces établissemens. C'est un criant abus; quelques centaines de francs le feraient cesser; nos députés ne sauraient-ils donc les trouver dans ce milliard et demi que chaque année ils arrachent au sol, à l'industrie et à la consommation? Oui, sans doute, ils le pourraient : mais les trois quarts d'entr'eux sont-ils jamais entrés dans une Bibothèque?

Nota. La bibliothèque du roi vient de subir, elle aussi, la révolution. Pendant les dernières vacances de cet établissement (septembre et octobre 1833) des changemens ont eu lieu dans la disposition intérieure des *salles des imprimés*. Le public *assis* est passé de la première galerie dans la troisième. La nouvelle salle de lecture, séparée du reste des galeries par un immense vitrage, n'a plus entrée par le grand escalier ; on lui a ménagé un passage particulier dont la porte se trouve dans la cour, au centre même du corps de bâtiment que surmonte l'horloge. Le grand escalier ne sert plus qu'aux jours d'entrée publique ; les curieux et les visiteurs en ont alors la jouissance exclusive ; mais en revanche il ne leur est plus permis de fatiguer les lecteurs du bruit assourdissant de leurs pas. Grâce à la cloison vitrée dont nous avons parlé, il y a aujourd'hui entre eux séparation complète. Au dire de l'administration, cet isolement des travailleurs rendra le service plus actif et plus régulier. La mesure date à peine de quelques jours : nous laisserons au temps à décider de son mérite.

Achille DE VAULABELLE.

LE DIMANCHE A PARIS.

Soit que le Parisien partage l'avis de certains docteurs qui regardent le dimanche comme un jour de réjouissance en souvenir de la résurrection de J.-C.; soit qu'il se range à l'opinion de certains autres docteurs qui considèrent le dimanche comme un jour de repos, en mémoire de la tranquillité parfaite où Dieu rentra, après avoir créé le monde; toujours est-il que le Parisien des dimanches est tout ensemble tumultueux et calme, bruyant et paisible. Pour s'en convaincre, il ne s'agirait que de l'examiner sous toutes ses faces, de le suivre pied à pied dans divers quartiers et à des heures différentes. L'aperçu rapide et général que nous allons donner de Paris fera comprendre à quel point cette grande ville s'amuse et s'ennuie *le septième jour*.

Avant d'aller plus loin, faisons une remarque : l'homme, par une singulière manie d'opposition, s'éloigne constamment du but où la loi, la coutume lui font un devoir de marcher. Depuis Constantin-le-Grand, qui, le premier, consacra le dimanche au repos, les chrétiens ont imaginé mille prétextes pour s'affranchir d'une inaction ordonnée par les lois de l'empire.

Constantin leur eût dit : « Vous travaillerez le septième jour; « le septième jour ils se fussent croisés bras et jambes. Il leur dit : « Reposez-vous, » et ils travaillèrent. On sait assez de quelles punitions rois et prêtres châtièrent dans tous les siècles les ouvriers obstinés du jour dominical.

A présent que ni rois ni prêtres ne nous contraignent à l'inactivité, nous ne travaillons pas, mais en revanche, parce que le septième jour fut décrété jadis jour de repos, nous protestons encore contre cette vieille ordonnance en nous lassant de joies, en nous épuisant de plaisirs.

Ce n'est pas que quelques uns ne travaillent de même que s'il existait encore une loi qu les obligeât au repos, et que d'autres ne se reposent de même que s'ils étaient condamnés au travail. Mais les uns et les autres sont en très-petit nombre : nous leur accorderons peu de place en ce chapitre. Nos plus longues pages seront écrites en l'honneur de ceux qui s'ennuient et se fatiguent en s'amusant, par système d'opposition aux lois de Constantin et aux commandemens de l'église.

Afin de compléter, autant qu'il est en nous, ce vaste tableau de Paris endimanché, nous avions le projet de peindre le jour dominical à chacune des quatre saisons de l'année. Mais, en y réfléchissant, nous avons reconnu que les dimanches de Paris ne diffèrent le plus souvent entre eux que par les costumes dont chaque saison fait une nécessité trimestrielle. Qu'importe l'enveloppe, le masque de toile ou de drap qui recouvre tous ces visages, si, le masque ôté, le visage doit rester le même?

Puisque nous voici au dimanche, 17 du mois de mars; puisqu'il ne fait ni chaud ni froid, ni beau ni laid, qu'il ne pleut ni ne fait soleil, sortons, je vous prie, et examinons attentivement ce qui se passe. Ce dimanche-ci, à de très-faibles exceptions près, pourrait bien ressembler à tous les dimanches.

Il est dix heures du matin. Les rues sont presque désertes. Les cochers de fiacre et de cabriolet attendent immobiles sur leur siége : ils souhaitent la pluie. Le même souhait vient aux lèvres des décroteurs, qui, en désespoir de boue, préparent brosses et cirage pour la poussière. De rares boutiquiers entr'ouvrent timidement leur porte. Aux coins des rues s'arrêtent quelques passans, curieux de connaître quel spectacle on donne. Mais les affiches de théâtre ne seront placardées qu'à onze heures. Les laitières s'en retournent au plus vite. Deux ou trois cents villageois, nés à la banlieue, entrent par toutes les barrières et se précipitent dans la ville pour s'y promener. Les trottoirs sont propres et luisans. Des jeunes gens, clercs ou commis, cavalcadent par petites bandes éparses dans tous les quartiers; ils cavalcadent et essaient de garder l'équilibre, souvent rompu par le pas mal assuré de leurs chevaux de louage. On aperçoit aux fenêtres des plus hauts étages quelques figures qui interrogent l'air pour savoir ce qu'il contient de sec ou d'humide. Ces figures expriment tour à tour le bonheur et l'inquiétude; figures d'hommes et de femmes; les femmes avec leurs joues pâles du matin, les hommes avec leur barbe rasée et fraîche de la veille. Du reste, calme profond dans les rues; pas un cri, pas un souffle qui vous indique la présence d'une grande ville.

A pareille heure, un autre jour, vous entendriez le tumulte effroyable des voitures qui roulent et se heurtent, les juremens des cochers, le glapissement aigu de cette armée de spéculateurs ambulans qui attaquent votre oreille et votre bourse sur tous les tons et sous tous les prétextes les moins imaginables; musique infernale qui peut se traduire ainsi : mangez, buvez, achetez et vendez!

Au silence de ces voix, ne dirait-on pas que le Paris des dimanches est sans besoin d'aucune espèce; que tous les fourneaux de cuisine sont éteints, toutes les bourses vides, tous les estomacs repus? et pourtant est-il un jour comme le dimanche, où les appétits soient plus ouverts, les besoins plus impérieux, les estomacs plus vastes? Non, certes, mais c'est que Paris déjeûne au restaurant, et que la moitié de ses bons habitans soupe ce soir hors barrière.

Cependant à cette heure du matin (dix heures), où la paresse berce au lit plus d'un Parisien nonchalant; où ceux qui ne sont pas partis pour la campagne dès la veille ou dès le soleil levant, déjeunent avec l'espoir de dîner sur ce qu'ils nomment de *l'herbe*; à cette heure de calme qui bientôt sera bruit; à cette heure où nul n'est affairé dans le jour où l'on fait le moins d'affaires, ne vous étonnez-vous pas de voir l'air empressé de ces grands messieurs blonds, secs, presque tous Allemands, qui courent en serrant sous leurs bras des paquets enveloppés de foulards? Qui les fait se hâter ainsi? où courent-ils? chez leurs pratiques. Ce sont des tailleurs, non pas de ces tailleurs dans *le grand genre* (car les jeunes gens *comme il faut ne s'habillent pas* le dimanche), mais de ces petits tailleurs qui font l'habit-veste de l'écolier et la redingote bleue du marchand. On les attend avec anxiété. L'enfant frappe des pieds et pleure; son père jure pour l'apaiser. Mais patience, le tailleur entre d'un front timide; il salue jusqu'à terre, et, dans son chagrin d'être venu trop tard, il balbutie des excuses emmiellées sur le grand nombre de pères et de fils qu'il lui faut servir ce jour-là. Ce qui est vrai. Beaucoup d'enfants, d'ouvriers, de commis, de marchands et de clercs ne voudraient pas *étrenner* leur habit neuf un autre jour que le dimanche.

Nous avons dit plus haut que la jeunesse fashionable ne s'*habille* pas le dimanche. C'est un usage qui date de l'ère libérale en France. Du moment où la soie et l'or aristocratiques cessèrent d'éclater sur le costume des hommes, rien ne distingua plus l'enfant de bonne maison de l'ouvrier endimanché. Il y eut confusion dans la mise. Le riche s'indigna de cette égalité apparente, et, de peur d'être pris pour son chapelier, le jour où son chapelier mettait une cravate blanche et un habit noir, il garda la chambre, où il maudit le libéralisme du siècle. Si par hasard il s'aventura dans les rues, du moins ce ne fut jamais que le soir, la toilette en désordre et la barbe longue.

Lorsque le dimanche vous rencontrez un jeune homme vêtu négligemment et mal rasé, soyez certain que ce jeune homme possède de six à cent mille livres de rente. Aux signes contraires, vous reconnaîtrez un ouvrier qui gagne de deux à six francs par jour.

Il arrive souvent encore que le beau monde quitte Paris le samedi soir, et reste toute la journée du dimanche à la campagne.

A l'imitation des hautes classes, mais par des motifs différens, la bourgeoisie proprement dite s'en va quelquefois aussi passer la fin du sixième jour et le septième tout entier à quelques lieues de la capitale. Là elle croit être à la campagne, et ce bonheur lui suffit. Lorsque par économie ou à cause du mauvais temps, la bourgeoisie ne s'arrache pas au pavé boueux de sa bonne ville, ses jouissances les plus vives sont les petites réunions entre gens de connaissance. On se visite, on s'assemble, on dîne et on fait la partie de domino, de dames ou d'écarté en famille. Les bourgeois sont les seuls qui, dans cette Babel parisienne, nous retracent quelqu'ombre des mœurs de la province, où le dimanche est le jour des visites, des réunions de parens et d'amis.

D'après cela toutefois, n'allez pas vous imaginer sur sa mine bourgeoise, que ce gros homme qui se dirige avec son jeune fils du côté du Palais-Royal va rendre une visite à sa mère, belle-mère ou cousine à quelque degré que ce soit : vous tomberiez dans une erreur grave. Le fils de ce bourgeois est élève externe au collége Louis-le-Grand. Son professeur est parfaitement content de son aptitude au latin. Il tourne facilement les vers qu'il trouve à moitié faits dans le *Gradus ad Parnassum*. Il sait que Virgile vécut à Rome, et voilà monsieur son père qui, tout glorieux d'avoir produit un si grand génie, le promène dans les galeries de pierre, où l'attend une bien douce récompense : un déjeuner à 25 sous chez Richard. Ils ne seront pas plus d'une demi-heure avant d'obtenir la grâce de manger : la table est dressée d'avance.

Là, sont des commis, des ouvriers en orfévrerie, des clercs à passions douces, qui préludent aux joies factices du dimanche par un franc 25 centimes de dépense, au moyen desquels on leur sert :

deux plats au choix, demi-bouteille, et pain à discrétion.

Pain à discrétion! expression qui atteste à quelle hauteur de civilisation et de politesse l'art de la cuisine à prix fixe est parvenu en France! dire à un homme affamé : « Vous aurez du pain à discrétion, » équivaut à ceci : Monsieur, je vous tiens pour homme d'honneur, je me confie à votre bonne foi : voilà du pain : prenez et mangez tout ce qu'il vous plaira. Mais au nom de la vertu, monsieur, ne mangez pas trop, ménagez ma bourse, soyez discret dans vos appétits, n'oubliez pas que vous déjeunez à 25 sous : je m'en remets complètement à votre discrétion.

Plus heureux et surtout plus restauré deux fois, celui qui déjeune sans nappe, à l'entresol du marchand de vin! ces sortes de déjeuners, où saigne la côtelette de mouton, sont un des grands plaisirs du peuple parisien qui fait son dimanche.

Il est onze heures. Le troisième litre se vide, le fromage de gruyère invite à boire, le boire à chanter. Si la curiosité vous arrête sous les fenêtres de la boutique avinée, que de tapage et de chansons, que de juremens et de protestations d'éternelle amitié! Mais ne vous arrêtez pas long-temps, passez vite : le peuple s'amuse. Une bouteille sonore, prélude de l'ivresse, vous tomberait de l'entresol sur la tête, et vous ne pourriez me suivre, sur le midi, à travers les rues qui commencent à se remplir de femmes allant à l'église ou en sortant, de gardes nationaux arrivant du Champ-de-Mars, de soldats de la ligne et d'invalides se promenant deux à deux, perdus au milieu de la joie parisienne qui court en fiacre et en cabriolet, qui brave le ciel un parapluie sous le bras, ou qui marche timidement la canne à la main.

Fiacres, cabriolets, emportent les voyageurs à Saint-Cloud, à Versailles, à Romainville, à Saint-Germain, partout où le marchand de Paris espère trouver du plaisir à bon compte; car notre marchand est encore économe dans ses excès de joie. Il calcule que, hors barrière, comestibles et liquides sont exempts de droits d'entrée. Il ira donc manger et boire hors barrière; il dépense 3 ou 4 francs de voiture, si ce n'est plus; mais le vin et la viande lui coûteront deux ou trois sous de moins par bouteille et par livre. C'est une économie qui ne peut trop se payer.

Les piétons, qu'à leur mine maussade et triste on prendrait pour des convalescens souffreteux, se rendent, les uns aux Tuileries, les autres à la galerie de tableaux ou au jardin du Luxembourg, ceux-ci au Louvre, ceux-là aux Champs-Elysées, quelques uns au jardin Turc, quelques autres au jardin des Plantes. Beaucoup se contentent de circuler éternellement autour des quais ; peu suivent la longue file des boulevarts : l'heure des boulevarts n'est pas encore venue. A deux heures seulement la foule s'y porte. Mais quelle foule, notamment si deux ou trois rayons d'un mauvais soleil pâle viennent faire semblant de sécher ce chemin où l'ombre des maisons et des arbres entretient une boue permanente !

A deux heures, je m'en suis assuré, il y a plus de monde encore sur les boulevarts qu'aux Champs-Elysées ou aux Tuileries. La raison en est simple : du boulevart Montmartre au boulevart Saint-Martin, Paris offre au piéton une fatigante promenade (s'il est permis de nommer promenade un lieu où le pied droit n'avance jamais sans que le pied gauche recule). En outre, la chaussée est étroite, et c'est un plaisir extrême que d'être les uns sur les autres. Et puis des boutiques sont ouvertes à l'appétit intellectuel et sensuel du passant ; boutiques de libraires, où l'on achète moins d'évangiles que d'histoires de voleurs, Mandrin, Cartouche et gens de même sorte ; boutiques de pâtissiers plus achalandées que les boutiques de libraires.

Du boulevart Saint-Martin au boulevart Saint-Antoine, la foule ne discontinue pas : un intérêt de vive curiosité la pousse. Là, crient, mentent, dansent, volent, baladins, paillasses, escamoteurs, phénomènes. Onguens, pastilles, limes métalliques, sabres qui arrachent les dents *à la pointe de l'épée*, femmes qui ont la poitrine à la rotule, poules à visage humain taillé avec des ciseaux, géants à la mécanique, hauts de cinq ou de douze pieds, à la volonté des amateurs, enfans bicéphales, monstres marins du canal de l'Ourcq, sauvages de la rue de Bondy, albinos de carrefour, chiens qui jouent de la trompette, lapins membres de l'académie, carpes qui font des sauts de mouton, diseurs de bonne aventure, jeux où à tout coup le banquier gagne, marionnettes, spectacles aériens, grands hommes de cire, scélérats peints, mangeurs de cailloux, avaleurs de limaille, hommes incombustibles ou invisibles, danseurs de corde, physiciens, astrologues, astronomes, astrophages, tout conspire contre la bourse et la curiosité du passant. Il faut bien qu'il se laisse faire. Aussi quelle cohue de nez en l'air, de lèvres qui s'entr'ouvrent pour sourire stupidement! c'est admirable. Je ne sais rien de comparable aux boulevarts du dimanche, pas même cette petite portion du quai qui court à la Grève. A partir de la place du Châtelet, les paillasses et les phénomènes abondent sans doute, mais les plus sots paillasses et les phénomènes les moins authentiques se trouvent au boulevart du temple : il n'y a pas à hésiter; le boulevart du Temple doit obtenir la préférence publique sur la Grève.

Il est une chose digne de remarque et que j'ai observée tous les dimanches à Paris : c'est que rarement rencontre-t-on un enfant qui ne pleure ou qui ne mange. Dans la semaine, l'enfance parisienne est beaucoup plus heureuse : elle n'a pas autant d'indigestions et reçoit moins de taloches.

A propos d'indigestion, et nous ne courons pas le risque d'en gagner une, il convient que nous entrions enfin chez le restaurateur. Il est temps, ce me semble. Voici trois heures bientôt que nous nous fatiguons à piétiner sur les boulevarts. Le travail aiguise l'appétit.

Tâchons de trouver place; car nous ne sommes pas seuls.

Avant de nous asseoir, souffrez que je vous fasse part de l'une de mes surprises des plus habituelles le dimanche. Cette surprise consiste à penser d'où vient ce flot sans cesse renaissant dont Paris est inondé dans ses rues, sur ses promenades, dans ses cafés, chez ses marchands de vin, sur ses places publiques, dans ses jardins, sur ses quais, chez ses restaurateurs. On dirait à voir ce nombre innombrable d'hommes, de femmes et d'enfans, que la moitié des maisons est déserte. Pas du tout. Si vous voulez prendre la peine d'interroger tous les étages, vous trouverez à qui parler, depuis l'entresol jusqu'au sixième, septième et huitième: pas une maison n'est vide. D'où vient donc cette foule qu'on voit au dehors? A vrai dire, je n'en sais rien.

Cependant n'oublions pas le restaurant où nous sommes.

On nous met, nous dix ou onzième, à une table qui n'a capacité que pour huit convives. Les conducteurs d'*omnibus*, par un temps de pluie, n'agissent pas autrement.

Le potage est froid, le bœuf réchauffé, le rôti a été fait à la casserolle, le vin de Mâcon dépose du bois de Campêche au fond des verres. Plions la serviette encore humide de la lessive du matin, et hâtons-nous de fuir. De nouveaux dîneurs arrivent que d'autres suivront, qui seront suivis par des retardataires à l'estomac paresseux, tous gens mariés, du moins pour la plupart, qui ont ménage monté, femme, enfans, cuisinière, fourneaux, broches, et qui viennent chercher au restaurant un dîner quatre fois plus cher et cent fois plus détestable qu'ils ne l'auraient chez eux.

Mais n'est-il pas convenu que, le dimanche, il faut se réjouir?

Maintenant que nous avons fort mal dîné, que nous sommes peu nourris, que l'on nous a volé à vous votre canne, à moi mon chapeau, maintenant que nous avons toutes les raisons du monde d'être légers, vous plaît-il que nous terminions notre journée par la danse?

Quel bal préférez-vous? bal de grisettes et de femmes douteuses à la Chaumière; de grisettes et de femmes douteuses au passage du Saumon; de femmes douteuses et de grisettes à Tivoli d'hiver; de femmes moins douteuses au Wauxhall; de filles complètement perdues à Idalie?

Il ne vous plaît d'aller à aucun de ces gymnases dansans? bien vous faites. On y boit plus qu'on n'y danse; on s'y bat plus qu'on n'y boit. Nous irons au spectacle, si vous le jugez bon : cet *omnibus* nous y conduira. Mais il est plein. — Ce fiacre? — Plein. — Ce cabriolet? — Plein.

Tout est plein à Paris le dimanche au soir; tout, excepté les poches. Les spectacles regorgent déjà de monde. Remettons la partie à lundi, croyez-moi. Cependant que faire de notre soirée? C'est un vide difficile à remplir pour l'homme à qui le spectacle ne présente pas plus d'attraits que le bal.

Les cafés? — Vous ne jouez pas au domino. Et

puis cette foule qui sue et boit de la bière vous donne d'étranges maux de cœur. N'entrons nulle part, j'y consens. D'autant mieux qu'il nous est loisible de jeter un coup d'œil sur la physionomie des rues. Peut-être Paris le dimanche n'est-il pas sans intérêt, vu à l'extérieur.

Par extérieur, je ne veux dire, bien entendu, ni les danses foraines, ni les combats d'animaux, ni les guinguettes, ni les jeux de boules, ni quoi que ce soit de ce qui est hors barrière. Toutes ces choses ne sont pas de mon ressort; moi, déjà trop faible de poitrine et d'haleine pour vous conter Paris *intra muros*.

Il nous reste une demi-heure de jour : examinons.

La solitude du matin plane de nouveau sur les rues de la grande ville, surprise dans ses fêtes par l'ombre du soir.

Quelques portiers assis sur le seuil de la maison, regardent indifféremment passer les piétons devenus plus rares, ou bien ils contemplent avec orgueil leurs filles, pâles et chétives fleurs nées en serre-chaude dans la soupente, leurs filles qui jouent au volant, et dont le cœur bondit comme le jouet emplumé qu'elles lancent. Innocentes filles, ennuyées de l'être, elles se livrent ardemment à l'exercice de la raquette, avec le garçon épicier ou marchand de vin qui les a rendues sensibles, en attendant qu'il les rende mères !

Le malheureux portier, gardien tout à la fois d'une maison et d'une fille, ne peut surveiller l'une sans perdre l'autre de vue, assailli qu'il est par l'amoureux entrepreneur et le voleur alerte. Occupé de sa fille, il ne voit pas le filou qui se glisse dans sa maison ; tout yeux pour sa maison, il ne voit pas l'amoureux qui se glisse dans sa famille. Hélas ! la charge du père-portier est doublement difficile quand vient la soirée du dimanche.

C'est d'habitude, à la nuit tombante, que les voleurs pénètrent dans les maisons : ils supposent les locataires au restaurant, à la promenade ou au spectacle. Il ne fait pas assez jour pour que, eux voleurs, on les remarque sur le pallier ; il ne fait pas assez nuit pour que le quinquet délateur s'allume. L'instant est propice ; obscurité dans l'escalier, solitude dans les chambres.

Il ne faut pas croire cependant (et, quoique nous l'ayons déjà dit, nous insistons volontiers là dessus), il ne faut pas croire que tous les appartemens soient déserts. Là haut, une petite famille de rentiers se délasse de la promenade du jour en faisant une antique partie de mariage ou de boston ; de ce côté une marchande de modes retirée prépare un concert d'amateurs. On dansera pour se serrer les mains, on chantera pour montrer, à défaut de sa voix, ses dents, et le punch au vin donnera de la témérité aux moins jeunes chanteuses. Plus loin, ce sont deux époux, mariés de dix ans, modèles d'amour conjugal, qui ne sortent pas parce qu'il faut coucher les enfans ; mais avant de se mettre au lit, les marmots veulent finir convenablement la journée du dimanche. C'est trop juste. Aussi le papa fait monter la lanterne magique, et le gros savoyard, aux cris de joie des enfans, au son d'une musique rouillée, met en danse *monsiou le souleil et mâdâme la loune.*

A chaque étage, dans chaque maison, vous voyez poindre une lumière. Vous peindre les tableaux d'intérieur éclairés par cette lumière, me rejetterait trop loin des bornes que je me suis prescrites : nous n'en finirions jamais. D'ailleurs presque tous ces détails de la vie intérieure du Parisien n'appartiennent pas plus au dimanche qu'à tout autre jour de la semaine. Ce livre les recueillera en divers articles.

Le même motif me fait passer sous silence les concerts du dimanche dans les salons de Pleyel ou de Pape ; ils attendent un chapitre spécial.

Par une raison semblable, je me suis tû sur une infinité d'accidens qui sont de tous les jours :

entre autres les vols dans les grandes foules.

Toutefois, à propos de la foule qui s'entasse le dimanche sur les promenades publiques, je n'oublierai pas une certaine classe d'hommes que j'appellerai les *chercheurs d'objets perdus*, sorte de voleurs à mine d'honnêtes gens. Ils suivent attentivement le piéton de l'un ou l'autre sexe à qui ils espèrent bien voir perdre un bracelet, un mouchoir, une épingle d'or, une bague, un schall. Ils ne voleraient pas même l'épingle; mais elle tombe, ils la ramassent et la gardent. Je l'ai trouvée, disent-ils. Excellente raison pour rassurer leur conscience encore timide. C'est le soir qu'ils se livrent à ce métier que la loi pénale n'a pas prévu.

Je n'ai rien dit des cabinets de lecture, quoiqu'en vérité ces restaurans de science à prix fixe regorgent de consommateurs durant toute la journée du dimanche. Beaucoup de gens, qui vivent maigrement de politique et de littérature dans la semaine, le dimanche venu, dédommagent leur appétit en le bourrant pour six jours de romans et de gazettes.

Ce sont les cabinets littéraires du Palais-Royal qui se chargent alors d'alimenter cette troupe avide. Et pourtant je ne sais rien de plus triste et de plus repoussant que l'aspect du Palais-Royal le dimanche; rien, si ce n'est le passage Vivienne ou le passage Véro-Dodat. Les quelques hommes hébétés qui se promènent sous ces étroites galeries sombres, devant toutes ces boutiques fermées, semblent autant d'Epiménides qui se réveillent au milieu d'une ville morte depuis cent ans. Les voir est chose lugubre. Entendre le son des cloches le serait moins.

Il ne serait pas juste de parler cloches et de taire une des plus remarquables bizarreries qui font de Paris la ville unique un jour de dimanche. En province, par exemple, les cloches vous prennent dès le matin pour ne vous quitter qu'à la nuit, après Complies, Salut et Angelus. Le septième jour est leur jour de fête. Elles s'en donnent à *carillon, que veux-tu?* de façon à vous rendre dévot quand elles ne vous rendent pas sourd. A Paris, au contraire, à moins d'être bedeau, marguiller ou enfant de chœur, vous n'entendez pas tinter la plus petite cloche. Ne les mettrait-on jamais en branle? ce n'est pas supposable. Elles sonnent et carillonnent, le dimanche surtout. Pourquoi donc, le dimanche surtout, le bruit n'en vient-il pas à nos oreilles?

En revanche, vers le minuit, douze heures après que les cloches ont tinté sans doute pour n'être entendues de personne, ou seulement pour ébranler le cerveau des rares bourgeois qui élisent domicile au pied même de l'église, vers le minuit, un bruit terrible, bruit de mer qui roule, bruit sinistre et croissant à travers les rues sombres, musique de voix humaines et de pas humains, se répand par toute la ville, et sonne, comme un bourdon, l'heure où les spectacles, les cafés, les bals, les cabarets rejetent la foule qu'ils contenaient à grand' peine.

Les voitures crient et se précipitent au milieu de cette multitude immense qui occupe toute la largeur des rues. On comprend difficilement par quel miracle il se trouvera tout à l'heure dans Paris assez de chambres et de lits pour coucher tout ce monde.

Mais ils ne doivent pas tous coucher dans leurs lits. J'entends deux ivrognes qui se disputent sous mes fenêtres. Ils se battent. Des filoux, sous prétexte de mettre le *hola!* les dépouillent du peu d'argent qu'ils rapportaient à leurs femmes, à leurs enfans, qui peut-être n'ont pas dîné. Nos ivrognes tombent au coin d'une borne : la garde passe et elle les replante tant bien que mal sur leurs pieds chancelans : ils coucheront au corps de garde.

Pour beaucoup de gens, le dimanche finit par la prison ou l'hôpital.

Ne croyez pas que les endimanchés qui arrivent chez eux libres et bien portans soient tout-à-fait quittes du corps de garde et de l'hospice : c'est demain lundi; et le lundi, pour un grand nombre de parisiens, n'est autre chose encore qu'un jour de fatigantes joies et de mortels plaisirs : le lundi sera presque un second dimanche.

Éléonore DE VAULABELLE.

SAINTE-PÉLAGIE

(PRISON POLITIQUE).

Je vais vous mener en prison. Rassurez-vous, toutefois : ce début n'a rien qui doive vous alarmer. Le greffier de la geole ne vous inscrira pas sur son livre d'écrous. Les portes et les grilles ne vont point se refermer, en roulant sur leurs gonds massifs, aussitôt que vous aurez franchi le seuil. Notre voyage à Sainte-Pélagie n'aura pas même l'inconvénient de vous déplacer. Vous pouvez l'entreprendre fort commodément, tout comme vous visiteriez la Nouvelle-Zélande et l'Afrique centrale, à la suite du capitaine Cook et de Mungo-Parck, sans dérangement et sans fatigue. Ces illustres voyageurs ont pris la peine de parcourir les deux mondes exprès pour vous faire faire connaissance, à vous sédentaire et paresseux, avec les naturels du pays des Mandingues et les antropophages de la mer du Sud. D'autres ont eu pareillement l'attention délicate de se transporter à Sainte-Pélagie, d'y faire même quelque séjour, afin de vous dire ce qu'ils ont vu, ce qu'ils ont éprouvé, de vous y conduire par la pensée, de vous initier à la vie de prison. Quittez un moment en imagination votre intérieur si bien arrangé selon vos goûts et vos habitudes, votre appartement si commode, où vous entrez quand vous le voulez, d'où vous sortez quand il vous plaît pour aller au bal, au spectacle, à la promenade, partout où l'on va quand on est libre. Venez, cher lecteur, venez un moment à Sainte-Pélagie.

Or, il y a deux prisons, dans cette prison. Les détenus pour dettes, *les dettiers*, pour parler la langue du pays, ont leur quartier à part, entièrement séparé des bâtimens destinés aux détenus politiques. Il est peu de vaudevilles où quelque fashionable à petites moustaches, un de ces délicieux *mauvais sujets* qui finissent toujours par épouser au dénouement une riche veuve dont ils sont adorés, n'ait aiguisé des pointes contre les huissiers et tourné un couplet sur Sainte-Pélagie. Mais c'est toujours au guichet de la prison des *dettiers* qu'un oncle, arrivé exprès d'Amérique ou du Bengale, avec six millions en portefeuille, selon l'usage immémorial du théâtre, va réclamer un *coquin de neveu* qui expie ses péchés de jeunesse dans la Sibérie de la rue de la Clef, Sibérie dont cependant beaucoup d'infortunés débiteurs savent transformer les cellules en boudoirs de la Chaussée-d'Antin. Sainte-Pélagie, *prison politique*, n'est pas la Sainte-Pélagie du Vaudeville. Elle a ses habitudes, ses mœurs à elle; c'est un pays tout différent. Un autre *Cicerone* s'est chargé de vous faire connaître la prison pour dettes : c'est à la prison politique que nous essaierons de vous conduire.

Mais avant de vous conter comment on y vit, il ne sera pas mal, n'est-ce pas, en bonne logique, de vous dire comment on y arrive. Nous ne parlons pas ici des mandats d'amener ni des arrêts de cour d'assises pour délits politiques autres que ceux de la presse. Les gardes municipaux sont chargés de les mettre à exécution séance tenante, sans plus de cérémonie. Mais supposons qu'un article de journal, un livre, une brochure, vous aient fait encourir les rigueurs de tel ou tel article de la loi de 1822, ou de 1819, ou de 1831, ou de toute autre loi que vous êtes prié de consulter bien soigneusement avant de laisser courir vos pensées et votre plume : supposons qu'après avoir passé par l'ordonnance de saisie, le mandat de comparution devant le juge instructeur, l'arrêt de la chambre du conseil, le renvoi devant la cour d'assises, vous ayez entendu le chef du jury répondre : *Oui, l'accusé est coupable*, puis le réquisitoire de M. l'avocat-général pour l'application de la peine, puis l'arrêt prononcé par M. le président, après lequel tout le monde, ministère public, président, juges et jurés, s'en est allé tranquillement dîner chacun chez soi : c'est bien, vous voilà gratifié du titre de *condamné pour délit de la presse*, avec la perspective d'une résidence d'un mois, trois mois, six mois, plus ou moins, entre les quatre murs de Sainte-Pélagie. Vous aussi, vous sortez du Palais pour vous en retourner chez vous ; car, tout criminel que vous êtes, on vous laisse bien trois ou quatre semaines pour mettre ordre à vos affaires, avant de vous confiner temporairement dans la nouvelle demeure pour laquelle vous venez de passer bail avec la justice. Enfin, le délai fatal que vous avez prolongé le plus long-temps possible, tantôt pour un prétexte, tantôt pour un autre, vient d'expirer définitivement. La veille peut-être vous êtes allé à l'Opéra (je suppose que vous êtes garçon), afin de savourer une fois encore les plaisirs de ce monde. Le matin, vous vous levez en pensant que cette journée est la dernière où vous jouissez de votre libre arbitre en fait de facultés locomotrices. Vous avez couru toute la matinée pour dire adieu à vos amis, pour faire vos dispositions dernières, comme si vous alliez vous mettre en voyage. La matinée s'est ainsi écoulée. Comme le jour de l'entrée en prison compte dans la durée de la peine, quelle que soit l'heure où l'on s'y rende, il va sans dire que vous avez jugé fort inutile d'y faire votre entrée dès le lever du soleil. Mais voici quatre heures. Le moment est venu. Vous vous embarquez, vous et votre bagage, dans un fiacre qui peut-être hier, avec ses chevaux tout chamarrés de rubans, conduisait de l'église à la Courtille une joyeuse noce d'ouvriers. Vous allez d'abord au Palais de justice. Là, vous entrez au bureau des huissiers, laboratoire de significations, officine d'expéditions d'arrêts, située au bas de l'escalier de la cour d'assises. La veille, vous êtes venu prévenir un des recors qui s'y tiennent, que vous réclameriez de son obligeance le petit service de vous conduire en prison. Voici votre homme, un personnage très-poli, sachant son monde, ayant même le petit mot pour rire : « Monsieur, je suis à vous dans l'instant », vous dit-il. Puis, après s'être muni de la copie de votre jugement, il vous suit d'un pas dégagé, et monte avec vous dans la voiture qui vous attend à l'entrée de la cour du Harlay : l'incarcérateur et l'incarcéré s'y placent côte à côte. Fouette, cocher ! à Sainte-Pélagie !...

Chemin faisant, votre compagnon de voyage vous racontera volontiers si les affaires vont bien ou mal pour lui et pour ses pareils, si l'incarcération rapporte beaucoup cette année (car vous saurez tout à l'heure que le service qu'il vous rend en vous menant en prison, n'est pas un service gratuit). Pour peu que vous soyez disposé à lier conversation, il vous dira combien il est agréable d'avoir à faire à des condamnés comme MM. les gens de lettres. Il saura vous vanter avec adresse sa complaisance à prolonger votre liberté le plus long-temps possible ; car, ainsi qu'il aura soin de vous le répéter, « l'ordre était venu déjà plusieurs fois du parquet, de mettre votre jugement à exécution ; mais avec MM. les journalistes, on a des procédés. » Puis viennent les consolations banales : « Trois mois sont sitôt passés ! » — Grand merci. Or vous saurez qu'une pièce de cinq francs est le prix ordinaire que l'on paie à ces messieurs pour leur peine de vous incarcérer. Pourtant, ce salaire n'a rien de forcé. De là, leur étalage d'obligeance, leurs frais de consolations et de politesses.

Enfin, vous approchez du terme du voyage. Vous voilà dans une de ces rues presque désertes des faubourgs, espèce de terrain ambigu, jeté entre Paris et la campagne. Un lourd et gris bâtiment se dessine à vos regards, avec ses étroites fenêtres bien et dûment garnies de barreaux de fer. Le fiacre s'arrête. Vous descendez; le recors frappe à une porte basse, devant laquelle se promène une sentinelle. On ouvre : vous passez en inclinant la tête : dites adieu à l'air libre, au soleil libre, à ce monde que vous quittez : vous voilà dans une espèce de vestibule imprégné d'une odeur suffocante de tabac, où se tiennent trois ou quatre guichetiers. Entrez maintenant au greffe. Après que votre guide a exhibé le jugement qui vous condamne à demeurer dans cette geôle, on lui remet un reçu de votre personne, comme s'il s'agissait d'un ballot de marchandises arrivé par le roulage. On prend votre signalement bien détaillé, yeux, nez, oreilles, bouche, etc. On dirait un passe-port. C'est un passe-port en effet, mais un passeport de résidence, au lieu d'être un passe-port de voyage. Si vous désirez des draps blancs au lieu de gros draps de toile jaune, c'est ici que vous devez payer la rétribution connue sous le nom de *pistole*, moyennant laquelle vous êtes gîté un peu plus confortablement. A présent que ces formalités préliminaires sont remplies, on vous ouvre une autre porte, puis une grille : entrez dans cette cour pavée : vous voilà locataire de la *maison*.

Libre à vous, lecteur, de compulser dans Dulaure l'histoire de Sainte-Pélagie, jadis couvent de femmes, transformé depuis en prison. Nous avons entrepris seulement *la physiologie morale* de cette geôle si célèbre aujourd'hui. Quant à son aspect, tous les visiteurs qui vont au Jardin des Plantes jeter des morceaux de pain à l'ours Martin ou à son successeur immédiat, peuvent apercevoir ce massif bâtiment carré, avec la terrasse qui couronne sa toiture; mais cette terrasse appartient à la partie de la prison qu'on appelle *la dette*. Les détenus politiques ne peuvent y respirer un air pur, après un jour d'été, ni s'y réjouir pendant l'hiver à la chaleur fugitive d'un rayon de soleil. Ils n'ont pas d'autre promenade que cette cour dont je vous parlais tout à l'heure, et qui, longue d'environ cinquante pas, large de vingt tout au plus, ensevelie entre quatre murs fort élevés, est brûlante, humide ou glaciale, suivant la saison ; puis une autre cour de même grandeur à peu près, où végètent quelques ormeaux chétifs et étiolés, pauvres arbres prisonniers qui étouffent là faute d'air, comme les promeneurs dont la démarche ennuyée mesure de long en large cet étroit espace.

Mais suivons heure à heure le détenu politique pendant les différentes phases de la journée. Hors la vie d'un trapiste, il n'est pas d'existence mieux réglée que celle d'un prisonnier. Ce qu'il fait aujourd'hui, il l'a fait hier, il le fera demain : ainsi la description d'une de ses journées peut vous donner l'idée la plus exacte de toutes les autres.

La journée du détenu commence à sept heures du matin, au bruit des clefs énormes qui, de corridor en corridor, vont ouvrir les verroux sous lesquels on enferme chaque soir les prisonniers dans leur dortoir ou dans leur chambre. Pendant la nuit, vous êtes doublement captif, dans la prison d'abord, puis dans votre petit coin de cette même prison. A l'ouverture des verroux, quelques détenus descendent dans la cour pour chercher un peu d'air, qui leur fasse oublier l'atmosphère étouffée de leur cellule. Bientôt les journaux arrivent. La lecture des feuilles publiques est naturellement une occupation du plus haut intérêt pour les détenus politiques. Chacun demande à son journal des espérances qui assignent à son emprisonnement un terme plus rapproché que l'arrêt de la cour d'assises. Les feuilles de l'opposition y sont seules en faveur, on le conçoit sans peine. Les rédacteurs des journaux amis du gouvernement et les personnes dont ces feuilles représentent les opinions, ne vont guère à Sainte-Pélagie. On se réunit, on se groupe pour discuter le moindre événement, pour commenter les bruits d'émeute, de révolution, d'amnistie. On caresse avec toute la chaleur du désir la moindre chimère, la moindre induction tirée de quelque nouvelle que démentira peut-être le numéro du lendemain. Sauf les chaleureuses conversations, les commentaires animés et bruyans, vous vous croiriez dans un cabinet de lecture. Ainsi s'écoule le temps jusqu'à l'heure du déjeuner. Ordinairement plusieurs détenus se réunissent pour prendre leurs repas en commun. Il n'est pas que vous n'ayez trouvé à votre entrée à Sainte-Pélagie quelqu'ami qui vous attendait, et qui s'est chargé de vous initier à tous les détails de votre existence de reclus, de vous présenter à vos compagnons nouveaux. Une fois bien recommandé par lui, une fois que nulle défiance ne les met plus en garde contre vous, alors vous trouvez à Sainte-Pélagie la réception la plus cordiale; car entre eux et vous il y a conformité de position, d'inimitiés, d'affections et d'espérances.

Le déjeuner, que l'on prolonge le plus longtemps possible, afin d'abréger la matinée, vous conduit bien jusqu'à midi, jusqu'à l'heure où s'ouvre *le parloir*, heure impatiemment attendue, où, pour un moment, l'on se retrouvera de ce monde, où l'on pourra serrer la main d'un frère, d'une mère, d'une épouse, d'un ami. Alors les détenus, les uns coiffés de la casquette rouge des républicains, les autres du bonnet vert et blanc des légitimistes, descendent en foule dans la première cour pour répondre plus vite à la voix retentissante qui appelle au parloir les prisonniers demandés par les visiteurs. De midi à trois heures, cette salle étroite ne désemplit pas. Dans tous les coins, dans toutes les embrasures des fenêtres s'établissent des groupes, où les mains se pressent, où souvent les yeux sont humides, où les paroles s'échangent à voix basse. Jadis les visiteurs avaient accès dans les chambres des détenus : maintenant la règle de la prison est plus sévère, et c'est un grand supplice que d'être obligé de risquer une confidence au milieu de quarante personnes, de livrer à leurs regards et à leurs oreilles les mystères d'un entretien intime et les émotions de la joie ou de la douleur. Et toutefois, en dépit d'une gêne aussi pénible, ces momens sont bien doux; ils passent bien vite, et vous êtes surpris que trois heures aient déjà sonné, quand un guichetier vient donner aux prisonniers et aux visiteurs le signal d'une séparation dont l'espérance de se revoir bientôt peut seule adoucir la tristesse.

Après la fermeture du parloir, la cour se dépeuple, chacun remonte chez soi : on lit, on travaille, on s'occupe de son mieux. Ici vous trouvez un atelier de peinture, ailleurs une succursale du Conservatoire, où l'on tâche de s'égayer aux charmantes bouffonneries musicales de Plantade, où l'on soupire les romans de madame Duchambge et de Panseron. Beaucoup de détenus, particulièrement ceux dont la captivité doit être longue, se sont créé une industrie qui l'adoucit et qui l'abrége. Un ancien sous-officier de la garde royale, nommé *Dutillet*, condamné à la détention perpétuelle dans l'affaire des Prouvaires, a imaginé de petites corbeilles de fleurs en perles, véritables prodiges d'adresse et de patience, et déjà fort recherchées dans les salons. Un autre militaire, ex-maître d'armes dans son régiment, avait établi à Sainte-Pélagie une salle d'escrime très-fréquentée par les détenus [1]; des baguettes

---

[1] Ces deux détenus ont été transférés au Mont-St-Michel.

de saule remplaçaient les fleurets qui sont rigoureusement prohibés. Il y a quelques mois, un jeune artiste, emprisonné pour crime de caricature, s'était mis à dessiner des portraits; et les modèles s'offraient en foule à ses crayons. C'est une justice qu'il faut rendre aux prisonniers, le précepte de s'entr'aider les uns les autres est pour le moins aussi bien observé parmi eux que dans le monde. Les prisonniers chargés de répartir entre leurs co-détenus indigens les bienfaits envoyés par des personnes charitables, s'acquittent de ces fonctions difficiles avec un esprit d'ordre et d'équité qui ferait honneur à plus d'un comité d'administration officiel. Les plus pauvres sont toujours sûrs de trouver assistance et secours, même auprès de ceux dont leur opinion les sépare. Si l'esprit de confraternité s'est réfugié dans quelque lieu du monde, c'est assurément à Sainte-Pélagie.

Mais voici l'heure du dîner, cette heure après laquelle on soupire moins par gastronomie que par ennui; car les repas sont un des passe-temps journaliers qui égaient un peu la monotonie de ce triste séjour. Un traiteur établi dans la rue du Puits de l'Ermite, vis-à-vis la porte d'entrée, se charge, pour un prix assez raisonnable, de servir les détenus à qui leurs moyens permettent de ne pas se contenter du frugal ordinaire de la prison. D'autres chambrées font elles-mêmes leur cuisine. Vous voyez d'anciens officiers ceindre le tablier blanc et se transformer par intérim en chefs d'office. On se met à table; on oublie, pour un moment, ces vilaines barres de fer qui garnissent les fenêtres; la gaîté se ranime aux souvenirs du passé, aux espérances que l'on entrevoit dans l'avenir. Les pâtés de Périgueux, les bouteilles de champagne ou de bordeaux, apportées à l'heure du parloir, sont mises fraternellement en commun. Comme nulle affiche de spectacle, nulle brillante représentation n'est là pour hâter l'instant où les convives se leveront, le modeste dessert des prisonniers dure aussi long-temps qu'un dessert de ministre. Puis les parties de cartes ou de dominos s'établissent, les gais propos circulent.... Hâtez-vous, pauvres prisonniers, de savourer ces momens d'illusion qui passent si vite!... Huit heures arrivent. Une voix glapissante a frappé vos oreilles: *la fermeture!* ce cri, jeté de corridor en corridor, vous annonce que l'instant de la retraite est venu. Votre imagination vous transportait peut-être bien loin de ces tristes murs, aux jours de votre liberté. Voici une voix qui vous ramène à la réalité toute nue et toute cruelle. Allons, que les parties finissent, que les jeux cessent! Il faut que chacun regagne son dortoir ou sa chambre. Puis les verroux se ferment, les énormes clefs tournent dans leur serrure, avec un long grincement. Vous voilà *bouclés*, pour nous servir d'une expression locale. A Sainte-Pélagie, la nuit commence à cette même heure où, dans le monde des vivans, on monte en voiture pour les belles et riantes fêtes, pour les solennités dramatiques, où dansera mademoiselle Taglioni, où madame Damoreau doit chanter. Dormez, si vous le pouvez; car le sommeil appartient aux rêves. Dormez! que pour vous il commence de bonne heure, et tâchez de vous réveiller bien tard!...

Ainsi se passe la journée d'un détenu. Il lui faut lutter contre le plus terrible de tous les ennemis, l'ennui de cette existence si monotone, où tous les jours se suivent et se ressemblent, comme pour donner un démenti au proverbe. Bienheureux encore celui qui a pu obtenir la faveur d'une chambre particulière, fût-ce une cellule éclairée par une étroite fenêtre, ou, pour mieux dire, un soupirail, qui lui permette à peine d'apercevoir trois pieds carrés du ciel; car là, du moins, il est seul, là il n'éprouve pas ce supplice intolérable de ne pouvoir un moment se recueillir en lui-même, se livrer sans témoins et sans importuns à ses pensées, à ses tristesses, à ses sentimens les plus intimes. On nous assure que certaine peine en vigueur aux Etats-Unis d'Amérique, *la réclusion solitaire*, est le supplice le plus rude et le plus désespérant qui soit usité dans aucune législation du monde. Nous serions tentés de croire que la *réclusion en commun*, l'impossibilité d'être jamais seul, est un supplice plus terrible encore. Puis on ne se figure pas combien, en prison, l'imagination s'exalte, combien la susceptibilité nerveuse devient plus irritable. Joie, désappointement, chagrin, espérance, toutes les émotions sont plus vives, toutes les sensations plus ardentes. Une chanson d'ouvrier que vous entendez de loin à travers les barreaux épais, l'harmonie criarde d'un orgue de Barbarie, tous ces bruits qui vous auraient importuné si fort quand vous étiez libre, sont maintenant une distraction, un souvenir du dehors qui n'est pas sans charme. Sur toute chose, ne vous laissez pas aller à l'abattement qui, presque toujours, succède à cette exaltation morale si commune en prison. Gardez-vous d'être malade; car, nous le disons à regret, l'infirmerie des détenus politiques est loin d'être aussi bien fournie qu'elle devrait l'être. Un médecin vient chaque jour offrir ses consultations aux prisonniers; mais l'absence de ressources locales empêche trop souvent de les mettre à profit. Une maladie un peu grave rend absolument nécessaire la translation du détenu dans une maison de santé ou dans un hospice, et l'autorité dont dépendent les prisons montre à cet égard une rigueur que maint exemple funeste l'engagera sans doute à modifier.

Enfin, nous vous supposons arrivé sans nulle encombre au jour trois fois heureux où vous devez quitter ce lieu de pénitence. Vous l'avez regardé venir de bien loin, ce jour qui doit vous rendre à vos amis, à votre famille, à tous ceux que vous aimez. Vous avez compté bien des fois les mois, les semaines, les heures qui vous en séparent encore.... Le jour, le bienheureux jour est venu. Un délégué du parquet a signifié au greffe de la prison l'ordre de votre mise en liberté; mais ne le remerciez pas trop de son exactitude; un jour d'oubli l'exposerait, lui ou ses chefs, à des dommages-intérêts considérables pour fait de détention illégale. Vos compagnons de captivité vous entourent de félicitations; mais au fond du cœur combien ils envient votre sort! Toutefois leurs complimens sont sincères; car à Sainte-Pélagie plus on veut de bien à un ami, plus on souhaite de le voir s'éloigner. Vous devez sortir le matin; la levée de l'écrou est exécutoire dès l'ouverture des portes, et l'on voit fort peu de prisonniers prolonger volontairement, ne fût-ce que de quelques momens, leur séjour à Sainte-Pélagie. De bonne heure on s'est réuni pour vous dire adieu, pour vous souhaiter un heureux départ. Vous avez salué une dernière fois les murailles de ce réduit, tout tapissé des noms et des pensées de ses habitans, où se sont écoulées vos heures de captif : vous ne le regrettez pas, non, certes! et cependant vous lui jetez encore un regard au moment d'en sortir, tant est grand le pouvoir de l'accoutumance! Mais votre émotion dure peu : vous franchissez à grands pas l'escalier, vous traversez la cour, escorté de tous ces détenus, vos amis, qui restent tandis que vous partez, et dans ce moment votre émotion est plus légitime et plus profonde. Tous ces hommes qui vous disent adieu, ils ont partagé votre captivité; vous avez souffert, vous avez espéré avec eux. Ils vous accompagnent jusqu'à la grille qui s'ouvre pour vous seul….; ils vous serrent la main, et quand cette grille s'est refermée devant eux, involontairement vous vous retournez encore.

A la dernière porte, voici l'escouade des guichetiers qui vous tend une main que vous vous hâtez de remplir, conformément à l'usage, heureux de vous voir délivré à ce prix d'eux et de leurs congratulations. La clef massive de la porte d'entrée a tourné pour vous rendre à ce monde dont elle vous avait séparé. Vous avez fait demander une voiture. La voici, vous vous y élancez : cocher, vite, vite, loin de cette prison; vite aux lieux où l'on est gai, où l'on est heureux, aux lieux où l'on n'est pas captif ! Oh ! comme cette vilaine rue est belle, comme ces échoppes sont belles, comme toutes ces insignifiantes figures de passans respirent une expression aimable! voici l'air, voici le soleil, voici la liberté!

Vous êtes hors de Sainte-Pélagie : puissiez-vous à présent ne jamais y revenir !

THÉODORE MURET.

L'AVOUÉ DE PARIS.

I.

CE QU'IL EST.

Il vous semblera peut-être, au premier coup d'œil, que l'avoué de Paris n'a rien qui le distingue au milieu des existences contemporaines, à tel point qu'il mérite un article spécial dans ce fidèle miroir des mœurs parisiennes. Détrompez-vous : l'avoué de Paris est un être à part ; son industrie est une industrie à part; les mystères de son étude et de son cabinet particulier, lieux en quelque sorte publics, ne vous sont pas moins inconnus à tous que les arcanes des coulisses au béotien qui bâille au parterre, ou mieux encore que les secrets des loges maçonniques au profane qui croit que les frans-maçons évoquent tous les soirs le diable dans leurs conciliabules.

Quand je dis que les mystères d'une étude d'avoué vous sont inconnus à *tous*, je me sers à dessein de ce dernier mot. C'est qu'en effet je n'entends pas même excepter les plaideurs.

Bien que les traits caractéristiques auxquels on reconnaissait à coup sûr l'ancien procureur n'aient laissé dans l'avoué de province que des vestiges presque effacés, cependant on en distingue encore un peu la trace. Dans les petites villes, on devine, on sent l'avoué à son costume, à sa démarche, à sa conversation, à ses habitudes de corps et d'esprit, si toutefois on peut dire qu'il y ait de l'esprit dans l'avoué en tant qu'avoué. Mais bien fin serait celui qui pressentirait, qui découvrirait au flair l'avoué de Paris. L'avoué de Paris ne se révèle que dans son intérieur. Il n'a réellement d'*avoué* que le nom.

II.

SON AGE.

L'avoué de Paris a toujours de vingt-huit à quarante ans. Il est bien rare qu'il ait plus; plus rare encore qu'il ait moins. Quelques lignes suffiront pour faire comprendre comment il est possible de circonscrire l'âge de l'avoué de Paris dans une limite à peu près invariable.

L'avoué de Paris est toujours un premier clerc qui, après avoir passé successivement de l'état de petit clerc aux fonctions de chef de l'étude, achète enfin une charge pour son propre compte. Or, on ne peut guère arriver avant vingt-huit ans jusqu'à cette extrême barrière qui sépare le premier clerc de l'avoué. Un noviciat de dix à quinze ans est nécessaire pour qu'on puisse passer des chaises de l'étude sur le fauteuil de cuir du cabinet particulier. C'est pourquoi l'avoué de Paris, qui ne peut guère entrer dans la carrière avant seize ou dix-sept ans, en a toujours au moins vingt-huit, au jour de sa prestation de serment.

Être avoué n'est pas un état à Paris. On n'y

meurt pas avoué comme en province. Une étude est une espèce de parc réservé, bien distribué, bien giboyeux, où l'on achète le droit d'aller à la chasse de la fortune. Quand on a bien rempli sa gibecière et ses poches, on cède son fusil et sa clef au premier venu. Or, cette chasse dure à peu près douze ans. En d'autres termes, l'avoué, après douze ans d'exercice, commence à sentir le besoin d'aller goûter quelque part le charme d'une oisiveté dorée, et bien dorée, je vous assure. Mais n'anticipons pas sur ce qui doit trouver ailleurs sa place, et bornons-nous à tirer cette conclusion, à savoir, que l'avoué de Paris n'a presque jamais plus de quarante ans.

III.

SON GENRE DE VIE.

Quelques uns, ne tenant aucun compte des différences essentielles amenées par le progrès des lumières et la promulgation du Code de procédure, s'obstinent à regarder l'avoué contemporain comme une émanation fidèle de l'ex-procureur. C'est une grave erreur. Rien ne ressemble moins à l'ex-procureur que l'avoué de nos jours. Et je ne dis pas cela pour le seul avoué de Paris. C'est à peine si l'on rencontre, de loin en loin, dans les tribunaux de départemens, un de ces vieux avoués qui, datant de 1760, et n'ayant changé depuis 89 que de formulaire et de titre, restent fidèles à leurs antiques traditions, et conservent à notre admiration la crasse des parlemens, comme d'autres cultivent encore le cadogan posthume et la poudre de nos pères.

Quelques uns, abusés par les vaudevilles de M. Scribe, s'imaginent que l'avoué de Paris est un fashionable qui, du haut de son tilbury, éclabousse ses clients dans la rue; qui pose le soir au balcon des Bouffes ou de l'Opéra, joue cinq cents francs à l'écarté, et danse le galop comme un prince royal. Allan du Gymnase, en habit de velours, en pantalon collant, parlant champagne et café de Paris, paraît à ceux-là un type passablement fidèle de l'avoué de Paris. C'est encore une erreur. L'avoué de Paris ne tient pas plus du Chicaneau de l'ancien répertoire, que des jeunes premiers du Gymnase.

Il y a deux phases bien distinctes dans la vie de l'avoué de Paris; et ses habitudes extérieures se modifient, selon qu'il gravite dans l'une ou dans l'autre de ces phases.

Ainsi l'avoué marié n'existe pas de la même manière que l'avoué garçon, ou plutôt aspirant-marié; car on a peu d'exemples d'avoués restés célibataires.

IV.

L'AVOUÉ GARÇON.

Je vous ai dit qu'après avoir croupi plus ou moins long-temps sur la chaise de premier clerc, l'avoué de Paris achète toujours une charge. Le prix de cette charge, calculé à peu près au taux de douze pour cent, sur les produits nets de l'étude, varie suivant son importance, de deux cent cinquante mille francs à quatre cent mille francs.

Quand il signe le contrat de cession, le premier clerc est ordinairement sans un sou, ou, s'il a quelque petite somme à sa disposition, c'est tout juste suffisant pour un premier à-compte.

Qui se chargera de compléter la somme, et de remplir les obligations du jeune avoué envers son prédécesseur? Eh! pardieu! c'est tout simple : un bon mariage.

Le premier clerc achète une charge d'avoué

pour se marier, et, une fois possesseur du titre, l'avoué se marie pour payer la charge.

C'est alors que l'avoué est frisé, musqué, pincé, pommadé; c'est alors qu'il porte des bottes de Sakoski et des habits d'Hulendorf; c'est alors qu'il pirouette agréablement dans un salon, qu'il figure au besoin dans un quadrille, et qu'il va même jusqu'à lire en petit comité le *Journal des Modes* à haute voix. En un mot, il ne néglige aucune des mille recettes à l'usage des chercheurs de femmes. Dans cette situation, l'avoué de Paris est capable de tout : il caresse les petits chiens et pince de la guitare!!!

Mais cet état exceptionnel dure quelques mois à peine. L'avoué trouve bien vite à *s'assortir;* car l'avoué, même avec cinq cents francs dans son tiroir, est toujours un excellent parti.

Quand le mariage est fait et la charge payée, l'avoué de Paris fait peau neuve, et devient un autre homme.

V.

L'AVOUÉ MARIÉ.

Il a des cravates sans nœud prétentieux; il commande ses bottes chez le bottier du coin; il prend un tailleur qui lui fait payer ses pantalons cinq francs meilleur marché et ses habits vingt francs de moins que les tailleurs à la mode. Aussi porte-t-il des bottes vulgaires et des habits convenablement mal faits. Du reste tout est noir sur lui, l'habit autant que les bottes. Il n'y a que la cravate qui puisse se permettre d'être blanche.

Ce n'est plus, comme avant le mariage, l'élégant habitué du boulevart de Gand et du café Anglais. L'avoué marié ne se promène plus; il gravite dans la rue. Il ne dîne ni ne déjeune plus : il mange chez lui.

De tout son luxe d'autrefois, il ne conserve que sa robe de chambre et ses pantoufles; car les pantoufles et la robe de chambre sont deux accessoires indispensables à la mise en scène d'une étude d'avoué à Paris. La robe de chambre et les pantoufles sont, en quelque sorte, l'uniforme de l'avoué trônant en son cabinet et dans l'exercice de ses fonctions. Il en a le monopole. On ne voit point de clerc, pas même le premier clerc, se permettre la robe de chambre, fût-elle en simple indienne, ou les pantoufles, fussent-elles en cuir façon maroquin. Soit que cela ne vienne pas à l'idée des subalternes, soit qu'ils n'osent pas se parer du signe distinctif du maître, il est certain que, dans l'appartement de l'avoué de Paris, il n'y a qu'un homme en robe de chambre et en pantoufles, c'est-à-dire l'avoué lui-même.

Mais si l'avoué marié est plutôt négligé que coquet dans sa mise, en revanche son cabinet de réception est décoré avec une richesse et une élégance remarquables. Ce n'est pas pour se rendre le travail plus facile ou plus agréable; c'est uniquement un nouveau calcul de sa part. Le luxe de l'ameublement sert à l'avoué de Paris, à l'encontre de ses cliens, comme le luxe du vêtement lui a servi à l'encontre de sa femme.

Ce sybaritisme du cabinet devient plus saillant encore par l'humble simplicité de l'étude. Aussi, pour que l'effet du contraste ne soit pas perdu, l'appartement de l'avoué est-il toujours distribué de manière à ce que le client ait besoin de traverser l'étude pour pénétrer dans le cabinet. C'est encore un talent de mise en scène dont la tradition se perpétue, de titulaire en titulaire, dans toutes les charges.

EMPLOI DE LA JOURNÉE.

VI.

LE CABINET.

L'avoué de Paris est matinal : il se lève ordinairement à huit heures, et s'installe dans son cabinet à dix heures au plus tard.

En été, il couche à la campagne. L'avoué de Paris a une maison de campagne qui lui appartient ou qu'il a louée. Il est peu d'avoués qui n'aient pas une maison de campagne pour la belle saison.

Ils la quittent dès le matin, de bonne heure, pour venir passer leur journée à Paris, et repartent fort tard. Ils n'y séjournent véritablement qu'à la fin de chaque semaine, depuis le samedi soir jusqu'au mardi matin; car l'avoué de Paris chôme plus que le dimanche. Il fait aussi son lundi à l'instar des ouvriers.

En hiver, il ne fait que passer de sa chambre à coucher dans son cabinet. A dix heures les portes en sont ouvertes, et les cliens, qui font antichambre dans l'étude depuis neuf heures, peuvent enfin pénétrer dans le sanctuaire.

Dans le tête-à-tête, l'avoué parle au client de son affaire. C'est naturel, puisque tel est le but de la visite du client. Mais ce n'est là, pour ainsi dire, qu'un prétexte pour l'avoué. Après avoir aligné quelques mots techniques relativement au procès qu'il ne connaît pas et qu'il sait seulement par cœur, l'avoué généralise la conversation. Il possède un talent merveilleux pour captiver l'attention de son interlocuteur. Il l'amuse, l'intéresse, l'amorce, le circonvient. Bref, lorsque l'avoué a noué des relations avec un plaideur qui peut devenir une bonne pratique pour l'étude, il ne s'en fait pas seulement un client productif, mais bien aussi une connaissance, un habitué de la maison ou plutôt de l'étude. Il y a, dans chaque étude de Paris, un assortiment de flaneurs qui vont chez leur avoué comme on va à la bibliothèque ou au Jardin des Plantes. La visite à l'avoué se classe dans la répartition de leur temps. Ils ont un avoué avec qui ils vont causer, de même qu'ils ont un café où ils prennent leur demi-tasse. C'est pour eux une seconde nature.

On sent bien que ces honnêtes gens se feraient scrupule de déranger leur avoué *gratis*, sans lui offrir aucune autre compensation que le charme de leur société. Le procès qui les a mis en rapport avec l'officier ministériel trouve enfin son terme ; mais les relations créées par lui ne manquent jamais de lui survivre. Alors le client-habitué se fait un cas de conscience de se ménager un autre procès qui justifie en quelque sorte ses assiduités. Il a cherché d'abord un avoué pour suivre son procès : il cherche maintenant un procès pour *suivre* son avoué. Cette immobilisation du client est le plus beau triomphe de l'avoué de Paris.

Mais l'avoué ne se borne pas toujours à s'assurer l'exploitation viagère et quelquefois même héréditaire de tous les procès *généralement quelconques* de son client-habitué. Il sait en outre verbalement provoquer ses confidences ; initié forcément à la connaissance d'une partie de ses affaires, il ne tarde pas à les connaître toutes. Alors il donne des conseils officieux, offre ses services en dehors de ses fonctions spéciales. Le client a-t-il des fonds à placer? l'avoué se charge de lui trouver un placement avantageux. A-t-il besoin, au contraire, d'emprunter? l'avoué lui procurera la somme nécessaire. Bref, de proche en proche, l'avoué devient véritablement un homme de confiance, un directeur des intérêts temporels. J'en pourrais citer plusieurs qui remplissent vis-à-vis quelques uns de leurs cliens-habitués les fonctions des anciens intendans : ils opèrent les rentrées, touchent les revenus, et rendent compte au propriétaire. Je n'ai pas besoin de dire qu'ils prélèvent tant pour cent, à titre de prime, cela va de soi ; toute peine mérite salaire. L'avoué de Paris se donne en général beaucoup de peine.

Voilà comment le cabinet recrute à la fois pour l'avoué et pour l'étude. Ces merveilleux résultats sont dus à la faconde mielleuse de l'officier ministériel.

On voit que le don de la parole est une des qualités essentielles de l'avoué de Paris ; et que le talent de la causerie ne lui est pas moins nécessaire qu'au coiffeur qui travaille en ville.

VII.

AFFAIRES DE VILLE.

La réception des cliens dure à peu près jusqu'à onze heures ou midi. Après quoi, l'avoué va déjeuner au café s'il est garçon, dans sa salle à manger s'il est marié.

A deux heures il rentre à l'étude pour donner des signatures. Mais comme il a souvent des affaires à traiter en ville, il lui arrive fréquemment de manquer à cette habitude. En ce cas, les clercs vont faire signer les actes urgens par un collègue de leur patron. Ces prêts de signature entre avoués sont de droit commun : dans chaque étude, la moitié des actes sont signés par des avoués étrangers.

A quatre heures l'avoué fait une seconde apparition dans son cabinet, et il reçoit encore ses cliens, ou à leur défaut le maître clerc qui lui rend ses comptes. Il lit aussi ses lettres et répond aux plus pressées.

Il dîne à cinq heures et demie. Après dîner, il parcourt ses journaux ; l'avoué de Paris est abonné au rabais à *l'Impartial*, à cause de son titre, et reçoit gratis la *France nouvelle*, à cause des annonces.

A huit heures, il rentre à l'étude, résume sa journée, s'abouche avec le maître clerc, prépare, s'il y a lieu, le travail du lendemain; puis — en été, part pour sa campagne, — en hiver se recueille dans son cabinet ou dans sa chambre à coucher.

VIII.

TRAVAIL DE L'ÉTUDE.

On voit que l'avoué de Paris joue plutôt le rôle d'un agent d'affaires que celui d'un véritable avoué. L'étude n'est qu'un accessoire, sinon dans son budget, du moins dans la distribution de son travail personnel.

Je dois vous dire maintenant comment l'étude est gérée, à côté, ou plutôt en dehors du patron.

La direction appartient au premier clerc, qui est plus avoué que l'avoué lui-même.

Le second clerc fait la procédure d'après les instructions de son supérieur immédiat.

Le troisième clerc fait ce qu'on appelle *l'audience*, c'est-à-dire qu'il représente l'avoué devant les cours et tribunaux. C'est lui qui fait viser les dossiers au greffe, qui fait inscrire les causes au rôle, qui répond à l'appel de l'audience, sollicite des remises, etc.; il est aussi l'intermédiaire obligé entre l'étude et les avocats. C'est, en un mot, l'ambassadeur de l'avoué près le Palais de Justice.

Reste le dernier clerc, qu'on appelle dans le monde profane *saute-ruisseau*, et que, dans la langue technique, on nomme le *petit clerc*. Celui-là est chargé des courses de l'étude. C'est ordinairement un enfant de quinze à dix-huit ans. Mais quelquefois il est plus grand garçon, bien qu'il s'appelle *petit clerc*. J'ai connu un petit clerc qui n'avait pas moins de trente ans.

Ainsi, l'avoué de Paris ne se montre jamais au Palais, où le troisième clerc a seul l'ennuyeux privilége de courir chambres et corridors. Le mot *jamais* est pourtant trop absolu; car il est un cas où l'avoué fait violence à sa répugnance habituelle pour tout ce qui tient à l'audience. Je veux parler des ventes judiciaires qui s'opèrent deux ou trois fois par semaine, dans une séance spéciale intitulée *audience des criées*. C'est à cette seule audience que daigne paraître l'avoué de Paris. C'est un champ-clos où l'habitué le voit descendre en personne, sans l'assistance de l'avocat, et sans le vasselage du troisième clerc. Il est vrai que la loi ne lui permet pas de se faire remplacer dans ce genre d'affaires; mais on comprendra plus tard que cette prédilection toute particulière dont l'avoué de Paris honore l'audience des criées, prend sa source dans un mobile plus puissant encore que la loi.

IX.

PETITS BÉNÉFICES.

Une étude d'avoué rapporte, à Paris, de vingt-cinq à quatre-vingt mille francs; la moyenne du produit net serait à peu près de cinquante mille francs.

Or, si l'étude dont le titulaire tire cinquante mille francs était exploitée (pardon du mot) sur le même pied que dans la plupart des départemens, elle rapporterait, même d'après le tarif de Paris, vingt-cinq mille francs tout au plus.

D'où provient cette énorme différence?

C'est que l'avoué de province (j'entends l'avoué honnête) ne compte dans ses déboursés que les sommes réellement sorties de sa bourse. Quant à ses émolumens, c'est-à-dire au prix des actes faits dans son étude, ils ne s'élèvent jamais au delà du chiffre strict auquel les besoins de l'affaire devaient nécessairement le porter.

Chez l'avoué de Paris, c'est bien différent. D'une part, il n'y a pas que des déboursés dans ses *déboursés*; et d'autre part, dans ses émolumens figurent des articles dont le simple énoncé frapperait de stupéfaction l'avoué de province (j'entends toujours l'avoué honnête).

En résumé, l'avoué de Paris complique la procédure autant que possible, tandis que l'avoué de province cherche généralement à la simplifier ; pour arriver au but, l'avoué de province prend le plus court chemin, pendant que l'avoué de Paris suit le plus long détour, car il sait que la route n'est pas semée pour lui de ronces et de pierres. Il introduit le plus d'incidens qu'il peut dans la même cause : il entasse instances sur instances ; il ente procès sur procès. Il ne se borne pas à faire seulement les actes nécessaires au procès : il commet tous ceux que la loi autorise directement ou indirectement. Bref, son savoir-faire consiste à *faire suer* (c'est le mot) à une cause tout ce qu'il est légalement possible d'en extraire en la pressurant.

Il me serait aisé d'énumérer une foule d'espèces où se révèlent le génie le plus profond et l'adresse la plus incontestable. Mais j'aime mieux me borner à présenter le tableau d'une procédure spéciale, et à préciser un seul cas. Les détails dans lesquels je serai obligé d'entrer seront assez clairs et d'intelligence assez facile, pour être toujours à la portée des lecteurs les plus étrangers à ces matières.

X.

LA REQUÊTE.

La requête est une plaidoirie anticipée, un mémoire où sont relatés les moyens de la défense. L'avoué défendeur en signifie une copie à chacun de ses adversaires. C'est un des actes les plus productifs de la procédure; car l'avoué se fait payer fort cher la rédaction de l'original, et la loi taxe assez haut les droits de copie.

Toutefois, il est divers moyens d'augmenter encore le produit de la requête. Je ne veux point parler de la méthode qui consiste à ne mettre dans les copies que dix-huit lignes à la page et sept ou huit syllabes à la ligne, tandis que les réglemens exigent vingt-cinq lignes à la page et quinze syllabes à la ligne. C'est un péché d'habitude dont l'avoué de province n'est pas plus exempt que l'avoué de Paris. Cela ne vaut pas la peine qu'on en parle.

Mais il arrive parfois que l'avoué ou ses clercs ont négligé de fabriquer la requête en temps utile, et que la veille de l'audience survient à l'improviste, sans qu'on ait songé à cette partie essentielle. On ne peut cependant perdre ainsi l'occasion d'une requête. Voici le moyen auquel on a recours :

Comme on n'aurait pas le temps de transcrire une requête entière, l'avoué se contente de signifier à l'avoué de son adversaire un cahier de papier timbré dont la première et la dernière page contiennent seules un commencement et une fin de requête; le reste n'est que du vieux papier timbré. Quelquefois, lorsque le second clerc a cousu son cahier de papier qu'il a fait plus ou moins gros, selon l'importance de l'affaire, le maître clerc ou le patron prennent ce cahier entre leurs mains, et disent : « Cinquante rôles seulement (le *rôle* est un feuillet) ! Cette affaire peut en supporter soixante-quinze ! » Et vite on ajoute au milieu du cahier de nouvelles feuilles de vieux papier; ce qui n'empêche pas que la requête ne soit comptée sur le mémoire des frais, comme si elle avait été réellement signifiée.

L'avoué de la partie adverse, à qui la requête a été signifiée, détache le premier et le dernier feuillet, et renvoie à son collègue le cahier intermédiaire, qui sert une seconde fois, puis une troisième, puis une quatrième, jusqu'à ce que les feuilles ou le fil soient complétement usés. Je sais une étude où le même cahier a fait un service de plus d'un lustre, et a rapporté, à lui seul, près de six mille francs.

Ce n'est rien encore; j'ai promis de vous donner le tableau d'une procédure : vous y trouverez bien d'autres sujets d'étonnement.

XI.

UNE LICITATION.

Une licitation est la vente judiciaire d'un immeuble qui n'est pas susceptible d'être partagé en nature.

Supposons deux frères qui reçoivent, à titre d'héritage, une maison à Paris. Dans l'impossibilité de la diviser en deux lots, ils s'adressent au même avoué pour la faire liciter.

L'avoué devrait suivre une marche bien simple. Les deux parties étant d'accord, il lui suffirait de faire agréer par le tribunal un jugement rédigé par lui-même, et ordonnant la licitation, après l'accomplissement des formalités légales.

Mais ce n'est point ainsi que l'entend l'avoué de Paris. Une procédure aussi simplement conduite ne produirait pas un état de frais assez bien fourni. Voici comment l'avoué de Paris procède.

Il est chargé de la confiance des deux frères, qui n'ont qu'un même désir, une même volonté, à savoir, de vendre le plus tôt possible, pour se partager le prix.

L'avoué de Paris rédige la demande en licitation, à la requête de Pierre.

Paul ne s'oppose pas; loin de là ! N'importe. L'avoué lui choisit fictivement un autre avoué, et sous le nom de ce collègue, qui prête complaisamment sa signature (c'est d'usage), il se signifie à lui-même, avoué de Pierre, au nom de Paul, une requête à l'effet d'empêcher la licitation.

Les motifs de cette requête ne peuvent qu'être illusoires; car une licitation est toujours de droit. Aussi n'est-ce qu'une affaire de forme, à laquelle on n'attache pas grande importance. Le second clerc a, pour cette feinte procédure contradictoire, des phrases consacrées.

Dans la requête qu'il rédige, au nom de Paul, opposant, il dira, par exemple :

« Vous le savez, et, malheureusement, c'est une observation trop bien confirmée : en ce moment tout est stagnant, par suite de la crise commerciale qui se fait sentir partout. Paris a surtout à se plaindre des tristes effets qu'elle produit. Autrefois, séjour des plus riches étrangers, et centre de toutes les opérations commerciales, Paris florissait dans la plus grande opulence. Les propriétés avaient alors une très-grande valeur. Maintenant les étrangers ne visitent plus notre capitale; le commerce est frappé de stagnation; aussi les enchères sont-elles désertes, et les bâtimens, ainsi que les terrains, ne peuvent-ils être adjugés, même au plus vil prix, etc., etc. »

Voilà ce qu'est censé dire, pour s'opposer à la licitation, le plaideur Paul, qui soupire à part lui après cette licitation, sans se douter le moins du monde du rôle qu'on lui fait jouer.

Maintenant c'est au tour de Pierre. Pierre répond à la requête de Paul par une seconde requête; et le même clerc, après avoir manufacturé la demande, se charge de la réponse. Il fait parler Pierre à peu près en ces termes :

« Notre adversaire est dans l'erreur, et s'abuse sur la situation actuelle des affaires. Le commerce, en effet, est loin d'être dans l'état déplorable qu'on vous a dépeint. Les fonds circulent, la confiance règne partout. On ne saurait trouver de moment plus propice pour vendre avantageusement les maisons et les terrains, etc., etc. »

Je n'ai pas besoin de dire qu'on peut varier ce thème à volonté, et que, sous la plume du clerc-rédacteur, ces phrases s'allongent indéfiniment, de manière à produire une requête volumineuse. Dans ces sortes de cas, ce qu'il y aurait de plus simple serait de copier un article du *Constitutionnel*.

Un échange supposé d'exploits s'établit entre Pierre et Paul, qui se trouvent, au bout d'un certain temps, avoir soutenu un procès en règle, sans s'en douter aucunement. Singuliers plaideurs qui, sans cesser d'être d'accord, ont lutté, dans l'arène judiciaire, jusqu'à l'épuisement complet de leurs forces, c'est-à-dire des combinaisons procédurières. L'avoué, de son côté, se trouve avoir à toucher le prix de deux procédures, celle du demandeur Pierre et celle du défendeur Paul.

Enfin, lorsqu'il ne manque plus que le jugement, l'avoué qui a dirigé, lui seul, à la fois l'attaque et la défense, se garde bien de soumettre ces ridicules moyens à l'appréciation du tribunal. Il fait ce qu'il aurait dû faire dès le commencement : il rédige un jugement ordonnant que la maison sera vendue.

Il s'agit maintenant d'apposer des placards. L'avoué de Paris les paie vingt francs à l'imprimeur, et se fait donner une quittance de cent francs.

Il n'emploie qu'une petite quantité d'affiches, et en compte un nombre trois fois plus considérable. Il gagne ainsi le timbre, le papier et le tirage des exemplaires supposés.

Le Code de procédure ordonne que les seconds placards seront affichés huit jours après les premiers. L'avoué de Paris emploie à cet usage ce qui lui reste du premier tirage, et n'en porte pas moins sur son mémoire la composition et le timbre d'un nouveau placard.

Enfin, l'avoué donne à l'afficheur trois ou quatre francs, et cote cet article vingt francs sur l'état de frais.

Faut-il s'étonner qu'au moyen de ce système commode qui lui permet de doubler ses émolumens, par la création d'une procédure inutile, et de bénéficier même sur les déboursés, grâce à des dépenses supposées ; faut-il s'étonner, dis-je, que l'avoué de Paris gagne de deux à trois mille francs sur une vente judiciaire de cent mille francs, et jusqu'à quinze mille francs sur une vente d'un million, ce qui n'est pas rare à Paris ?

Ceci peut aussi vous donner le secret de l'estime toute spéciale que l'avoué de Paris professe pour l'audience des criées. On lui vouerait un culte à moins.

XII.

RETRAITE DE L'AVOUÉ.

Voilà par quels ingénieux procédés l'avoué de Paris marche à la fortune d'un pas aussi sûr que rapide. Et notez bien, qu'entre ces procédés, je n'ai pu qu'en choisir quelques uns, presqu'au hasard.

Je ne veux en aucune façon apprécier cette manière d'agir. Ce n'est ni comme moraliste, ni comme législateur que j'étudie l'avoué de Paris; c'est en qualité d'historien que je décris ses habitudes. Conclue qui voudra.

Tout ce que je dois ajouter, c'est que douze années d'exercice, d'agence d'affaires et de ventes judiciaires, suffisent communément à cet officier ministériel, pour se créer ce qu'il appelle une *existence*, qui lui permette de céder la place à d'autres. Cette existence se compose de trois ou quatre cent mille francs d'économies, et de la valeur vénale de son étude.

Au bout de ces douze ans 'avoué cède sa charge à un maître clerc qui lui paie, comme je l'ai dit plus haut, de deux cent cinquante mille à quatre cent mille francs, suivant le produit de l'étude, pour avoir le droit de recommencer, pour son propre compte, la même exploitation duodécennale.

L'avoué se retire ainsi, riche de trente à quarante mille livres de rentes. Il continue d'habiter Paris pendant l'hiver, et la campagne pendant l'été.

S'il n'a pas de maison des champs en toute propriété, il en achète une. Il ne se contente plus d'être simple fermier.

Alors l'avoué de Paris ne sait plus que manger, boire, digérer et dormir; c'est désormais un homme de loisir. Il s'abonne au *Journal des Débats.*

Il est électeur, membre d'une société philanthropique, et quelquefois adjoint à la mairie. Son épouse est dame de charité, ou patronesse aux bals par souscription. Tous deux mènent une vie parfaitement heureuse.

La béatitude de l'avoué retraité n'est troublée que par deux fléaux. Tous les mois son sergent-major l'appelle au corps-de-garde, où il déclame et patrouille bravement contre les factieux altérés de pillage; — et tous les deux ans, un huissier le convoque à la cour d'assises, où il condamne, en qualité de juré, le malheureux qui, poussé par la misère, a brisé le volet d'une boutique de boulanger, pour dérober une livre de pain.

A. Altaroche.

LES
PRISONNIERS POUR DETTES.

> Cause facile à défendre, difficile à gagner.
> HYDE DE NEUVILLE.
>
> Disons-le franchement : les besoins du commerce ne réclament point l'exécution de la contrainte par corps, elle ne s'exerce qu'au profit de l'usure.
> J. LAFFITTE, *session* 1828.
>
> Quand donc anéantira-t-on ce mont-de-piété des créatures humaines?
> Alexandre DELABORDE.
>
> Civilisation outrée, blasée, paradoxale, qui met un débiteur en prison afin qu'il ne rende jamais l'argent à son créancier!!
> Ad. CHOQUART.

EN France, le fisc fait nid partout. A la porte même de la prison, quand la curiosité, l'amitié ou la philanthropie demandaient accès, il n'y a pas long-temps encore qu'un préposé rançonnait la visite, et tarifait le laissez-passer [1].

S'il vous est arrivé de vouloir faire une étude de l'élasticité de notre Code, ou si des relations d'intimité vous ont appelé à la bastille Saint-Marceau, qui s'est assise menaçante et jusqu'à ce jour inexpugnable sur les débris de la vieille bastille Saint-Antoine [2], vous avez dû préalablement faire le voyage de votre domicile à la préfecture de police pour obtenir un passeport, sans lequel la brigade des porte-clefs ne laisse pas franchir la ligne qui sépare la colonne d'air libre de l'atmosphère de la geôle.

[1] Il y a quelques années on exigeait trente-cinq centimes des personnes qui prenaient des permissions pour visiter les prisonniers. L'excuse à cette mesure était, disait-on, dans le fleuron timbré qui décorait le laissez-passer. Les agens du timbre prétendaient qu'il y avait un rapport réel dans le mouvement du personnel des prisons, qui se compose de trente-cinq mille individus. Cette taxe n'avait au reste rien que de très-*honorable* pour le captif; elle lui rappelait qu'il n'était pas mort au monde, puisqu'il était encore considéré comme objet imposable. Les plaintes réitérées des prisonniers ont enfin amené l'abolition de cette cotisation forcée. Aujourd'hui les *permissions* sont données sur papier non timbré.

[2] Il est de tradition à Sainte-Pélagie que les bâtimens ajoutés à ceux de l'ancien couvent, qui font aussi partie de la prison, ont été construits avec les matériaux de la Bastille.

Vous avez lu sur le panneau d'une porte cette inscription : *Bureau des prisons*, et vous êtes entré dans la salle basse enfumée qui ressemble plus à une cellule de discipline qu'à une antichambre administrative.

En attendant votre tour d'admission près du scribe ou greffier, vous vous êtes jeté dans la foule des solliciteurs, flot sans cesse renaissant au siége de cette juridiction complexe, qui semble avoir une seule clef pour tous les lieux de détention, quelle que soit la classe de leurs hôtes. Aussi êtes-vous là face à face des variétés les plus bigarrées de physionomies, coude à coude avec les contrastes les plus saillans de costumes; ne vous en étonnez pas, c'est la même main qui délivre les permis de circulation pour la Force, Saint-Lazare, Bicêtre et Sainte-Pélagie ; à la même règle obéissent l'escroc, le faussaire, l'infanticide et le débiteur.

Ce bureau est, depuis nombreuses années, le centre commun où viennent aboutir toutes les demandes : c'est d'usage consacré par une routine, dont la tradition se perdait déjà dans les cartons de monsieur de Sartines. Pourquoi se plaindre? Ce mode réglementaire n'est pas en désaccord choquant avec la vétusté de la loi elle-même, qui a traversé, presque vierge, les refontes successives des codes, depuis les arquebusades du bon roi Charles IX.

Mais laissons les réflexions, n'épuisons pas la matière.

J'avais perdu de vue, depuis quelques semaines, Charles Water...., un de mes anciens compagnons d'études et Belge d'origine; je croyais à son retour dans sa patrie, quand une lettre m'apprit qu'il était écroué pour dettes à Sainte-Pélagie.

J'allai présenter ma figure au bureau des prisons, et faire inscrire, suivant l'usage, mon nom, mon signalement et l'indication de mon domicile sur la permission; je remerciai le commis qui avait flatté mon portrait, et m'avait gratifié gracieusement d'un *nez moyen* et d'une bouche *idem*, et je montai dans les *Écossaises*, surnommées les *messageries de Sainte-Pélagie*, parce que leur ligne de circulation, qui commence au coin du faubourg Montmartre, aboutit à la rue des Fossés-Saint-Victor, à peu de distance de la maison de détention.

La conversation ne tarda pas à s'engager entre un jeune homme qui se rendait en visiteur à Sainte-Pélagie et un gros huissier, dont l'œil était vif, la tête mi-chauve, le geste brusque. L'officier judiciaire donna à haute voix à son voisin un aperçu topographique et historique de la prison, qu'il nommait, en poussant les éclats d'un gros rire, *la cage des mauvais payeurs;* on eût pu surnommer le causeur, le Dulaure de la rue Copeau, car il possédait tous les détails de la coupe architecturale de la prison; il avait dans la mémoire les noms des rues qui sont adjacentes ou parallèles aux quatre faces; il disait les souvenirs qui se rattachaient aux pierres de l'édifice; la nomenclature des pensionnaires de la prison était classée aussi fidèlement dans sa mémoire que les articles de son Code de procédure.

Voici ce qu'il disait :

« La prison de Sainte-Pélagie avait été un couvent de saintes femmes qui appelaient à la vie calme du cloître les courtisanes lasses des joies et du bruit du monde, pénitentes de qui il a été dit : Elles ont beaucoup aimé, il leur sera beaucoup pardonné. »

Un voyageur ajouta :

« Aujourd'hui l'usurier dit : Il vous a été peu donné, il vous sera beaucoup demandé.

» A Sainte-Pélagie, les intérêts du ciel ont été remplacés par les intérêts à soixante pour cent. »

L'huissier sourit et continua :

« La maison était, dans l'origine, spacieuse et

aérée; mais depuis qu'on y a fait des *embellissemens*, une galerie a coupé la cour en trois fractions.

» C'est là que Robespierre assista à l'exécution de quelques prisonniers; aujourd'hui l'eau coule où le sang est tombé, ajouta le narrateur, l'instrument de mort a été remplacé par une pompe qui est devenue plus d'une fois un auxiliaire de supplice, pour ceux de mes confrères qui ont eu l'imprudence d'aller se mettre en contact avec les *oiseaux* qu'ils avaient enfermés ; on a renouvelé pour eux les noyades, moins dangereuses que celles de Nantes, puisqu'elles n'ont pour but que d'administrer quelques douches, mais qui ne sont pas moins fort désagréables en hiver.

» J'ai passé une fois à ce baptême, Dieu me garde d'en risquer un second. Pour pousser l'allégorie jusqu'au bout, dit le prêteur, on m'avait donné pour parrains deux gaillards que je tenais sous clef depuis deux ans. »

Il y avait long-temps que la cérémonie avait eu lieu, le gros huissier ne se fit pas faute d'en rire.

Il reprit le fil de ses anecdotes.

« C'est à Sainte-Pélagie que fut enfermée madame Roland; et dans une cellule du second étage, la Dubarry pleura, au moment de finir si tristement une vie qui avait coulé si joyeuse.

» Là encore fut prisonnière pendant les premiers jours de la terreur Joséphine Beauharnais, et son infortune a donné naissance à une des plus singulières mystifications dont la librairie parisienne ait jamais rendu victime la classe estimable des souscripteurs.

» Un éditeur s'est dit un matin : Tous les prisonniers ont coutume d'écrire leur nom sur les murs de leur cachot, c'est un fait constaté par ceux qui ont jeté les yeux dans l'intérieur de la Bastille, du For-l'Évêque et du donjon de Vincennes. Voltaire, Mirabeau, Latude, Pélisson, peuvent être une preuve du fait.

» Or, Joséphine Beauharnais prisonnière a dû placer son nom sur quelque muraille, au fond de quelque sombre couloir, peut-être à l'embrasure d'une fenêtre. Le libraire se mit en quête et voici qu'il découvrit des signes ainsi tracés :

Josephe Beau

Il était de notoriété publique parmi les geôliers

que ce nom, lisible sans le secours du microscope, déchiffrable sans recourir aux études hiéroglyphiques, appartenait à un voleur de bas étage condamné à quelques semaines de détention. Le libraire ennoblit l'autographe, il déclara aux profanes et aux ignorans que ces caractères partaient d'une main illustre, et il les appliqua à celle qui signa un contrat de mariage avec Napoléon. La lithographie reproduisit le prétendu calque du mur, et avec quelques additions le nom de *Joseph Beau* devint *Joséphine Beauharnais*, ainsi lithographié :

Josephine Beauharnais

Il y a deux mille personnes à Paris qui possèdent ce monument dans leur bibliothèque. C'est un épisode qui appartient aux annales du *fac simile*, et qui montre que dans notre siècle spéculateur on écrit l'histoire des murailles aussi religieusement que celle des peuples.

» A la chambre où Béranger chantait :

A mes barreaux je suspendrai ma lyre,

dans quelques dizaines d'années, le même libraire

qui a lu le nom de Joséphine Beauharnais sur le mur, calquera probablement le croquis d'une guitare dont il dira avoir trouvé l'original sous la fenêtre grillée du poète.

» Tout ce que je signale à votre curiosité, continua l'huissier, ne sera peut-être pas visible pour vous dans la partie de la prison que vous allez visiter, car il y a certaines époques où le bâtiment est morcelé et sa destination changée. On fait de ce sol comme de certains territoires conquis ou cédés par protocoles : quand la population des *délits politiques* grossit, on perce un mur qui permet au trop plein de se vider dans les cellules de la dette, et on recule de quelques toises la frontière de plâtre qui divise les deux états ; si au contraire la *dette* grossit de pensionnaires, on fait refluer le sujet politique. Enfin on fractionne, on démembre le corridor comme de nos jours il s'est fait de la Turquie, de la Grèce, de la Pologne, de la Belgique et autres lieux, où les Othon, les Ibrahim et les don Pedro étendent le cercle de leur domination. Enfin, dit l'huissier en terminant son récit, vous verrez ce que vous pourrez voir ; en entrant ouvrez les yeux.

» — Et bouchez-vous le nez, dit un grand homme sec et pâle ; car ce domicile donné aux débiteurs est bien l'antre le plus infect du globe ; en cinq ans la santé la plus robuste dépérit, le sang le plus pur s'y corrompt dans les veines.

» Je puis en parler en connaissance de cause », ajouta-t-il avec un sourire de spectre.

L'huissier avait fait un bond sur lui-même en entendant la voix qui se mêlait à la conversation.

« Comment ! c'est vous, monsieur Renaud ; vous êtes sorti de prison ?

» — Non, dit Renaud avec un calme glacial, j'y suis encore, grâce à vous. »

Tous les voyageurs tournèrent les yeux vers ce personnage, et une jeune fille, se croyant côte à côte d'un revenant, se jeta avec frayeur sur son voisin de gauche, ce qui imprima un mouvement oblique à toute la ligne assise.

« Je comprends, dit l'huissier, vous finissez votre temps dans une maison de santé? »

L'homme-spectre pencha la tête en signe affirmatif.

L'huissier ajouta à voix basse : « C'est une duperie de faire enfermer l'homme riche, il y a toujours dans sa famille quelques médecins célèbres qui déclarent qu'il lui faut du soleil sous peine de mort, et quelque président de tribunal qui lui signe l'autorisation de faire le *temps de prison* sur le Pont-

Neuf, aux Tuileries et à l'Opera ; je dirai désormais à mes clients : N'enfermez que le pauvre et l'homme obscur; s'ils ne paient pas, au moins ils restent à l'ombre. »

La voiture atteignit sa destination. La plupart des voyageurs allaient jusqu'à Sainte-Pélagie, et formaient une caravane de jeunes filles et de vieilles femmes portant à leurs parens ou amis des alimens, des vases de ménage ou des fleurs. Au n° 14, rue de la Clef, nous courbâmes le front, chacun à son tour passa sous le guichet symbolique.

L'huissier qui nous avait accompagnés suivit le corridor à droite où se trouve le greffe ; c'était là ses colonnes d'Hercule, qu'il ne pouvait franchir sans risquer de nouveau la noyade. Je fis viser ma permission, je la remis au second guichet.

A peine entré, je reconnus l'utilité du conseil que l'homme-spectre de l'Écossaise nous avait donné. L'air était chaud et asphyxiant dans ces longs corridors où la lumière ne vient que par d'étroites meurtrières qu'une précaution surabondante a grillées.

Charles parut sur la porte de sa chambre, il vint à moi et m'amena dans sa cellule ; sa maîtresse était là.

Assise sur un canapé artistement fait avec deux matelas roulés dans une couverture de laine, elle pleurait, la jeune fille.

Elle ne cessait de répéter :

— Charles mourra en prison. S'il était Français, il ne resterait ici que quelques années ; mais il est étranger, ils l'ont arrêté sans poursuites judiciaires; son créancier a été trouver un juge qui a signé sa condamnation sur la présentation d'une facture de tailleur.

— Console-toi, disait Charles, l'arrestation d'un étranger ainsi opérée, est provisoire.

— Provisoire! reprit la jeune fille ; le commissionnaire de la prison, que tu m'as envoyé après ton arrestation, m'a dit qu'il y avait sous les verroux dix ou douze étrangers pour qui ce provisoire durait depuis dix, quinze et vingt années. C'est une prison a perpétuité ».

Charles tressaillit.

Nous parvînmes à faire entrer quelques consolations dans l'âme de Clotilde ; la somme que devait le captif montait à douze cents francs : — Quelques amis, lui dis-je, se cotiseront, et nous arriverons sous peu, je l'espère, à rendre Charles à la liberté.

Il se peignit alors sur la physionomie de Clotilde une préoccupation qui se traduisait ainsi :

Et moi aussi je ferai de mon côté tous les sacrifices possibles pour concourir à l'acquit de la dette. Oh! me dis-je, sans en faire part à Charles, je lis sur ce front une vente avec préméditation de bracelets, de montre, de châles et de boucles d'oreilles. Je ne sais si Clotilde vit que je la devinais ; elle me salua en baissant les yeux, embrassa le prisonnier, et sortit. Charles la reconduisit jusqu'au premier guichet. Je fis en l'attendant une petite station dans la cour.

Je me trouvai jeté dans un monde dont se font une bien fausse idée ceux qui en parlent en air libre. Où sont les peintures si gaies que nos auteurs comiques et nos chansonniers ont esquissées comme tableau de cette demeure ; où sont les essaims de femmes qui, dit-on, viennent colorer par leur joie insouciante la triste teinte de ces murs? J'ai beau prêter l'oreille, je n'entends pas ces concerts bachiques, ces bruyans éclats de l'orgie qu'on trouve dans les descriptions de nos romanciers ; voyons les tableaux qui se dérouleront à mes yeux, comme ces jeux d'ombre qui passent variés sur la table de la chambre noire.

Et puisque me voici au préau, jetons sur lui un coup d'œil de géomètre. Dans cette cour, la première pensée qui occupe est de calculer l'espace dont chaque pensionnaire peut profiter dans le seul lieu de la maison où il circule un peu d'air vital, et je pus me convaincre que vers le soir, lorsque isolé des amis qui l'ont visité, le détenu éprouve le besoin de rafraîchir ses poumons fatigués de consommer le gaz putride de l'intérieur, s'il vient en même temps que tous ses compagnons prendre rang à la réunion qui se forme dans la cour, il ne peut disposer pour sa part que d'une fraction de vingt-neuf pouces carrés de terrain.

En attendant le soir où l'espace se rétrécit occupé par l'affluence des détenus, la cour au moment où je m'y promenais parut assez vaste à deux champions en haillons pour leur servir d'arène; et dès qu'ils se sont donnés à l'improviste les premiers coups, voilà que de toutes les portes placées aux angles du bâtiment, sort une fourmilière de spectateurs déguenillés, hôtes de ces lieux : on eût dit une colonie de mendians courant aux spectacles de bêtes féroces.

La lutte s'engage terrible et acharnée; les deux adversaires se battent à outrance pour la possession de quelques débris de viandes, rebuts que *Françoise* la fruitière a jetés dans un coin de la cour, et que dédaigneraient les animaux les plus immondes. Autour des combattans tournent, en poussant des cris, deux femmes et des enfans attentifs à la scène; tourmentés par la faim, ils attendent le dénoûment pour dîner en famille du profit de la victoire. Personne ne songe à mettre obstacle à l'animosité de ces furieux, les témoins ont l'habitude de pareils épisodes.

Au nombre des spectateurs, je reconnus mon ancien porteur d'eau, et il ne fallut pas le presser beaucoup pour apprendre l'histoire de son incarcération.

Léonard était Auvergnat, après avoir porté de l'eau à bras et dans des sceaux pendant quelques années, il étendit son ambition jusqu'au tonneau roulant à l'aide d'une bricole, et le voilà qui élargit le cercle de ses pratiques, de la rue du Faubourg-Poissonnière au Marais. Mais malheureusement Léonard n'était que locataire de l'instrument de son travail; le propriétaire du tonneau était un autre Auvergnat qui chaque mois venait recevoir le prix de la location. Léonard n'acquitta pas exactement le prix du marché, il laissa grossir les arrérages; l'usure enfla le chiffre de la dette aux époques de renouvellement, et quand le billet offrit une somme *exploitable*, comme disent les huissiers, le débiteur fut cité au tribunal de commerce.

Léonard ne fut plus un porteur d'eau, il fut condamné à être négociant, par conséquent passible de la contrainte par corps. Oh! oh! se dit Léonard, il faut prendre garde, vite un recours à la faillite. Il se présente donc au greffe pour déposer son bilan; mais l'aréopage commercial, qui ressemble à Agamemnon en ce sens qu'il ne *rend point compte de ses arrêts*, déclara pour cette fois :

Que Léonard était porteur d'eau et non pas négociant.

Quinze jours après l'Auvergnat était habitant de la prison de la rue de la Clef.

Léonard aurait voulu voir plaider sa cause en appel. Son frère consentait à faire les frais. Mais Léonard ne devait que trois cents francs, et l'avocat qu'il consulta lui apprit qu'il fallait, pour jouir de la faveur de la révision, devoir au moins la moitié d'un billet de mille francs. Le code des Osages ne contient probablement pas d'aussi burlesques dispositions.

Quand je demandai à Léonard ce qu'était devenue sa famille pendant l'absence du chef, une larme coula de ses yeux. La mère s'est sauvée, me dit-il : pauvre Jeanne ! elle est retournée à la montagne; autrement elle était aussi dans la *cage*; est-ce qu'ils n'ont pas déclaré qu'elle était *négociante*, et ils allaient me la fourrer à Saint-Lazare, et mettre les *petits* sur le pavé ou à l'hospice. *Oh !* me dit Léonard, *les drôles de s'hommes et les farces de lois qu'il y a cheuz nous.*

Léonard, à qui je fis don de quelques pièces de monnaie, nous quitta pour aller faire une partie de siam et boire le vin blanc. C'est le seul passe-temps de ces malheureux, me dit mon ami, et la plupart, abrutis avant le temps de leur élargissement, ne reportent dans leurs familles que la paresse devenue habitude, et l'ivrognerie dégénérée en premier besoin.

Messieurs, à la paie ! cria dans les corridors une voix glapissante, et cent voix firent écho. Le comptable, suivi d'un garçon de service, alla prendre place dans une espèce de cage placée au premier étage. Une foule affamée se précipita sur ses pas.

C'était le moment de voir de près tout le personnel de la prison. Charles, qui était venu me rejoindre, ne laissa pas échapper cette occasion de servir ma curiosité.

Quand toute la population se fut mise en rang, pour passer au bureau et y toucher un sixième de la taxe de vingt francs que le créancier donne au prisonnier chaque mois pour se nourrir et payer le loyer de son mobilier, au fur et à mesure de l'émargement mon ami me donna quelques détails sur les individus.

Après avoir laissé passer une peuplade entière d'artisans et d'ouvriers, dont le costume, le langage contrastaient singulièrement avec le titre de négociant, en vertu duquel ils sont enlevés aux ateliers, aux chantiers et aux achalandages qui les réclament, il parut quelques physionomies d'hommes du monde, quelques individus de la moyenne bourgeoisie, un grand nombre de jeunes étourneaux qui conservaient l'élégance de la tenue dans le négligé du costume de prison.

— Reconnais-tu ce prisonnier fourré dans sa polonaise verte? Regarde son œil perçant que le long séjour de la geôle n'a pas encore pu éteindre. C'est l'ancien chef de bureau Ren..... Mari jaloux à l'excès, il fatigua de ses reproches une jeune femme qu'une mère lui avait donnée dans l'espoir de voir bientôt son gendre chef de division. L'avancement fut trop lent, la femme fit ouvrir un emprunt par le chef de la communauté chez un financier bien connu. Un jour le banquier redemanda ses fonds, enferma le mari et garda la femme.

— La cravate noire que tu vois à côté de la polonaise du chef de bureau, est le hausse-col bourgeois du capitaine Bon.... que, dans le langage des condamnés, on peut surnommer un *cheval de retour*. Voici quatre fois que cet officier, décoré et couvert de blessures, revient ici pour purger la même dette. Après cinq mois de captivité, il fit un arrangement avec son créancier à qui il devait deux mille francs; il se reconnut débiteur de cinq cents francs de plus, qu'il promit payer à 90 jours. L'écrou fut levé. Le paiement manqua, le capitaine revint ici prendre ses quartiers. Un an écoulé il reconnaît devoir au même incarcérateur trois mille francs, et obtient six mois pour les payer; il donne un à-compte de mille francs, ne peut au délai fixé solder le restant, il revient à Sainte-Pélagie pour la troisième fois. Ainsi, après avoir fait près de trois années de prison, ce débiteur doit un tiers de plus qu'il ne devait en entrant, et il a payé mille francs qui ne sont en compte que comme prime d'encouragement au profit de son créancier.

— Ce vieillard à gauche est un monument de l'esprit spéculateur d'une certaine classe de créanciers. Débiteur, presque aveugle et perclus du bras gauche, il doit cinq cents francs à un receveur de rentes. Huit jours avant la fête du roi, l'homme de finance a jeté dans le cachot le pauvre invalide, espérant que les bienfaits de la liste civile descendraient sur son vieillard. Malheureusement les prévisions ne se sont pas accomplies. Le créancier dit qu'il espère beaucoup pour l'année prochaine.

— Le petit homme qui arrive au bureau et

prend la plume pour émarger, était commerçant; il envoie son commis toucher mille écus pour faire ses paiemens; le messager viole le dépôt, perd l'argent au jeu. Le marchand ne peut faire honneur à ses engagemens : il est condamné *à faire* cinq ans ici, et de la croisée de sa chambre, il voit dans la section correctionnelle celui qui l'a volé condamné *seulement* à six mois de détention.

— Le prisonnier qui fend la foule d'un air si joyeux est un de nos camarades qui touche sa dernière paie; dans quelques heures il sera en liberté. Une lettre anonyme a brisé ses fers en lui apprenant que son créancier est mort depuis un an, et qu'un huissier spéculateur prolongeait une captivité qu'il espérait voir finir par un paiement à son profit. L'avertissement donné au débiteur vient probablement d'un clerc mécontent de son patron.

Il faudrait de trop longues pages pour esquisser les traits saillans de cette bizarre revue : à un homme victime de la loi, en succédait un autre qui la rendait dupe.

Là c'était un officier qui s'était fait écrouer, parce qu'il éprouvait de l'antipathie pour une expédition en Morée; près de lui c'était un marchand qui se tenait lui-même captif, et chargeait un compère de venir chaque mois déposer le prix des alimens[1]. Il spéculait, le commerçant, sur l'article du Code qui donne un acquit général à celui qui a passé cinq années consécutives dans la geôle.

Un balafré nouvellement arrivé contait les détails du siége qu'il avait eu à soutenir dans son logis contre les gardes du commerce. Ce détenu, qui portait sur la joue gauche une blessure à peine cicatrisée, preuve de sa résistance, avait offert à son créancier de se constituer prisonnier; il s'était présenté au greffe; là on lui avait répondu que le condamné pour dettes n'avait pas la faculté accordée au condamné pour crime, qui, dans l'état de contumace, est admis à la prison dès qu'il frappe au guichet; mais le débiteur doit être appréhendé au corps sur la voie publique, enlevé comme une Sabine par un robuste Romain, et jeté dans un fiacre, à la vue des oisifs et des curieux qui, la plupart du temps, s'imaginent assister à la capture d'un grand criminel promis aux bancs des assises.

Le dernier des prisonniers qui arrive d'un pas

[1] Le prix des alimens doit être déposé chaque mois. Le jour où ce dépôt manque, le détenu est mis en liberté, sans qu'il puisse être jamais poursuivi (par corps) pour la même créance.

lent, soutenu par un compagnon de captivité plus robuste, est un septuagénaire; on remet dans la main tremblante du vieillard les cinquante-quatre sous qui doivent alimenter pendant six jours son existence prête à s'éteindre [1]. Qui peut retenir sous les verroux cet homme? avant quelques semaines, il passera de la prison à la tombe. C'est un parent qu'une longue haine a rendu le bourreau d'un des membres de sa famille, et qui répond à toutes les instances qu'on lui fait chaque jour en faveur du vieillard : *Je me venge.*

Charles me tira de ma réflexion. J'étais venu pour donner des consolations, et dans ce moment j'étais plus triste que mon cicérone; c'est que je n'avais pas encore eu, comme lui, le temps de m'habituer à la vue de ces monumens animés des mauvaises passions. J'étais muet et glacé devant les enseignes vivantes de la cruauté des hommes et du vice des lois.

Mon guide passa rapidement devant les cellules qu'il avait eu d'abord l'intention de me montrer en détail. C'était une série de scènes sanglantes dont il ne jugea pas à propos de me dérouler les tableaux;

---

[1] Déduction faite de la location du mobilier, qui se retient à chaque paie. Il revient à chaque prisonnier à peu près 45 centimes par jour.

aussi ne fit-il que m'indiquer du doigt la chambre où le jeune Mo.... se suicida ; nous ne donnâmes qu'un coup d'œil rapide à la cellule où le malheureux Chantrelle perdit la raison au milieu d'une nuit dont le calme fut troublé par les hurlemens de cette victime qui, quelques jours après, rendit le dernier soupir à Bicêtre.

A d'autres tableaux ! n'attristons pas le lecteur, cherchons sur cette terre d'agonie et d'abrutissement un coin où les teintes noires du sol s'éclaircissent un peu.

— Je viens de recevoir une invitation pour toi, me dit Charles. Nous dînons ensemble aujourd'hui chez un artiste qui est en Suisse dans ce moment. Je te donnerai l'explication du mot.

Montons au café. Tu verras le parti que l'industrie peut tirer du défaut d'espace, du manque d'argent et de liberté.

Nous arrivâmes au détour d'un corridor dans une longue tabagie enfumée, que les six habitans chambristes avaient trouvé l'art de meubler et de décorer, après avoir fait disparaître les objets de literie. La femme d'un des associés, brune d'une quarantaine d'années, était la reine du comptoir, et commandait à *deux bonnets de coton* [1] métamorphosés en garçons de café.

[1] On nomme *bonnets de coton* les prisonniers qui pour un

A une table se trouvait un homme que l'on avait surnommé le Chodruc Duclos de Sainte-Pélagie. Il avait fait vœu de laisser croître sa barbe jusqu'au jour de son élargissement.

Avec les consommateurs, était assis un petit homme dont les manières gaies et ouvertes attestaient qu'il prenait son infortune en patience. Il se leva dès qu'il nous aperçut, et, venant à nous avec deux verres de bière, il nous offrit gracieusement de trinquer à la liberté qui allait lui être rendue.

— Oui, M. Charles, c'est à deux heures précises que mon créancier doit me tirer de prison. Hier, ajouta-t-il, il n'aura pas pu venir à cause de la pluie.

— Et aujourd'hui, ajoutèrent les consommateurs, il s'abstiendra à cause du soleil.

La dame du comptoir sourit, et le petit homme, en choquant son verre avec les nôtres, reprit : En tout cas, ce ne serait qu'un délai de vingt-quatre heures ; et il se remit à sa place.

Cet homme, me dit Charles, ne tient pas d'autres conversations depuis deux ans. Il se berce ainsi d'une espérance qui jamais ne se réalise.

---

faible salaire se font les *serviteurs* de leurs compagnons d'infortune.

Tous les soirs il fait ses paquets, et quand il voit le lendemain l'heure à laquelle il croit partir, expirée, sa conviction d'élargissement n'est pas ébranlée, il trouve dans l'obstacle le plus léger une excuse suffisante pour se convaincre que sa sortie est remise au prochain soleil.

Voici un autre original; on l'a surnommé le juif errant.

Un prisonnier d'une taille herculéenne, et dont la mise était celle d'un voyageur, entra le paquet au bout d'un bâton, haletant comme s'il eût fait une longue route.

Le petit homme aux idées de départ se leva, et offrit à rafraîchir au nouveau venu.

— Merci, dit le juif errant; voici quinze jours que j'accepte de vous, parce que vous me dites que vous partez.

— Eh! dit le petit homme, encore cette fois, ce sera la dernière.

— Eh bien! soit; et le dernier arrivé trinqua. Il fut prié de s'asseoir.

— Oh! non, dit-il; j'ai du chemin à faire.

— Monsieur Jacob, dit une voix qui partait du fond du café, expliquez donc votre système de liquidation à la dame de comptoir, elle n'y comprend absolument rien.

— C'est bien simple, dit Jacob; et il s'approcha de la limonadière..

Le juif errant parla.

— Je dois à mon créancier, avec les frais, mille huit cent trente-six francs et cinq années de prison, suivant le Code. Une fois décidé à faire le temps, vu l'impossibilité du paiement, je me suis dit, pour détourner les idées de tristesse qui se rattachent à la pensée de la captivité....

Tout le monde fit demi-cercle.

— Suppose, Jacob, que tu aies à entreprendre un voyage de neuf mille deux cent quatre-vingts lieues et qu'il faille rester cinq ans en route ; c'est, si je compte bien, en divisant mon compte de lieues par le nombre de jours, cinq lieues qu'il me faut faire entre chaque soleil. Cinq lieues me représentent le paiement de vingt sous par jour, puisqu'en restant ici je suis censé donner à mon créancier trois cent soixante-cinq francs par an, ou mille huit cent trente-six francs par cinq ans. Donc, quand j'aurai terminé mon voyage, j'aurai payé ma dette et je retournerai dans ma famille comme si j'arrivais d'Amérique ou de Moscou.

— Voilà pourquoi le matin je prends mon sac, je me mets en route dans la cour, et depuis deux ans et demi votre serviteur a fait, sans quitter la maison, quatre mille six cent trente-sept lieues, et il a payé neuf cent dix-sept francs soixante-quinze centimes, vu qu'il lui reste encore deux lieues à faire aujourd'hui pour arriver à un chiffre rond.

— Et voilà... Bonjour la compagnie, et en route.

Jacob remit son paquet sur son dos, alluma sa pipe, but un verre d'eau-de-vie, et descendit dans a cour gag ner l'étape.

Un *bonnet de coton* vint nous dire que le dîner était servi.

En nous rendant chez l'amphitryon, au second étage, une porte entr'ouverte me laissa voir une chambre humblement meublée, dans laquelle se promenait un vieillard enveloppé d'une redingote de molleton; sa chevelure était à l'unisson avec le ton de son vêtement blanc. La captivité avait donné à sa physionomie une expression de souffrance résignée; on eût dit qu'il y avait dans ses traits un emprunt fait à la figure de Franklin malade.

Charles se découvrit en passant devant le vieillard, qui lui rendit son salut.

C'est le doyen, me dit Charles, c'est le colonel Swan, Américain, l'ami de Washington et de notre respectable Lafayette.

Il y a vingt ans qu'il est prisonnier !!! Il restera ici à perpétuité ! ! ! Il s'est accoutumé à son supplice, et il en marque chaque jour par des bienfaits anonymes. Le pauvre détenu n'a jamais frappé vainement à sa chambre, et souvent, en venant y chercher du pain, il y a trouvé la liberté.

A la distance de deux chambres de celle de l'étranger était le domicile de l'artiste qui nous traitait ; il me fallait quelques notes sur ce pensionnaire de la dette Charles me les donna.

L'artiste libre avait passé un marché avec un éditeur d'estampes pour une copie des plus belles vues de la Suisse que le peintre devait aller prendre sur les lieux mêmes. L'éditeur avança les frais de route, mais le soir même du versement, Frascati les prit au bout du rateau du banquier. L'artiste, repentant et reconnaissant qu'une passion était plus forte que lui, proposa de gaîté de cœur à l'éditeur de le mettre à Sainte-Pélagie, promettant d'y remplir les conditions du marché à l'abri des tentations du jeu, et loin des distractions du monde, à la condition d'être copieusement nanti des jouissances de la vie ; et c'est devant les quatre murs d'une chambre grillée que le jeune fou accomplit son travail ; déjà il a publié deux livraisons *de la Suisse*. L'ouvrage obtient un succès de vogue. Le créancier dîne deux fois par semaine avec son débiteur, et il est convenu qu'à la sixième livraison le jeune homme sortira et recevra deux mille francs du marchand d'estampes.

L'artiste était un homme charmant, insouciant et spirituel comme le sont la plupart des artistes.

Il avait réuni une nombreuse compagnie de détenus : l'éditeur était au nombre des convives. On conta beaucoup d'anecdotes de prison. On déroula une statistique pittoresque du lazaret commercial où se trouvent, pêle-mêle tant d'individualités hétérogènes; on fit mention de mille faits; la seule chose dont on ne parla pas, ce fut de créanciers payés. C'est un hasard si rare, qu'il ne faut même pas en accorder le mérite à la loi de la contrainte par corps.

Mais en revanche il fut question de nombreux adultères facilités par la loi commerciale.

Des rapts, des viols furent signalés comme résultat d'une loi qui dit au riche libertin : Tu mettras sous les verroux le corps du pauvre, pour prendre sa fille ou sa femme.

Il fut cité des exemples de vengeance bien plus terribles que la redoutable vendetta des Corses. En matière de haine, le stylet n'est pas à comparer à notre Code commercial.

La nuit nous surprit à table.

Le lendemain, c'était le 27 juillet.

Le 28, les portes de la bastille commerciale s'ouvrirent. Les détenus scellèrent du sang d'un grand nombre de leurs camarades leur rêve de liberté.

Charles Water...., après avoir fait le coup de feu, cédant à un pressentiment, se sauva dans sa patrie, prévoyant que la France changerait de roi sans changer de lois.

Ce jour-là, le vénérable colonel Swan vit tomber ses fers au moment où sonnait la dernière heure de sa vingtième année de captivité.

Après le triomphe populaire, il vint serrer contre son cœur son vieil ami Lafayette, et c'est sur les marches de l'Hôtel-de-Ville que s'est accomplie pour le prisonnier cette prédiction des médecins : Une heure de liberté tuera *ce corps habitué aux miasmes de la geôle*. Le lendemain le vieillard avait fermé les yeux sur notre sol si long-temps barbare pour lui.

Une révolution législative s'est opérée depuis ma visite à Sainte-Pélagie. J'ai revu la prison depuis notre réorganisation politique.

Ce dont elle a été dotée par la révolution et ses législateurs, le voici :

1° Des catégories que la somme d'un franc fait varier de trois cent soixante-sept à sept cents jours de détention;

2° La liberté du débiteur hypothéquée sur soixante-neuf ans onze mois et vingt-neuf jours d'âge;

3° Une augmentation de cinq sous par jour pour le père de famille arraché aux enfans qu'il nourrit;

4° La perpétuité commuée en dix années pour l'étranger qui aura le malheur de devoir deux habits à un tailleur français;

Un cri s'était élevé.

On avait dit : *Sainte-Pélagie n'existera plus.*

L'humanité et la raison avaient espéré.

C'était une barbare déception! un jeu de mots infernal!

SAINTE-PÉLAGIE s'est fermée, mais CLICHY s'est ouvert.

Clichy [1] s'est ouvert et date d'un suicide.

La migration nocturne des prisonniers s'est effectuée aux râlemens d'agonie de l'infortuné Kal-

---

[1] Les prisonniers pour dettes sont transférés dans une nouvelle maison de détention élevée rue de Clichy. Quelques jours avant le transfert des détenus, le fils d'un riche armateur de la Norwége, jeune homme ayant reçu la plus brillante éducation, doué des plus belles qualités, de l'esprit le plus aimable, s'est asphyxié à l'age de vingt-sept ans, désespérant de recouvrer prochainement sa liberté.

levig, pauvre enfant que la Norwége avait envoyé à l'école de nos mœurs joyeuses et confié à nos lois hospitalières ! ! !

MAURICE-ALHOY.

LE CHIFFONNIER.

C'est un homme à part que le chiffonnier, c'est une spécialité, ce n'est pas l'homme du peuple, c'est l'homme de la populace.

Si vous pouviez le suivre dans ses courses vagabondes, marcher, causer avec lui, que de révélations il vous ferait!... de combien de scènes burlesques ou de catastrophes terribles n'a-t-il pas été le témoin!... Car tout ne dort pas à Paris à l'heure où tout devrait dormir. Le chiffonnier est le juif errant de la société, il marche toujours, toujours, sans jamais arriver.

Il commence sa journée précisément à l'heure où les autres la finissent. C'est à onze heures du soir qu'il quitte non pas son logement, car le chiffonnier loge partout et nulle part. Vous le voyez, désœuvré, abruti, se promenant sur les quais, sur les ponts, la pipe à la bouche. Il va l'été dormir sur les gazons des Champs-Élysées, ou dans les fossés des boulevarts extérieurs. Vous le voyez là, couché la tête appuyée sur son mannequin, qui lui sert d'oreiller. Silence !.. ne l'éveillez pas... Silence !... il rêve peut-être qu'il est homme comme vous ; vêtu comme vous ; heureux comme vous. Silence !... encore une fois, ne l'éveillez pas !!

Anciennement, les brouettes et les chaises à porteurs qui stationnaient la nuit sur les places publiques lui servaient d'abri contre le vent, la pluie, le froid et toutes les intempéries des saisons.

Aujourd'hui, il n'y a plus de brouettes ni de chaises à porteurs, mais comme la civilisation a marché, le chiffonnier peut entrer au corps-de-garde réchauffer ses mains glacées au tuyau du poêle et causer avec le tambour.

Pauvre chiffonnier! on parle de destinées d'hommes!... c'est lui qui en a une bien triste à remplir!

C'est quand les boutiques, les cafés, les spectacles sont fermés, que l'on commence à les apercevoir.

Le chiffonnier n'a guère varié dans son costume depuis la révolution. On ne peut pas dire qu'il ait suivi le système progressif; c'est toujours la livrée de la misère qu'il porte, et il n'en est pas plus fier pour cela. Il a fait abnégation de tout amour-propre, il est gai, insouciant, vivant au jour *la nuit*. Il connaît sa position, et l'a acceptée telle quelle.

Son costume, qui est moitié civil et moitié militaire, a varié selon les changemens d'uniformes; il a porté le pantalon bleu, le pantalon blanc, il porte à présent le pantalon garance: c'est inconcevable l'amour qu'il porte au pantalon garance. Le chiffonnier ne se montre guère aux jours tranquilles, il ne surgit que dans les grandes circonstances. Il était à la prise de la Bastille, au 10 d'août, au 13 vendémiaire, aux 27, 28, 29 juillet, aux 5 et 6 juin. Depuis la restauration il n'a pas quitté le pantalon garance, il attend qu'une ordonnance du ministre de la guerre change la couleur des draps; jusque-là, il gardera son pantalon garance, si vous voulez bien le lui permettre.

Le chiffonnier est coiffé d'un bonnet de police ou d'une casquette de veau marin; il marche silencieusement, ayant sur son dos un mannequin numéroté, tenant d'une main sa lanterne et de l'autre son croc, à l'aide duquel il pique ce qu'il trouve sur son chemin : c'est à cause de ce croc, que l'on appelait jadis et que l'on appelle encore aujourd'hui les chiffonniers des lingers aux *petits crochets*. Pendant le régime révolutionnaire, on avait surnommé les chiffonniers membres du comité des *recherches*, pour faire allusion au trop célèbre comité de cette époque.

Avant que la profession de chiffonnier fût inventée, Diogène le cynique, avait aussi porté une lanterne, et allait partout cherchant un homme. Le chiffonnier n'est pas si fou que Diogène; il ne cherche pas un homme, lui... il cherche tout bonnement un vieux chiffon, il sait que l'un est beaucoup plus facile à trouver que l'autre.

A quoi pense-t-il le chiffonnier, seul avec son chien barbet qui le suit? Car le chiffonnier qui a une femme et des enfans, a aussi un chien qui le caresse, un chien crotté comme lui, qui le précède et se retourne pour le regarder.

Le chien du chiffonnier, semblable à l'animal immonde qui découvre la truffe, va d'abord éparpiller les ordures pour tâcher de découvrir un os, et c'est lui qui bien souvent est cause que son maître fait une bonne trouvaille. Que de vertu, que de patience il te faut, pauvre chien du chiffonnier!... aime ton maître,... pauvre animal!... c'est bien le moins que cet homme réprouvé, souffreteux, couvert de haillons, ait un ami à qui parler. Son chien l'entend, le comprend : ce devait être le chien d'un chiffonnier, celui qui suivit le convoi de son maître, et que Vigneron nous a peint d'une manière si touchante : oui, il n'y a que le chien du chiffonnier, ou celui de l'aveugle, qui ait pu donner aux hommes un exemple d'attachement aussi rare et aussi désintéressé.

La négligence des cuisinières fait que quelquefois les chiffonniers trouvent une cuiller d'argent dans des feuilles d'artichaux ou bien une fourchette dans des queues d'asperges.... Il y a un an, à Frascati, un Anglais, après avoir tout perdu au jeu, s'empara d'un paquet de billets de banque, contenant vingt mille francs; mais, se voyant sur le point d'être arrêté, il les jeta par la fenêtre sur le boulevart : ce fut un chiffonnier qui les trouva, et qui fut obligé de les restituer. La somme était trop forte; s'il se fût agi d'un dé en or, ou d'un couvert en vermeil, sa bonne fortune lui aurait profité.

Les chiffonniers sont comme les parias au milieu de la société, ils vivent entre eux, se réjouissent entre eux, se marient entre eux : vous ne verrez jamais un ouvrier, quelle que soit l'exiguité de son état, épouser la fille d'un chiffonnier; ce serait une mésalliance, et l'ouvrier connaît sa dignité, il a aussi sa petite aristocratie.

Le chiffonnier est une espèce de truand qui vit sans civilisation au milieu de la civilisation, qui n'a pas fait un pas, et cela s'explique. Tous les corps de métiers sympathisent entre eux; le maçon fraie avec le menuisier, le menuisier avec le couvreur, le couvreur avec le serrurier, et ainsi de suite; mais l'état de chiffonnier n'étant point un état, il en résulte une sorte de mépris pour ces malheureux, mépris qui descend des grandes classes jusqu'aux plus petites. L'injure la plus forte que les hommes du peuple puissent s'adresser, c'est de s'appeler chiffonnier. Que dit-on d'un homme dégradé, avili? Il vit comme un chiffonnier, il mène une conduite de chiffonnier.

Le chiffonnier ne se sépare de sa famille que pour se livrer à ses investigations nocturnes; aussi, pour se distraire de l'isolement où il se trouve, il chante en grattant le ruisseau :

« Tu n'auras pas ma rose,
» Tu me la flétrirais. »

Puis, il parle tout seul, il rit tout seul, et lorsque le long *qui vive?* d'un garde national lui arrive d'une voix grêle, il répond d'une voix rauque et forte : Chiffonnier!.... « Passez au large »; et le chiffonnier traverse la rue en sifflant le factionnaire, ou bien, il lui chante en ricanant :

« En avant, marchons
» Contre leurs canons. »

Par son état et les heures où il exerce, le chiffonnier est comme le *solitaire, il voit tout, il sait tout, il entend tout.* Mais tout pour lui, ce n'est rien. Fatigué de courir, s'il s'assied sur le banc d'un hôtel de la Chaussée-d'Antin, il voit les lustres, les bougies, les diamans, briller à travers les longs rideaux de soie, relevés avec élégance; il entend le son de la musique, le pas des laquais qui portent des rafraîchissemens ou qui préparent un souper splendide; on est heureux au-dessus de lui... on danse au-dessus de lui,... et lui souffre en bas sans rien dire. Un autre bruit se fait entendre : un homme passe devant ses yeux comme un fantôme, court tout effaré... haletant, sans chapeau : c'est un mari qui va chercher l'accoucheur pour sa femme qui est en mal d'enfant. Un enfant!... qu'est-ce que cela lui fait, au chiffonnier? un enfant!.... il en a huit à nourrir. Une détonation frappe les airs..... c'est un joueur qui vient de se brûler la cervelle après avoir tout perdu à la roulette. Que lui fait un homme de plus ou de moins?... il y en aura toujours assez, pour le cas qu'ils font de lui.

Il y a plusieurs quartiers de Paris où les chiffonniers se donnent rendez-vous avant de porter aux marchands de chiffons en gros le fruit de leurs élucubrations.

C'est là qu'ils retrouvent leurs femmes et leurs enfans, qui sont allés de leur côté chercher fortune, c'est-à-dire un chiffon de papier, une tête de clou, le fer d'un cheval; c'est principalement chez les rogomistes des faubourgs Saint-Jacques, Saint-Marceau, de la place Maubert, des rues Galande, des Arcis, du Mouton, de la Planche Mibray, etc., etc., que les chiffonniers se réunissent. Quelle quantité d'alcool on y débite! que de trois-six on y consomme! Pauvres gens!.. cela leur brûle la poitrine et ils croient que cela les réchauffe. Mieux leur vaudrait une pauvre soupe, telle maigre qu'elle fût; s'ils n'en ressentaient pas un grand bien, du moins n'en éprouveraient-ils aucun mal.

Le chiffonnier est un état qui n'est pas aussi facile à faire que l'on croirait au premier abord. La concurrence est aussi grande que partout ailleurs. Il y a du tact à connaître les bons jours et les bons quartiers ; il faut se mettre bien avec les portiers ; il y en a qui poussent la philanthropie jusqu'à mettre de côté dans un coin de la cour les os, les verres cassés, les chiffons, et qui disent avec un air de dignité : Je donnerai ça à mon chiffonnier. Il faut aussi avoir fait ses preuves dans les exercices du pugilat, et ne pas craindre un confrère ; au contraire, il faut se faire craindre. Il n'y a pas de mal non plus d'être bien avec les sergens de ville, ces gens-là protégent aussi.

Quelques chiffonniers cumulent leur profession avec celle de modèle ; j'en ai connu qui posaient dans les ateliers des peintres, et tel amateur de gravures, qui avait dans son cabinet un Bélisaire bien encadré par *Souty*, ignorait sans doute que ce Bélisaire portait un mannequin sur son dos, et s'en allait tous les jours coucher rue Mouffetard.

Il en est des chiffonniers comme des autres marchands : ceux qui peuvent attendre gagnent davantage que ceux qui sont obligés de livrer le lendemain ce qu'ils ont ramassé la veille; ceux-là louent une grande chambre et emmagasinent ; alors, ils attendent les fabricans et font le prix au lieu de le recevoir.

Il faut aujourd'hui neuf cent mille francs pour

être agent de change, six cent mille francs pour être notaire, cent mille pour être commissaire priseur, et ainsi de suite. Voici ce qu'il faut pour s'établir chiffonnier :

Une médaille.	2f.	» c.
Un mannequin.	3	»
Un crochet.	»	50
Une lanterne.	»	75
Total.	6	25

C'est à la portée de tout le monde, et pour ne pas s'établir chiffonnier, il faudrait, comme disait Potier dans Werther, n'avoir pas six francs dans sa poche.

Il existe à Paris un chiffonnier nommé *Liard* (drôle de nom pour un chiffonnier, *Liard*). Cet homme vient d'obtenir les honneurs de la lithographie, il a été tiré sur papier de Chine, à un très-grand nombre d'exemplaires ; c'est le chiffonnier modèle, il est populacier des pieds à la tête ; vous avez dû le voir à quelques distributions de comestibles, ou dans une émeute ; il devait être de la *conspiration des tombereaux*[1]. Impossible que l'ar-

---

[1] Depuis cette émeute, les chiffonniers sont obligés, en vertu d'une ordonnance de police, de sortir à huit heures du

tiste ait inventé un pareil homme; le portrait de *Liard* est une composition charmante,.., une rêverie délicieuse qui mérite de trouver place auprès de nos célébrités contemporaines. Allons, spirituel *Dantan*, prends ta terre-glaise, pétris-la dans tes doigts, fais-nous le chiffonnier *Liard*, tu nous le dois; il manque à l'époque, eh! vite, le chiffonnier Liard, *en pied*, comme Epaminondas.

Les dépôts de chiffons les plus considérables sont situés dans les rues Mouffetard, des Filles-Dieu, de la place aux Veaux, du pont aux Biches, etc. — C'est là que tous les chiffonniers viennent vider leurs mannequins, c'est là que l'on sépare le papier blanc du papier gris, le linge fin du linge gros, et que le tout, mis en énormes ballots, est envoyé aux manufactures de Rouen, d'Annonay, etc., etc., pour devenir, par l'industrie des hommes, papier chine, papier vélin, papier satiné, papier joseph, papier rose, papier bleu, papier de toutes les couleurs.

Poètes, peintres, musiciens, députés, journalistes, amis de l'humanité, ne détournez pas la tête quand vous voyez le pauvre chiffonnier ra-

soir et de rentrer à minuit; ils peuvent recommencer leurs courses de grand matin.

masser avec son croc un morceau de vieux chiffon. Non, ne détournez pas la tête... Ce vil chiffon est la matière première qui deviendra papier. Sur ce papier l'orateur écrira un discours patriotique; sur ce papier un journaliste fera la critique d'une mauvaise loi ou d'une mauvaise pièce; sur ce papier, un philanthrope jetera le projet d'une souscription, ou le plan d'une maison d'asile; sur ce papier, *Johannot*, *Ciceri*, *Duval le Camus*, *Watelet*, *Roqueplan*, *Desroches*, *Reynier*, et tant d'autres, crayonneront les esquisses de leurs suaves compositions; *Lamartine* et *Victor Hugo* traceront dessus des vers pleins d'âme et de poésie; *Alexandre Dumas* écrira un drame palpitant d'intérêt, *Châteaubriand* ses pages immortelles, *de Balzac* ses délicieuses nouvelles, et *Charles Nodier* ses romans pittoresques; sur ce papier, *Boieldieu a fait la Dame Blanche*, et tout à l'heure encore, *Hérold* mourant y écrivait, d'une main défaillante, son *Pré-aux-Clercs*, chant du cygne!... dernières inspirations d'un génie qui s'éteignait avant l'âge!!

Encore une fois, poètes, peintres, musiciens, amis des arts, de la liberté, de la gloire et des connaissances humaines; encore une fois, *ne détournez pas la tête quand vous voyez le pauvre* CHIFFONNIER.

N. BRAZIER.

LES

MARCHANDS DE NOUVEAUTÉS.

Il y a un ouvrage qui m'a toujours paru devoir être le but de toutes les puissances de l'esprit humain, l'espoir de tous les rêveurs de bien public, philosophes moralistes, religieux, législateurs ou autres. Tout grand homme qui ne tend pas à moins qu'à refaire l'humanité (j'abandonne la société aux surnuméraires de l'ordre, aux doubles de la troupe, aux vaudevillistes du genre); tout grand homme de cette portée doit à mon exemple souhaiter l'apparition de cet immense ouvrage. Ce ne serait rien moins qu'un livre où serait mathématiquement calculée l'action et la réaction de toutes choses existantes les unes sur les autres; depuis l'influence des bonnets de coton sur la fidélité conjugale, jusqu'au pouvoir de la peine de mort sur la morale populaire. Remarquez que, pour que ce livre fût à mon gré, il faudrait que chaque chose fût particulièrement pondérée avec toutes les autres : par exemple, le bonnet de coton avec la fidélité conjugale, puis avec le sommeil, puis avec l'appétit, puis avec la littérature, puis avec la politique, puis avec la souveraineté, avec l'académie, avec les bêtes du Jardin des Plantes, avec la paix, la guerre, les machines à feu, la Comédie Française, la voix de Fargueil, les Petites-Affiches, le Moniteur, les croûtes marseillaises, etc., etc..., enfin avec tout. Du bonnet de coton on peut passer à l'usage des poches, et le considérer également dans tous les rapports qu'il peut avoir avec toute chose existante. Ainsi, de question en question, on poserait les premières bases de mon ouvrage souhaité. En fixant modestement à mille le nombre des objets qu'on voudrait soumettre à l'observation, et en les comparant un à un, on obtiendrait un résultat d'un million de questions simples, qui habilement et lucidement traitées par des hommes spéciaux, seraient comme les prémisses du grand œuvre. Cette première partie, en ne consacrant qu'une centaine de pages à la solution de chaque question, et deux lignes à l'expression du résultat obtenu, ne fournirait pas moins de deux cent mille volumes in-octavo de cinq cents pages de discussions lumineuses, d'où jailliraient comme élément de la science universelle mille volumes d'aphorismes simples. Ce travail préliminaire une fois achevé, on aborderait les questions que je nommerais complexes : c'est-à-dire la pondération, 1° de deux choses prises ensemble, avec chacune de toutes les autres séparément; 2° de trois choses encore réunies, avec chacune des autres encore prise séparément; 3° de quatre, puis de cinq, toujours avec chacune des autres, et cela jusqu'à un million. Cette seconde partie, traitée dans les proportions de la première, produirait une série de neuf cent quatre-vingt-dix-neuf milliards neuf cent quatre-vingt-dix-neuf millions de questions complexes qui se renfermeraient dans une publication de cent-quatre-vingt-dix-neuf millards neuf cent quatre-vingt-dix-huit millions de volumes de discussions, plus neuf millions neuf cent quatre-vingt-dix-huit mille volumes d'aphorismes du second degré.

Je ne poursuivrai pas plus loin le développement de cette idée. Je n'aborderai pas la troisième partie que j'appellerais la série des questions concrètes : c'est-à-dire la pondération de toutes les choses mises ensemble dans toutes les combinaisons possibles. Ce que j'ai dit suffit pour donner un aperçu de la portée d'un pareil livre et de la nécessité de son existence pour en doter les ministres et les écoles primaires. Quant à moi, je pense que, jusqu'à ce qu'il existe, les hommes ne s'entendront sur rien; c'est ma conviction que jusqu'à cette époque ils demeureront fous, égoïstes, méchans, ambitieux, et c'est poussé par le besoin immense de réforme qui agite notre époque, que je me suis mis intrépidement à l'œuvre, et que j'ai abordé la grande question des marchands de nouveautés par rapport à toutes choses.

Pour procéder logiquement, il faut d'abord définir le marchand de nouveautés. Le marchand de nouveautés est l'expression la plus contemporaine de toute époque sociale. Je suppose qu'on comprend parfaitement ma définition, qui veut dire que le marchand de nouveautés de la reine de Navarre, à laquelle il vendait des vertugadins si redoutables et des colerettes si volumineuses que cette bonne reine était obligée de choisir des cuillers à très-longue queue pour manger de la bouillie, était l'expression vivante de son siècle, comme le marchand de nouveautés d'aujourd'hui, qui ravitaille de vieilles dentelles, ressuscite de lourdes étoffes et couvre une femme de minces chiffons usés en deux jours, représente admirablement notre époque, active à faire de mesquines choses, quêtant au passé des idées mal assorties au présent, et ne créant que des chiffons de littérature, de peinture et de gouvernement; rien de stable, depuis la forme du souverain pouvoir jusqu'à celle du bibi; rien de durée, depuis le trône jusqu'au fichu de tulle brodé. Le damas et le poème épique sont du même temps, la littérature à deux sous et les robes à six francs sont nées le même jour.

Ceci posé, je dis que l'intérieur du marchand de nouveautés est la première et la plus éclatante représentation de notre esprit social. Tout en montre, rien ou presque rien en boutique. En effet si je remonte le boulevart, et que j'examine ces magasins drapés de cachemires, de foulards, de sacarillas de chalis, de satins, de mérinos fantastiques, où se trouvent mêlés des châles, des ridicules, des écharpes, des bas de soie, des mouchoirs de poche, des bonnets; il me semble voir l'emblème vivant de nos hommes d'état, parlant avec éclat de tout, beaux-arts, politique, commerce, finances, drames, chemins de fer, guerre et garde nationale. Attiré par le pimpant de tant de belles marchandises, vous entrez au magasin dont je parle, espérant, derrière cette parade étincelante d'étoffes, un magnifique assortiment de toutes choses. Vaine croyance! si quelque chose vous a plu, il faut le décrocher de la montre: tout est là, les rayons ne gardent que le vieux, l'usé, le commun. De même si, épris de la faconde universelle d'un tribun ministériel, vous courez à lui pour sonder quelque idée qu'il vous a paru savoir: peine inutile! vous avez tout vu, tout entendu; il devient marchand de nouveautés, il décroche quelque phrase de son dernier discours aux deux chambres, et vous l'offre dans son cabinet : après la surface, le vide ; tout est aux carreaux.

Puisque nous sommes entrés chez le marchand de nouveautés, asseyons-nous et voyons. Mon système va trouver une autre application dans la valeur des objets qu'on y vend. Ce riche magasin n'est plus un sanctuaire, c'est une halle. Depuis la pairesse nommée jusqu'à la grisette, tout puise à la même source sa parure et ses élégances. Le banquier et le courtaud y achètent leurs séductions à prix fixe et au comptant. La souveraine corruption du grand siècle, le splendide libertinage du dix-huitième, la sale débauche du directoire, la solide amabilité de l'empire, tout a disparu. Plus de roi qui paie un baiser par une duché ou un rang de princesse, point de maltôtier qui couronne une nuit d'amour d'un million de diamans, les fournisseurs ne jettent plus par cent mille livres les dépouilles de nos armées aux Vénus de Longchamps, les soyeux cachemires payés dix mille francs et qui se revendent six mille ne voilent plus une heure de loisir et d'amour d'un maréchal de l'empire (le cachemire volé aux Espagnols ou aux Allemands, l'heure volée à une guerre de l'empereur). Rien, plus rien de grand aujourd'hui. Aujourd'hui, on peut aspirer à plaire avec un mantelet de blonde et un mouchoir brodé. C'est douloureux et pitoyable, sur mon âme. Je vous le dis sincèrement, tout le monde se vend pour deux sous.

N'importe, voyons toujours. Avec un public aussi exigeant qu'une femme de commissaire priseur, qui pour acheter une robe de trente-six francs se fait déployer pour dix mille francs d'étoffes, adoptons la patience de ces pauvres et admirables commis qui usent une vigueur personnelle fort honorable à tirer les étoffes de leurs rayons et à en développer les coupons, et un talent de paroles passablement académique à persuader que tout ce qu'ils étalent est du dernier goût, supérieurement porté, bon teint et du meilleur usage (si j'ai dit *académique*, c'est parce qu'ils répètent toujours la même chose), et faisons passer devant les yeux du lecteur toutes les richesses du marchand de nouveautés. Mais afin de ne le point fatiguer de courses inutiles, et le promener du *Gagne-petit* de la porte Saint-Antoine jusqu'aux *Trois Quartiers* de la Magdeleine, posons-nous au centre et arrêtons-nous rue de Choiseul et rue de Richelieu, chez Delille et chez Gagelin. Le marchand de nouveautés y est résumé sous tous ses rapports dispersés ailleurs dans les mille magasins de la capitale, plus la couleur artistique du magasin Gagelin et la pompe suprême des galeries Delille.

Nous voici chez Delille, nous sommes dans l'hôtel Choiseul, dans l'hôtel où vécut le hautain ministre de Louis XV, où mourut la tontine Lafarge, et où végéta la Société royale des Bonnes-Lettres. Pour bien comprendre la distribution de ces magasins, il ne faudrait rien moins qu'un plan comme pour les romans de Scott. Nous qui ne vendons pas de gravures à propos de livres, nous allons y suppléer. Imaginez-vous un parallélogramme dont trois côtés sont fermés, le plus long par une suite de salons ouverts sur un jardin, les deux autres par deux galeries splendides. Le quatrième côté est une grille en fer qui longe la rue de Choiseul, et qui donne vue sur un jardin et les magasins qui l'entourent. Nous entrons par la galerie du nord. C'est ici comme dans toutes choses grandement et sérieusement arrangées, comme dans un spectacle bien ordonné; le fretin d'abord, la petite pièce en premier. Puis ce sera comme chez Nicolet, de plus fort en plus fort. La petite pièce, ce sont les toiles imprimées, les indiennes qui à deux pas vous font douter si c'est la soie ou le coton qui resplendit à vos yeux des couleurs les plus tranchées; après les indiennes, toujours dans la même galerie, voici venir les toiles blanches, les calicots, la mousseline, les batistes; dans ce rayon, Tarare a vaincu la Suisse; plus loin, Saint-Quentin lutte avec Manchester.

Cette honnête galerie finit à cet endroit.

Jetons-lui un regard de regret, nous allons mettre un pied dans le vice, un pied dans la séduction. Robes d'indienne et d'organdi, toile à draps et à chemises, simples mousselines, gracieuses et économiques parures, adieu! Ma bourse se serre d'effroi, voici ma femme qui entre dans une enfilade de vastes salons, où une multitude de messieurs, aunent en trois coups de main; à celui-ci, ses appointemens d'un mois, à cet autre un terme de sa location, à ce jouflu sa prime fin de mois, à ce maigre ses honoraires d'un testament.

— Cher ami, que dis-tu de ce manteau?

— Puh! chère amie, puh!

— Pardon, monsieur, ceci est mérinos croisé imprimé, c'est une disposition nouvelle et qui n'appartient qu'à la maison de M. Delille.

— Au fait, cher ami, c'est joli.

— Puh! chère amie, puh!

— Nous avons beaucoup mieux, monsieur. Voici, madame, quelque chose d'excellent, satin de Ségovie, sans envers. Approchez, monsieur; d'un côté, un semé de fleurs; de l'autre, des colonnes en rayures; cela ne se double pas et tient très-chaud. Ceci est de l'invention de M. Delille, vous n'en trouverez ailleurs que de mauvaises imitations.

— Ah! cher ami, ceci est ravissant, n'est-ce pas?

— Puhu! chère amie, puhuhu!

— Nous pouvons montrer à madame les poulls de soie brodés, brochés et satinés, et par dessus tout les tissus foulard de l'Inde imprimés pour manteaux, c'est la fureur cette année. Voyez, madame; en ceci comme en tout, les dessins sont la propriété de la maison Delille, et nulle part vous ne verrez ces dispositions ravissantes.

— Ah! pour cette fois, cher ami, je pense....

— Puhuhu! puhuhu! chère amie.

— Ne trouves-tu pas celui-là adorable?

— Ouh, ouh, ouh.... je n'aime pas les manteaux.

— Il ne faut pas autre chose à monsieur? une robe de chambre pour madame, ou quelque chose du matin très-simple? Nous avons ici dans ce second salon des cachemiriennes, des bombasines, tissus de Pondichéry, de Sumatra et de Mysore, tout ce qu'il y a de plus nouveau.

Et le bourreau pousse doucement ma femme qui entre, il lui offre une chaise, il s'empresse, il appelle ses collègues; il est très-poli, l'insolent! Du reste, c'est M. Rey, de Paris, qui fait ces superbes tissus de Mysore et de Sumatra. C'est une indignité.

Que s'il arrive que par adresse vous échappiez à ce magasin, voici les serres d'un autre qui s'ouvrent à deux battans, et cette fois le puhuhu marital ne vous servira de rien. Que diable, l'hiver approche, et il faut bien à votre femme une robe de soie unie, satin ou gros de Naples, armure ou florence, levantine ou gros des Indes, que préférez-vous? tout s'y trouve. Je vous défie d'inventer une étoffe qu'on ne vous jette à l'instant sur le comptoir, et qu'on ne vous déploie en brillantes et souples ondulations. Pour le coup, la partie est désespérée : le commis tient l'étoffe à la hauteur de l'aune mouvante suspendue au plancher par des tringles d'acier et de cuivre; gare, vous allez être auné. Allons, un effort d'esprit, une chose impossible. Bien, voilà.

— Monsieur, je voudrais quelque chose de mieux.

— Alors, dans le salon suivant, s'il vous plaît. Montrez à monsieur les velours, les satins brochés, couleur sur couleur, satins à fonds uni avec bouquets de fleurs naturelles ou brodés en or : passez, monsieur, passez.

Et le commis des velours et des satins brochés, brodés, argentés, dorés, semés, diaprés, vous accroche à son tour, toujours poli, tentateur, infâme voué à la perte des maris et à la dessiccation des bourses. Rassurez-vous ; ceci n'est point votre affaire, des robes de cour, des satins unis avec des fleurs qu'on dirait vivantes, les unes disséminées en petits brins que vous ramasseriez volontiers, les autres réunies en bouquets qu'on est prêt à cueillir, toute la magnificence des étoffes des dix-septième et dix-huitième siècles. Vous admirez parce que cela est beau, magnifique, surprenant, mais vous dites avec assurance :

— Pardon, je voulais quelque chose pour

l'hiver, quelque chose de simple, d'uni, de convenable.

— Mais, cher ami, les manteaux ne vous ont pas semblé bien.

— Oh! madame, nous avons les châles; ils redeviennent très en faveur. Dans le salon suivant. Servez madame.

Et le commis du châle approche! Spectre effrayant qui dépense en bloc, qu'on ne peut plus arrêter à l'aunage, qui ne procède que par sommes rondes : deux cent, trois cent, mille, deux mille, etc.

— Voici, madame, qui sort de la fabrique de M. Gauseen, successeur de M. Lagorce.

M. Lagorce, quel espoir! vous êtes homme d'esprit, c'est le cas de le montrer; allons, ferme!

— Ah! des cachemires français, c'est beau, c'est possible, mais ça manque de ce parfait moelleux, de ce fluide soyeux du vrai cachemire; merci, monsieur, merci.

— Tu as raison, cher ami, quand on se décide à une pareille dépense, il faut la faire complète. Un châle français de cinq cents francs, c'est trop cher, c'est une folie; un cachemire des Indes de quinze cents francs, c'est bien plus raisonnable, c'est une économie.

— Alors, madame, par ici.

A ce moment, vous comprenez bien que vous êtes perdu, ruiné, abîmé; l'œil atone, la face blême, vous vous enfoncez en désespéré dans votre situation, et, pour suivre jusqu'au bout la galerie Delille et votre destinée, vous tournez à droite.

— Non, monsieur, pas de ce côté, ce sont les mousselines imprimées, des articles d'été. Nous en aurons de ravissans au printemps, des dessins tout neufs exécutés sous la direction de M. Delille. Nous reviendrons dans la salle du fond si madame se décide pour une robe de soierie, madame en pourra juger l'effet aux flambeaux.

— Comment, aux flambeaux ! il est midi.

— Sans doute; mais pour bien juger des reflets d'un satin ou d'un velours dans un salon, il faut les voir comme ils y paraîtront, et cette salle est éclairée comme une salle de bal, de façon qu'on est sûr de la nuance qu'on choisit. Madame doit comprendre cela.

— Très-bien.

Et moi aussi très-bien, dites-vous en vous-même, et voici qui vaut la peine qu'on y réfléchisse. En effet, ceci ne passe-t-il pas les bornes des moyens tentateurs? n'y a-t-il pas abus? n'en pourrai-t-on pas toucher deux mots à M. Gisquet ou à M. Persil?

Pendant que vous faites ces réflexions, le commis mène adroitement votre femme par un petit escalier, et, chemin faisant, il lui raconte comme quoi on introduit en fraude les cachemires des Indes, et comme quoi M. Delille entretient un commis à Bombay pour faire changer la vieille façon cachemirienne et la mieux assortir à nos goûts. Comprenez-vous qu'il y a un homme à Bombay qui conspire contre votre repos? Mon Dieu, que l'univers est petit !

Allons ! monsieur, vous voilà arrivé au premier étage, asseyez-vous, mettez-vous à votre aise, ce ne sont plus les chaises gothiques du rez-de-chausssée; voici un canapé, un divan, un fauteuil à la Voltaire. Il n'y a plus ici de rayons de bois, jaunes, rouges, bleus, en boîte, en registre, de toutes formes, ce ne sont plus les comptoirs de chêne que vous avez quittés. De magnifiques armoires d'acajou, des comptoirs d'acajou, des glaces, des dorures, des tentures splendides. C'est anéantissant : votre gosier est sec, vous manquez de salive comme un acteur à son début, vous ne pouvez parler, et pendant votre léthargie votre femme conclut un marché de deux mille francs. Deux mille francs, entendez-vous? voilà ce que coûte votre puhuhu pour le manteau du premier salon, mons mari, mons provincial.

Ceci n'est point la fable du héron qui, après avoir dédaigné la carpe et le brochet, soupe d'une grenouille : vous, mon camarade, vous, il faut souper du cachemire, s'il vous reste de quoi souper.

Voilà ce que vous êtes exposé à voir, vous, public ; voilà aussi tout ce que vous verrez.

Si je n'étais pas si pressé, je vous ferais bien monter au second étage, et ce que vous avez vu en bas, en pièces, en coupons, en détail, livré au ciseau et à l'aunage, je vous le montrerais là en monceaux, en montagne, tout prêt à s'épandre dans la province. Là aussi je vous montrerais quelque chose qui ne descendra que demain, et qui ira se pavaner à côté de cette infâme salle aux flambeaux. Ce sont les frivolités du bal, c'est le bal tout entier, les blondes, les mousselines brodées d'or, lamées, étincelantes, aériennes, les écharpes de Chine, dont la broderie inimitable est également belle des deux côtés ; mais je vous fais grâce : d'ailleurs, je vois madame Gagelin qui m'appelle. Adieu, monsieur Delille, bonsoir, monsieur Delille ; vous êtes un homme fort capable, vous avez agrandi notre commerce, vous êtes quelque chose dans l'état, vous faites vivre des milliers de personnes, ce qui compense celles qui se ruinent dans vos magasins ; vous êtes le premier commerçant du monde dans votre genre ; votre établissement honore la France, vous n'aurez pas la croix d'honneur. Je suis votre serviteur.

Puis M. Guebin vous reconduit jusqu'à la porte. M. Guebin est un homme d'esprit, de bonnes manières, qui fait les honneurs des magasins Delille. Il dirige ceux qui vendent, surveille la complaisance des commis, voit tout, mène tout : c'est comme un ministre.

Ah! madame Gagelin! Connaissez-vous madame Gagelin? Madame Gagelin, c'est le commerce fait art. Toutes les séductions de la maison Delille ne sont rien près des siennes. Chez elle nous retrouvons toutes ces étoffes que je viens de vous nombrer, moins multipliées, moins splendides sans doute, mais bien autrement attrayantes, depuis la robe d'indienne jusqu'au cachemire. Il faut une sorte de puissance créatrice pour se représenter l'étoffe qu'on vous étale chez Delille, drapée en manteau, ou plissée en robe; chez madame Gagelin, on voit tout cela d'un regard. Ici le manteau se déploie tout confectionné sur les épaules d'une poupée modèle; la robe sort d'un carton, éblouissante de grâce et de fraîcheur, parée de guirlandes, couronnée de roses qui iront mêler leur pâle incarnat à la blancheur d'un sein discrètement dévoilé. Chez Delille vous aviez l'embarras des noms des tissus, ici c'est en même temps l'embarras des noms des formes. Ceci est une cravate, cela un collier; voici un sac, voilà une châtelaine; ce manteau à manches garni de fourrures est un boyard, cette écharpe de blonde un mantelet, ce fichu menteur une chemisette. Voilà qui part pour Londres, voici qu'il faut faire douaner pour l'Allemagne; ces blanches parures pour une noce; ces blondes noires pour un deuil: Et puis madame Gagelin vous montre tout cela elle-même. Le dessin de cette étoffe lui a coûté huit jours de recherches patientes parmi les débris du grand siècle. Cette coupe l'a occupée deux nuits sans sommeil avant de se produire aussi gracieuse, aussi élégante, aussi pure. Le magasin de madame Gagelin, c'est le cerveau de Jupiter: la mode en sort tout armée, comme la Pallas antique jaillit de la tête du maître des dieux. Si Delille a un palais, madame Gagelin a presque un salon. Le caprice féminin y perce bien plus intimement. Entendre discuter la façon d'une robe, c'est lire dans le cœur d'une femme. Et puis une chose suave à mon goût, une chose qui n'est que chez madame Gagelin, c'est la lingerie; ce sont ces canezous blanc de neige, ces batistes brodées *où l'art surpasse la matière*; ces frêles fichus qui valent cent écus; des mouchoirs qu'on ne craint pas de payer deux cents francs. Cachez, cachez-moi tous ces objets ; la poche me démange ; je vais faire passer toutes mes pièces de cent sous à travers cette bague, où glisse aisément cet immense voile de blonde.

Finissons.

Vous souvenez-vous de ce baron allemand qui, se trouvant chez la reine Marie-Antoinette, y discutait gravement sur le mérite de deux jumens qu'il possédait, l'une grise, l'autre noire. Interrogé par le duc de Lauzun sur la préférence que méritait l'une de ces merveilles : — Ma foi, répondit-il, en branlant la tête, si chétais ein chour de pataille zur mon chument grisse, che n'en tescentrais pas pour monter zur mon chument noire, et si chétais zur mon chument noire, che n'en tescentrais pas pour monter zur mon chument grisse. Je ne vous répéterai pas la drôle d'application que le duc de Lauzun fit dans la soirée de la réponse du brave Allemand ; mais je vous dirai que si j'étais chez Delille, je n'en sortirais pas pour aller chez madame Gagelin, et que si j'étais chez madame Gagelin je n'en sortirais pas pour aller chez M. Delille

Concluons.

Si M. Delille est le roi de la mode, madame Gagelin en est la fée.

Frédéric SOULIÉ.

DE LA

MAISON PÉNITENTIAIRE

DES JEUNES DÉTENUS,

ET DE LA SOCIÉTÉ DE PATRONAGE

DES JEUNES LIBÉRÉS.

Il y a long-temps qu'Horace a dit que l'espèce humaine n'allait pas en s'améliorant ; que nos pères valaient mieux que nous !... Le fait est-il vrai ? L'humanité n'a pas encore dressé un inventaire de ses bonnes et de ses méchantes actions, qui mette d'en apprécier la moralité comparative. Toute fois nous aurions bien de la peine à nous trouver, nous autres enfans du dix-neuvième siècle, pires que nos bons aïeux des quatorzième et quinzième; ces hommes de race si pillarde, si sanguinaire, qui, comme le dit Voltaire, vivaient comme des loups. Aujourd'hui, en jetant les yeux sur la carte européenne, combien ne rencontrerait-on pas au contraire de peuples qui, sous les ciseaux de la censure et du despotisme, vivent comme des agneaux, fournissant annuellement à leurs gracieux souverains la toison d'or du budget. Enfin, en supposant qu'il n'y ait pas du mieux dans les hommes, du moins il y en a dans les choses. Prenez l'almanach philanthropique de M. Cassin, et cherchez dans le Paris du quatorzième siècle toutes ces associations de bienfaisance qui, dans le Paris moderne, assistent, éclairent et soulagent la pauvre humanité dans ses faiblesses et dans ses misères. Autrefois il fallait au malheureux attendre l'aumône du couvent pour le nourrir, et à l'opprimé, la lance du chevalier pour le défendre. Aujourd'hui c'est la force d'association qui partout intervient avec la puissance de ses ressources, et qui organise en institutions sociales les principes de la morale du christianisme et les vertus de la chevalerie du moyen-âge. Nous ne prétendons pas ici parcourir le catalogue de toutes ces institutions, qui nous offrirait l'affligeant panorama de toutes les misères humaines qui les réclament. Nous nous bornerons à une seule de ces institutions, dont non seulement la création mais la pensée appartiennent et ne pouvaient appartenir qu'à notre civilisation moderne. En effet, ce n'est pas lorsque les premiers droits de l'homme étaient méconnus et violés, qu'il pouvait venir à la pensée des gouvernans de s'occuper de leurs devoirs envers les délinquans et les coupables. La révolution de 89 ne devait s'occuper que de la déclaration des droits de l'homme : depuis, le siècle avait marché, et la révolution de juillet ne pouvait oublier le système pénitentiaire, c'est-à-dire les droits que réclame et les devoirs qu'impose cette seconde innocence que donne le repentir. Comme il marche pourtant, l'esprit humain! Quel immense intervalle entre le gibet de Montfaucon et cette maison pénitentiaire des jeunes détenus qui fait le sujet de notre article.

Dans les livres, dans les journaux, il y a longtemps qu'on déplorait le sort de tous ces pauvres enfans que la misère, l'abandon, et souvent l'infâme provocation de leur propre famille, conduisent sur les bancs des assises et du tribunal correctionnel. A la vue de ces êtres faibles, jetés dans les prisons de Paris pêle-mêle avec tous les genres et tous le degrés du crime, livrés à ses traditions, à ses enseignemens et à ses débauches, il y a long-temps qu'on protestait contre un pareil scandale, et qu'on en demandait le redressement. Mais l'abus résistait aux livres et aux journaux; lorsqu'un beau jour le préfet de police, visitant une prison de la capitale, entre dans l'infirmerie. Qu'y trouve-t-il? un enfant, et c'était déjà le septième, qui était traité pour une maladie honteuse communiquée par un forçat! Rien n'avance les questions et les réformes comme les faits; et, comme le dit le proverbe, *à quelque chose malheur est bon*. Ce fut en effet le malheur de ce pauvre enfant qui décida la réunion immédiate à Sainte-Pélagie de tous les jeunes détenus, dans les bâtimens neufs déjà consacrés aux prisonniers politiques. Cette classe de prisonniers ne devait en effet inspirer aucune crainte pour la moralité de ces enfans; mais il n'en fut pas de même sous le rapport de la discipline et de la subordination. On s'aperçut bientôt qu'on avait organisé à Sainte-Pélagie l'émeute des gamins; et de ces gamins hardis, aventureux, qu'on a vus dans les journées de juillet braver la mitraille et courir sur le canon. L'un d'entre eux était décoré de la médaille de juillet! Quelle leçon pour le gouvernement de la restauration, qui croyait, au jour du parjure, avec des baïonnettes et des bonnets à poil, effrayer la France, et qui n'a pas même fait peur à des enfans!

Pour en finir avec l'émeute, il fallut choisir une maison spéciale, exclusivement destinée aux jeunes détenus ; et cette maison fut celle connue sous le nom de *Madelonnettes*, rue des Fontaines. Voici, selon Dulaure, l'origine de ce nom.

« En 1618, Robert de Montry, marchand de Paris, ayant rencontré deux filles publiques qui lui témoignèrent le désir de mener une vie régulière, les retira dans sa maison. Quelques autres filles de la même espèce suivirent l'exemple des deux premières. Robert de Montry pourvut à leur nourriture jusqu'à ce que la marquise de Maignelai, sœur du cardinal de Gondi, achetât en 1620, pour les y placer, une maison rue des Fontaines, et leur légua 101,600 livres. Le roi ajouta à ce don, et en 1629 on tira quatre religieuses de la visitation de Saint-Antoine pour gouverner cette maison. »

La maison des Madelonnettes était encore occupée par des filles publiques, mais que l'ordre de la police et non plus l'inspiration du repentir y avait amenées, lorsque l'arrêté du 15 février 1831 est venu l'affecter exclusivement aux jeunes détenus, après la translation des filles publiques à Saint-Lazare.

On a d'abord établi dans cette maison la séparation des enfans prévenus ou accusés, et des enfans jugés. On a ensuite réalisé parmi les jugés une classification [1] en trois quartiers : l'un de *punition*, pour les pervers ; l'autre de *récompense*, pour les meilleurs sujets ; et enfin le troisième du quartier d'*épreuve*, pour la généralité des jeunes détenus qu'une conduite signalée ni en bien ni en mal ne range encore dans aucun des deux quartiers précédens.

Mais, pour bien connaître le régime intérieur de cet établissement, prenons d'abord ces enfans à leur lever.

Le lever a lieu à cinq heures du matin en été, et à six heures en hiver. Cinq roulemens se font entendre : au premier, les détenus doivent se lever et s'habiller en silence ; au second, faire chacun leur lit ; au troisième, se ranger debout au pied de leurs lits, pour la visite des prevôts qui inspectent les lits mal faits, les habits déchirés, etc. ; au quatrième, faire la prière du matin que récite à haute voix l'un des prevôts, et que tous écoutent

---

[1] La bonne renommée de cet établissement en a si promptement accru la population, qu'on a été obligé de suspendre momentanément la classification du quartier de récompense : mais les accroissemens que les bâtimens vont recevoir permettront prochainement de la rétablir.

en silence, tête nue, debout et rangés devant leurs lits respectifs qui portent le numéro de chacun; au cinquième roulement enfin, les jeunes détenus descendent dans les cours pour se laver le visage et les mains, en rang, deux par deux, au pas et en silence, divisés par brigades et conduits par un surveillant ou prevôt. Ils sont ensuite, en ordre et dans le silence, répartis dans les différens ateliers.

Ces ateliers sont au nombre de sept dans le quartier d'épreuve, savoir : *serruriers*, *fabricans de chaises*, *tisseurs en crin*, *fouets et cravaches*, *émailleurs*, *chaînes d'acier*, *agraffes*.

Au quartier de punition, le *polissage de poires à poudre* et la *fabrication de capsules*. Aucune institution de ce genre n'a jusqu'ici présenté une aussi grande variété d'industries, et pourtant on est allé plus loin encore; on a résolu un problème qui semblait insoluble, celui de l'occupation des enfans prévenus, population si passagère. La fabrication des fourchettes de parapluie, l'épluchage de laine et de coton, ne laissent aucun enfant livré à l'oisiveté.

Il y a des enfans d'une habileté si remarquable que la plupart des étrangers de distinction qui visitent cet établissement font des achats et des commandes même, en exprimant leur étonnement sur le perfectionnement que l'intelligence de ces enfans donne à certains produits.

Dans le quartier d'épreuve, un tiers du produit des travaux appartient à l'administration, un tiers est mis en réserve pour être délivré au jeune détenu à l'époque de sa libération; enfin sur le dernier tiers, la moitié est remise à la disposition des enfans, et l'autre moitié est déposée à la caisse d'épargne qui a été ingénieusement créée pour les habituer aux idées de prévoyance.

Dans le quartier de punition, les enfans ne reçoivent rien à la main; tout est versé soit à la masse de réserve, soit à la caisse d'épargne.

A neuf heures, le tambour annonce la sortie des ateliers, d'où ils se rendent, au pas et tous rangés dans leurs escouades respectives, au réfectoire, où chacun reste debout devant son numéro d'ordre, jusqu'à ce que le roulement du tambour ait donné le signal du repas.

Du réfectoire ils passent à l'école, après quelques momens de récréation. L'école est le lieu et le moment où l'on peut le mieux saisir la physionomie d'ensemble de cette population, et le mieux éprouver en même temps la puissance d'une discipline qui, pour obtenir l'ordre, l'application et le silence, a ici à lutter contre les résistances de l'association tout entière, à l'exception toutefois des prévenus que la brièveté de leur séjour ne permet pas d'y admettre. C'est ici aussi que se révèle à l'observateur attentif et intelligent toute l'utilité du système pénitentiaire. En effet, quand sur la plupart de ces physionomies on a cherché en vain un de ces traits repoussans qui trahissent une nature perverse et pour ainsi dire vouée au crime; quand ensuite, au milieu de ce silence, de cette attention générale, de cette précision de mouvemens, on a vu avec quel admirable esprit d'ensemble deux cent quarante enfans sont si bien façonnés à la règle, qu'ils n'en semblent même plus ressentir le joug, on se reporte avec douleur vers un passé trop récent, et on lui demande avec effroi combien en les livrant à une autre école, à celle de la corruption des prisons, il a conduit par degrés dans l'infâme séjour du bagne et jusque sur les marches de l'échafaud, de pauvres enfans que la nature n'y avait pas assurément prédestinés.

A la sortie de l'école, les jeunes détenus rentrent dans leurs ateliers respectifs; à l'exception d'une récréation d'une heure à deux, ils n'en sortent qu'à quatre heures pour le dîner au réfectoire, où ils arrivent dans le même ordre suivi pour le déjeûner. A cinq heures et demie, ils rentrent dans leurs ateliers jusqu'à neuf, heure du coucher.

Le dimanche, pour combattre autant que possible les dangers de l'oisiveté, et trouver l'utile emploi du temps qui n'est pas consacré au service religieux, on a formé une petite bibliothèque dont on distribue les livres en lecture. Et, afin de joindre au développement de l'esprit le développement du corps, tous les jeunes détenus, réunis dans les cours et divisés par compagnies, font l'exercice pendant deux heures, et apprennent ainsi à verser un jour pour la défense de la patrie un sang qui, Dieu merci, ne doit plus rougir le pavé de la place de Grève.

Nous n'avons rien dit des punitions. D'abord la discipline est déjà elle-même, par sa propre nature, constamment répressive ou rénumératoire; ensuite il y a, dans une prison où une certaine somme de bien-être matériel est répandue, une immense carrière de moyens répressifs, parce que l'on a partout celui de la *privation*. Ainsi privation de salaire, privation de récréation, privation de visites de parens, etc. Mais sans poursuivre l'énumération du catalogue des privations, il en est une que nous ne pouvons omettre, c'est la privation d'alimens, c'est-à-dire la condamnation au pain sec et à l'eau. Rien n'ajoute autant à son efficacité que la manière dont elle s'exécute. Quand chacun est assis au réfectoire devant sa soupe, les délinquans, debout et rangés en face de tous à l'extrémité, reçoivent leur ration de pain sec qu'ils sont condamnés à manger ainsi avec toutes les souffrances du contraste et de la convoitise.

Mais les deux moyens pénaux pour les plus graves, consistent dans l'emploi de l'emprisonnement solitaire, et dans le passage du quartier d'épreuve au quartier de punition.

Tel est l'exposé de cet établissement pénitentiaire qui honore la France aux yeux de tous les étrangers de distinction qui viennent chaque jour le visiter, en inscrivant sur les registres de la maison les témoignagnes de leur unanime approbation.

Quant à la justice qui est due à cet égard aux hommes estimables qui ont si utilement coopéré au succès de cet établissement, nous reproduirons ici le témoignage qui leur est rendu par M. Ch. Lucas, inspecteur-général des prisons du royaume, dans la brochure qu'il a consacrée à l'exposé de l'histoire, de la discipline et du but de cette institution pénitentiaire, dont il vous fait espérer de voir le bienfait s'étendre à la seconde ville du royaume, à Lyon, qui, par l'agglomération de sa population urbaine et industrielle, en a évidemment après Paris le plus urgent besoin.

« Qu'il me soit permis, dit-il, d'exprimer ici
» ce que je ne cesse de répéter partout par un
» sentiment de justice et de conviction ; c'est que
» s'il ne s'était pas trouvé à l'inspection générale
» des prisons de Paris, un homme aussi habile et
» aussi persévérant que M. Moreau Christophe,
» et si à son tour M. Moreau n'avait pas été se-
» condé dans l'organisation de l'enseignement mu-
» tuel par un instituteur aussi intelligent que
» M. de Villars, dans l'organisation des travaux
» par un homme aussi actif que M. Boulon, et
» enfin dans la direction par le zèle de M. Len-
» dormy, jamais l'institution n'eût marché, et
» surtout n'eût atteint cette physionomie d'ordre,
» de travail et de discipline, qui frappe aujour-
» d'hui toutes les personnes qui visitent l'établis-
» sement. C'est ainsi que dans l'administration,
» comme en dehors de l'administration, le bien
» ne se fait et ne peut se faire nulle part que par
» l'association, et que ce n'est jamais sans injus-
» tice qu'on donne à son accomplissement un ca-
» ractère exclusif de personnalité, qui n'est pas et
» ne peut être dans sa nature. »

Mais on conçoit qu'il serait bien inutile d'avoir fondé une pareille institution pour y travailler, pendant la durée de la détention, à la régénération de ces jeunes détenus, si, à l'époque de la libération, il fallait les abandonner à eux-mêmes, à leur inexpérience, à leur dénûment, les exposer ou même les rendre peut-être aux mauvais exemples qui les firent une première fois tomber dans le crime. De là la nécessité d'une institution complémentaire, qui s'est formée sous le titre de *Société pour le patronage des jeunes libérés*, et dans le but de *préserver les jeunes libérés des dangers de la récidive, et de les rendre aux habitudes d'une vie honnête et laborieuse.*

Afin d'associer et d'intéresser à une œuvre si utile le plus grand nombre possible de citoyens, en leur facilitant à divers titres les moyens d'y coopérer, on a divisé les sociétaires en trois classes, les *souscripteurs*, les *patrons* et les *donateurs*, sans aucune limitation de nombre.

Le titre de souscripteur n'impose d'autre obligation que celle de verser la somme promise, il confère le droit d'assister aux assemblées générales avec voix consultative.

Pour acquérir le titre de donateur, il faut une souscription annuelle de 100 francs au moins. Outre le droit d'assister aux assemblées générales, le donateur a celui d'y voter, et de faire même partie des diverses commissions. Sa souscription le dispense, s'il le désire, des obligations du patronage.

Les obligations du patronage consistent à remplir pendant trois ans envers le jeune libéré dont on a accepté la surveillance, une espèce de tutelle officieuse, pour assurer son placement le jour même de sa sortie; pour retirer sa masse de réserve et en diriger l'emploi; appliquer à ses besoins les fonds alloués par la Société; le visiter souvent, l'aider de bons conseils, et rendre compte au bureau, à certaines époques périodiques, de sa conduite, de ses progrès dans le bien et de l'emploi des fonds.

Le patronage n'entraîne d'autre obligation pécuniaire qu'une souscription de 25 francs au moins pendant trois ans; mais on voit combien les obligations morales sont graves et étendues.

On pouvait craindre deux choses pour le succès de cette Société: d'un côté la gravité de ces obligations pouvait éloigner de l'exercice et de la responsabilité du patronage; d'un autre côté cette répugnance du pays qui poursuit les libérés, et les rejette trop souvent par le refus du travail dans les voies de la récidive, pouvait créer des obstacles sérieux au placement de ces jeunes enfans. Heureusement la Société est sortie avec bonheur de ces deux épreuves: elle a trouvé dans la coopération des patrons cette persévérance et ce dévouement qu'inspire toujours la conviction du bien; et dans le bon sens du pays ce concours sympathique et éclairé qui a su merveilleusement saisir la distinction à établir entre les jeunes libérés de la maison pénitentiaire et les libérés des prisons et des bagnes. Au lieu de redouter les conséquences de la corruption, le pays a au contraire espéré et calculé celles de la correction, et les difficultés des placemens se sont ainsi trouvées complétement aplanies.

Mais nous ne terminerons pas l'exposé de cette utile association qu'il est si désirable de voir s'étendre en France [1], sans parler de l'institution des commissaires enquêteurs.

Des commissaires, nommés par le comité de placement, sont chargés de prendre avant la mise en liberté du détenu sur sa famille et sur lui-même tous les renseignemens les plus circonstanciés, nécessaires pour donner à l'avance au patron toutes les notions propres à éclairer l'exercice et

---

[1] Le *Courrier de Lyon* du 31 juillet annonce la création d'une société semblable à Lyon, organisée par M. Ch. Lucas, qui a souscrit au nom du roi et de la reine pour 300 fr. La commission des prisons a souscrit pour 3000 fr. Le roi avait déjà adressé précédemment sa souscription provisoire de 300 fr. à la société de patronage de Paris; et depuis sa naissance la maison pénitentiaire des Madelonnettes est l'objet des libéralités de la reine.

diriger efficacement l'accomplissement du patronage.

Cette institution si utile à l'action de la Société de patronage, doit avoir dans un prochain avenir un plus haut but d'utilité encore ; car c'est l'enquête la plus consciencieuse et la plus exacte des causes qui amènent l'enfance sur les bancs de la police correctionnelle et des assises.

Tel est l'exposé de l'établissement pénitentiaire des jeunes détenus et de la Société pour le patronage des jeunes libérés [1]. Assurément aucun sujet ne rentrait mieux dans le cadre et le titre de cet ouvrage ; car il n'y a rien malheureusement de plus *moderne* dans Paris que ces deux institutions. *Malheureusement*, disons-nous ; car quelle immense utilité morale et sociale Paris en recueillerait aujourd'hui, s'il était possible d'en reculer la date !

RICHARD.

[1] Cette Société, formée sous la protection du roi et de la reine, et sous la présidence honoraire du ministre du commerce et des préfets de police et de la Seine, se compose de M. Bérenger, président; Ch. Lucas, J. Hollard, Cochin, vice-présidens ; Moreau Christophe, secrétaire-général ; baron Mallet, trésorier; baron Degérando, Vivien, Pytt, Lutteroth, Taillandier, Demetz, membres du conseil d'administration. On souscrit chez chacun de ces membres.

LES BUREAUX DE CONFIANCE.

Quoi que chante M. Scribe, aujourd'hui moins que jamais l'or est une chimère ; nous vivons au siècle de l'or, sinon au siècle d'or ; ce qui est bien différent, hélas ! Voir à la mythologie cet heureux premier âge, où il n'y avait ni choléra, ni royauté, ni garde nationale ; où les alouettes tombaient toutes rôties, où le vin coulait libre sous le Pont-Neuf, sans rien payer aux barrières.

À présent, au contraire, il faut payer pour tout, pour l'air qu'on respire, la lumière qui passe par les fenêtres ; le droit d'entrer dans les maisons par les portes ; les chaises où l'on s'asseoit ; la viande à manger et le vin à boire ! Il faut payer pour être !

L'or donne seul la jouissance des droits civils et politiques ; sans l'or, nous ne sommes ni députés, ni électeurs, ni jurés, ni bonnets à poils ; talent, vertu, amour de la patrie sont monnaies sans titre sous notre présent régime. La charte, qui a fait le roi constitutionnel, a rétabli le culte du veau des Juifs. Si bien que notre société tend à se corrompre et à se démoraliser par ses institutions mêmes ; si bien qu'en France, un homme n'étant rien sans l'or, pas même citoyen, veut et cherche l'or de toutes ses forces, de toute son âme, par toutes sortes de moyens. Il y perdra son patrimoine, l'honneur, la vie même ! Qu'importe ? mieux vaut mourir, que n'avoir pas le droit d'agir ou de parler dans son pays ; et ce droit n'appartient qu'à l'or.

De là ces ruses, ces ressources pour acquérir, qui mettent en défaut la loi, et assurent l'impunité au crime. De là cette nouvelle espèce d'escrocs qui s'enveloppent dans la légalité, et volent le Code pénal à la main, comme il faut voler pour ne pas être puni. Jamais la criminalité n'a été plus étudiée ni mieux entendue. La filouterie légale connaît parfaitement ses droits et ses devoirs; elle sait où commencent les gendarmes; et elle les respecte. Elle ne hante pas les cavernes, les grands chemins ou les rues désertes. Elle n'exerce pas la nuit et dans la solitude! Elle laisse la forêt classique aux chouans et aux auteurs de mélodrames; elle n'a ni bâtons noueux, ni pistolets, ni poignards, ni voix menaçante! Mais son air est honnête, sa parole engageante; elle travaille en gants blancs, au jour, dans les rues les plus larges, avec loyers et patentes! Elle a des maisons sur le pavé de Paris, des actionnaires, des directeurs, des commis, des raisons sociales, ses enseignes à la porte! On est voleur aujourd'hui avec une mise de fonds. La bande est remplacée par la compagnie.

Dans un gouvernement où l'addition est tout, la soustraction devait être quelque chose.

Ces nouvelles maisons de commerce s'appellent génériquement Bureaux de confiance! Étrange abus des mots, qui donnera fort à faire aux académiciens à venir, quand ils voudront concilier un jour les termes et les choses, quand ils ne comprendront plus comment et pourquoi confiance est devenue synonyme de guet-apens, et bureau de confiance, de caverne.

Les noms particuliers des bureaux de confiance sont nombreux, et varient selon la spécialité de leur exploitation.

1° Les bureaux de placement pour les deux sexes.

2° Les bureaux de dégagement.

3° Les bureaux d'agens d'affaires.

4° Les bureaux d'agence matrimoniale.

Il y a encore d'autres bureaux de confiance, par exemple la chambre des députés, le château des Tuileries; mais j'ai dû dire les moins trompeurs, afin qu'on se défiât mieux du reste.

Le bureau de placement se divise en deux classes, la première s'adresse aux petites gens, aux positions inférieures mais nombreuses; aussi le bénéfice y est-il le même à la longue que dans la seconde classe qui traite les conditions plus élevées.

La première n'a que des affiches collées aux murs; chaque jour, dans les quartiers les plus populeux de Paris, elle fait placer des petits carrés de papier gris sur lesquels est imprimé, à la main, cet avis :

On demande un remplaçant, ou bien un domestique mâle, ou bien une cuisinière, s'adresser, rue de la Lanterne, au second, n° 40.

Qu'arrive-t-il? tout remplaçant, domestique

mâle, ou cuisinière qui se trouve sans place et qui sait lire, s'en va rue de la Lanterne, au second, n° 40. Si c'est la cuisinière qui se présente, on lui demande chez qui elle a servi, ce qu'elle veut gagner; bref, on s'arrange, on lui fait donner cinquante sous pour frais de bureau, et on lui dit de revenir le lendemain. Le lendemain, elle revient, alors on a pris des informations sur son compte; sa moralité et son savoir-faire conviennent, on lui demande cinquante sous pour faire des démarches; on l'adresse à la personne qui est censée avoir réclamé une cuisinière au bureau. La cuisinière trouve la personne au lieu indiqué; mais la personne *en est bien fâchée*, elle n'a plus besoin de cuisinière, son épicier lui en a envoyé une le matin même, si la pauvre dupe parle le soir; ou hier soir, si elle parle le matin.

Le domestique mâle, au lieu de cent sous, aura payé dix francs, c'est toute la différence.

Pour le remplaçant, c'est plus cher encore! il faut le déshabiller, le visiter, le faire tousser, les frais augmentent. Des femmes, à Paris, font ce métier-là; elles examinent des pieds à la tête si la marchandise est de bonne qualité, et sera d'un bon débit. Le remplaçant paie donc pour se vendre, et on ne l'achète pas.

La seconde classe n'affiche rien dans la rue. Elle a des annonces dans les journaux, à 1 franc 25 centimes la ligne d'insertion. Par exemple : on demande un commis disponible, une demoiselle de compagnie sans occupation, un secrétaire, un intendant. Le commis aura au moins deux mille francs d'appointement s'il sait écrire, on n'exige que cela ; du reste il ne travaillera que trois heures par jour ; la demoiselle de compagnie n'a besoin que de savoir lire, pour récréer un vieillard aveugle ; l'intendant entrera dans l'une des plus riches maisons de Paris : mais, hélas ! quand ils se présentent, il est toujours trop tard ; les frais de bureau sont payés, et les places sont prises.

Le bureau de dégagement des reconnaissances au Mont-de-Piété, est le tartufe de l'espèce, il exploite hypocritement la misère des engageurs, et les dépouille en ayant l'air de les secourir. Du reste il a la même physionomie que le bureau de placement ; il est honteux, sale et retiré, s'enseignant toujours par le petit carré de papier gris qui se colle à tous les murs, et crève les yeux des passans de son immuable avis : on dégage les effets du Mont-de-Piété, rue Dauphine, n° 15, à l'entresol !

Le malheureux qui a déjà aliéné sa montre au profit de cette autre caverne appelée le Mont-de-

Piété, et qui a mangé ensuite le peu d'argent prêté sur son gage, s'adresse donc rue Dauphine, n° 15, à l'entresol; il trouve là, au milieu de bijoux et de meubles entassés pêle-mêle, une figure honnête de juif qui l'accueille comme un curé reçoit un mort qui veut se faire enterrer.

— Bonjour, monsieur, qu'y a-t-il pour votre service?

— Je voudrais vendre une montre que j'ai engagée.

— Attendez, s'il vous plaît; je n'achète les objets que sur table. Je vais faire dégager votre montre.

Deux heures après l'objet est sur table; alors le juif en offre un prix tellement minime qu'il n'est pas acceptable, dix francs de plus par exemple que la somme prêtée par le Mont-de-Piété. Or, sur les dix francs, il y aura cinq francs à retenir pour les intérêts du dégagement, puis, deux francs pour frais de bureau; restent donc trois francs pour prix total d'une montre dont on n'a payé primitivement qu'un tiers de la valeur! Heureux encore l'obligé, s'il reçoit les trois francs en argent, et s'il n'a pas à emporter la somme en nature de bretelles, de pommades, de brosses à dents, et autres vieux fonds de boutique à cinq sous!

Avant tout et partout dans ces antres, il faut

subir les frais de bureau, véritables frais *quand même*, frais dus *à priori*, à quinze pas devant la porte et payables en sortant sans rémission ni retard. On ne dit plus: la bourse ou la vie, mais les frais de bureau, s'il vous plaît.

Les agens d'affaires pullulent à Paris, et ont largement pris, depuis que les avoués sont taxés, la pace des anciens procureurs, qui les premiers, je crois, inventèrent les frais de bureau. Les mains des agens d'affaires sont crochues comme les buissons, les moutons qui passent dedans y laissent leur laine.

Mais la plus curieuse de toutes les agences, est sans contredit l'agence matrimoniale.

Qui ne connaît M. Vuilliaume, ce nom cher aux nubiles, et le fameux Brunet qui aurait marié le feu et l'eau, le diable et la sainte vierge, qui aurait marié un prince royal? Il faudrait n'avoir jamais lu un journal de sa vie, pour ignorer à quelles tentations ces deux grands-prêtres de l'hyménée ont exposé tous les célibataires. On a vu de vieilles filles, de vieux garçons même, se laisser prendre à l'appât des annonces, et mettre leurs lunettes pour visiter les échantillons d'époux dont les magasins Brunet et Vuilliaume étaient assortis.

Brunet avait dans son commerce ce qu'on peut désirer de mieux. Brunes, blondes, riches, vertueuses, grandes, petites, grasses, maigres, il tenait toutes les couleurs, toutes les tailles, toutes les qualités, le tout à juste prix. Ses nombreuses relations dans le monde assuraient à ses articles une supériorité incontestable, et son bazar était toujours achalandé par la meilleure compagnie.

Depuis que Vuilliaume est mort et que Brunet a quitté son fonds pour aller à Rome être secrétaire intime d'un cardinal (qu'il finira par marier sans doute avec quelque fille du pape), leurs successeurs continuent à faire exécuter légitimement le *croissez et multipliez* de l'Eternel ; mais ils n'ont rien perfectionné après les deux grands inventeurs du genre. C'est toujours le même style, toujours la même forme de promesse, toujours l'annonce ainsi stéréotypée: Mariage. — L'on désire marier une jeune veuve, ayant vingt-cinq mille livres de rente, à une personne d'une profession honorable. On tient moins à la fortune qu'à la moralité. S'adresser à monsieur, ou à madame de Saint-Paul, rue du Petit-Carreau, n° 33. (Affranchir.)

Souvent, c'est une jeune demoiselle orpheline, riche et bien élevée. D'autres fois, il y en a deux, on a le choix; on en a vu à la montre, qui avaient jusqu'à quinze cent mille francs de rente!

L'or est un tel hameçon de notre temps, que chaque jour, je ne dirai pas des niais, mais des hommes raisonnables, bien plus, des roués, plus encore, des voleurs mordent à la ligne des agens matrimoniaux! M. R***, adroit débiteur, le désespoir de tous les gardes du commerce, arrêté enfin et détenu à Sainte-Pélagie, y dépensa le reste de son argent à demander une épouse aux bureaux d'agence matrimoniale.

O intérêt! ô cécité! comment un homme sachant tout le prix de la fortune, toute la peine qu'elle coûte à acquérir, peut-il croire aveuglément qu'une dot de quinze, vingt, trente, cent mille livres de rente ait besoin de se faire annoncer, qu'elle soit là dans la rue au premier venu, qu'il n'y ait plus qu'à se baisser pour la prendre comme un diamant perdu et tambouriné.

On s'imagine pourtant cela à Paris, malgré la raison qui accuse une telle erreur, malgré l'expérience qui la prouve. Que les gens qui n'ont rien à compromettre dans de pareils lieux, pas même leur nom, aient la foi, ils sont plus à plaindre qu'à blâmer. Un de ceux que la misère aveugle ainsi fit un jour une réponse admirable devant le bureau matrimonial. Affamé, il était venu là pour épouser une prétendue dot bien modeste, bien vraisemblable, trois mille livres seulement. La femme en revanche avait toutes les vertus! Après les explications parlementaires, l'agent ayant demandé selon l'usage les deux cents francs de frais de bureau, le prétendant, désabusé, haussa les épaules, et répondit : Est-ce que je me marierais, si j'avais deux cents francs? Mais il y a des gens riches qui conduisent au bureau leurs enfans, leurs filles surtout, quand elles ont eu la maternité précoce. M. Brunet lui-même fut si agréablement surpris une fois de se voir amener par un ministre une fille riche et honnête, quoique grosse de six mois, qu'il se proposa immédiatement pour son mari.

Les pareils cas sont rares; le commerce ainsi deviendrait presque honnête : ils vous vendraient une robe portée, mais enfin ils vous en vendraient une. Le plus souvent au contraire la robe vendue n'existe pas.

Pour espérer en de pareils mariages, il faut être à la veille d'une faillite, ou croire encore au programme de l'Hôtel-de-Ville. L'extrême pauvreté ou la naïveté extrême sont seules capables d'une telle confiance : les princes royaux croient. Moi qui ne suis pas prince royal, dieu merci, dussé-je m'aliéner pour la vie tous les agens matrimoniaux, mourir dans le plus noir célibat, n'être jamais plus nubile qu'un héritier du trône; dussé-je même détruire la dernière illusion de mariage que l'on conserve en haut lieu, je proclame et je soutiens qu'on ne trouverait pas dans la ville deux mariages par an accomplis par ces entremetteurs patentés. M. Brunet lui-même n'en a accompli qu'un seul pendant le cours de sa carrière matrimoniale, c'est le sien ! et ce n'est peut-être pas ce qu'il a fait de mieux. On rencontrerait au contraire pour deux mariés introuvables mille prétendans détrompés ou plutôt trompés de la façon suivante :

Vous, célibataire, qui avez besoin d'une dot, vous voyez un matin, dans les annonces du *Constitutionnel*, entre *cheval à vendre* et *maison à louer*, une femme à épouser. Cette femme est une jeune personne fort bien élevée, d'un physique agréable, dotée de vingt mille livres de rente, désirant se marier, et tenant moins à la fortune qu'à l'éducation et à un état honorable. S'adresser à M. de Saint-Loup, rue Montmartre, n° 22. (*Affranchir.*)

Voilà votre affaire. Abonné du *Constitutionnel*, vous êtes abruti à la crédulité, vous regardez donc autour de vous, et, ne trouvant pas à quinze lieues à la ronde un seul parti de vingt mille livres de rente, vous croyez à la jeune fille du *Constitutionnel*, et vous écrivez par la première poste une lettre adressée à M. de Saint-Loup, rue Montmartre, n° 22, à Paris. Il y a *très-pressée* sur la lettre; elle est affranchie.

Deux jours après, vous recevez des nouvelles du bureau matrimonial. L'agent répond à toutes vos questions « que de telles affaires sont d'une nature trop délicate pour être traitées par correspondance, que les parties ne peuvent s'entendre qu'en présence. Vous êtes prié de passer au bureau pour y prendre d'autres renseignemens. Du reste, vous êtes assuré qu'ayant écrit le premier, vous aurez la préférence, et qu'on ne recevra personne jusqu'à votre prochaine arrivée.»

« *P. S.* La fortune de la jeune fille est des mieux établies, en belles et bonnes propriétés, bois, prés, maisons, le tout sans servitude ni hypothèque, si vous êtes provincial; en valeurs toutes réalisées, si vous êtes de Paris. »

Après une telle réponse, vous qui habitez la province, vous partez pour Paris avec votre passeport et tous vos papiers en règle; vous vous rasez en arrivant, vous changez de linge et vous vous présentez le jour même de votre arrivée chez M. de Saint-Loup. Le bureau est ordinairement dans une fort belle maison au premier, toutes les fenêtres sur le devant. Un valet en livrée vous introduit dans un salon magnifiquement orné, dont toutes les portes latérales, ouvertes exprès à deux battans, laissent voir à droite et à gauche une enfilade de riches appartemens. Pendules, vases, candélabres, glaces, rideaux, canapés, guéridons, tous les meubles sont d'un extrême luxe et du dernier goût. De grandes bibliothèques regorgent de livres de circonstance, au dos desquels on lit les titres écrits en or, sur maroquin rouge; *la Physiologie du mariage, les Tableaux de l'amour conjugal, l'Art d'aimer, l'Art de plaire*, et autres sujets convenables, à la destination du lieu. Les cadres dorés en environnent aussi de piquantes allégories, de touchans symboles, dus au burin ou au pinceau de nos meilleurs artistes! La mythologie a tous les honneurs de la muraille. Le nu domine; ô tentation! On voit l'Amour aux ailes blondes, de M. Gérard, qui fait pendant à l'Hyménée, qui fait pendant à un autre Amour, qui fait pendant à un autre Hyménée. Hyménée, amour se reproduisent là sous toutes les formes; l'union des sexes se voit partout; Paul et Virginie sont partout; Mars et Vénus se donnant la main, figurent le groupe de bronze de la pendule. Sur la table, les papiers sont retenus par une masse de marbre surmontée de deux cœurs percés d'une même flèche. Tout est couple, tout est double, tout est harmonie. Ah! si le mot divorce était prononcé là-dedans, je crois que les marbres seraient émus deux à deux, que les bronzes tressailleraient ensemble, que les gravures se voileraient. Deux jolis enfans loués jouent au milieu du salon, pour que devant ces deux petits charmans exemples, le mal d'imitation vous gagne.

Bientôt l'agent matrimonial paraît, demandant pardon de vous avoir fait attendre, ayant toujours l'air très occupé, disant que cette dernière annonce lui attire tant de monde, qu'avec ses autres affaires courantes, il est accablé, et ne sait où donner de la tête.

Après cet exorde insinuatif, débité avec chaleur et volubilité, l'agent s'essuie la bouche, afin d'avoir à montrer son mouchoir, rare morceau de batiste. Puis il sonne, et demande un bouillon, qui lui est apporté dans une tasse de vermeil par le domestique introducteur!

M. Saint-Loup s'étonne de voir l'introducteur employé à un autre service; il s'informe vivement où est Pierre, Germain, et le domestique répond, sans coup férir, que l'un est allé faire arranger la roue du nouveau cabriolet; que l'autre, monsieur doit se rappeler l'avoir envoyé retenir une loge à l'Opéra, que les autres enfin sont sortis pour l'affaire *comtesse de Grécourt avec le marquis de Carlinville!*

Le moyen de ne pas être ébloui, assourdi,

pris par les yeux, par les oreilles, par tous les sens, dans des piéges si bien tendus, sur des apparences aussi trompeuses.

Car tout cela n'est qu'apparence; ce valet en livrée, qui a introduit le prétendant et le bouillon, est le seul domestique du lieu, le maître-jacques, laquais, cocher et cuisinier à la fois, dans la grande maison; il est encore commis de bureau et même commissionnaire.

C'est le cumul sur deux pieds!

Après ce prologue illusoire, commence la comédie :

L'agent : — Monsieur, encore une fois pardon, maintenant je suis tout à vous!

Après avoir décliné vos nom, prénoms, âge et domicile, vous dites :

— C'est moi-même qui vous ai écrit au sujet de cette jeune fille annoncée dans le *Constitutionnel* du 25, présent mois! quand pourrais-je avoir l'honneur d'être présenté ?....

— Votre profession, monsieur, est honorable?

— Sans doute.

— Je n'ai pas besoin de vous demander si votre nom est honorable aussi?

— Fort honorable, je vous le jure.

— Vos antécédens doivent être connus dans le lieu de votre domicile?

— Vous n'aurez qu'à prendre des informations !

Et la conversation continue ainsi, toujours soutenue par l'agent, dans le but de savoir à quel dégré d'intelligence il a affaire avec vous, et quelles précautions il aura à prendre pour n'être pas compromis, et pour vous voler impunément ! Dès qu'il vous voit bien préparé, il reprend avec un air de vérité à convaincre saint Thomas lui-même :

— Allons tout de suite au fait, monsieur ! si la chose s'arrange, vous savez quels sont mes droits ? deux pour cent sur la dot seulement.

— C'est bien.

— Payables lorsque vous l'aurez reçue ?

— Rien de mieux.

Il serait d'un malotru sans grâce et sans dignité, de refuser un aussi minime salaire à l'homme qui vous procure vingt mille livres de rentes !

Aussi l'affaire est conclue; mais, avant de passer outre, l'agent demande ses frais de bureau, c'est-à-dire ses indemnités pour déboursés d'annonces, de renseignemens et d'informations.

Les frais de bureaux sont :

Quatre, cinq, six, sept, huit cents francs, selon que le prétendant est plus ou moins crédule et la femme plus ou moins riche... On a vu des dupes dont la confiance fut taxée jusqu'au mille. Lorsque la femme est très-vertueuse, la dot étant alors presque toujours modeste, les frais de bureau baissent. La vertu marque moins que l'or ! Votre jeune personne a vingt mille livres de rente, supposons, vous n'êtes ni trop bête ni trop spirituel, c'est le juste milieu, vous payez donc quatre cents francs, dont l'agent vous donne un reçu.

Voilà donc déjà hors de vos poches   400 fr.

Comptez bien. Avec cent francs de plus, dit l'agent, vous serez abonné à toutes les femmes qui viendront pendant six mois dans mon établissement; vous aurez le droit d'être présenté à chacune. Si cela vous convient, dès à présent même, j'ai plusieurs personnes, veuves ou demoiselles, que je peux vous montrer, et vous pourrez choisir.

Il faudrait n'avoir pas cent francs de plus pour refuser un si grand avantage! vous payez encore, ce qui fait . . . .   500 fr.

En échange de votre argent, vous recevez un papier timbré, imprimé, portant cet engagement:

Je soussigné, reconnais avoir reçu de M.*** la somme de cinq cents francs pour abonnement à mon agence; je m'engage à lui présenter toutes les dames veuves ou demoiselles qui s'adresseront à mon bureau pendant l'espace de six mois, à dater de ce jour, et à faire toutes les démarches qui seront en mon pouvoir pour marier monsieur avec la personne qu'il choisira.

Fait double entre les parties. Paris le , etc.

L'agent matrimonial,

Saint-Loup.

L'agent demande dix francs pour l'enregistrement : . . . . 5io fr.

Cela payé, vous êtes invité à revenir le lendemain. D'ici là, l'agent se charge de savoir quel jour la demoiselle accueillera votre hommage.

On ne gagne rien à être défiant. Si le soupirant ou plutôt l'aspirant veut être sûr de l'existence de sa dame, et ne payer les premiers frais que le jour même de la réception; oh! l'agent consent au délai; l'aspirant prend jour. Le jour venu, il s'habille à neuf, met les frais de bureau dans sa poche, et se rend à l'agence. Il arrive le premier au rendez-vous, c'est la règle. On lui dit d'attendre, la personne ne tardera pas à paraître. En attendant il paie les frais de bureau. Le voilà abonné; le défiant est donc pris comme le plus crédule. Sur ces entrefaites, on sonne.... le cœur bat....., c'est une lettre pliée en triangle, musquée et rose... La personne est malade, la tante ne peut pas la quitter, et prie l'agent de les excuser toutes deux auprès de son aimable client.

Mais vous qui avez payé d'avance, et sans difficulté, vous avez au moins l'avantage de voir la tante au jour dit.

Car il est à remarquer que ces sortes de demoiselles n'ont jamais ni père ni mère; elles ont toujours une tante; l'oncle est chimérique; quand par hasard il n'a pas été tué à Waterloo, il existe assez ordinairement à la campagne. Les mieux parentées ont un frère; mais le frère est très-cher et très difficile à se procurer!

La tante, à qui vous avez affaire, vit très-retirée, voyant peu le monde, ne pouvant produire sa nièce dans la société; depuis long-temps elle s'est aperçue que sa nièce bien aimée, aimée comme sa propre fille, s'ennuie dans la retraite; voilà pourquoi elle songe à la marier, et, malgré certaine répugnance bien naturelle, elle s'est décidée à s'adresser à l'agence, parce que tout dernièrement la fille d'une amie intime s'y est mariée, et n'a qu'à se louer de son union.

Puis elle a voulu venir seule à la première entrevue, de peur que sa nièce, jeune et inexpérimentée, ne se laissât facilement séduire par les charmes du physique et par des manières trop agréables, tandis qu'une femme de son âge est dans le cas de juger un homme impartialement. Elle n'est d'ailleurs que trop flattée d'avoir fait votre connaissance! enfin un homme et une femme ont tant besoin de s'apprécier avant d'être à jamais l'un à l'autre, que dans l'intérêt de sa nièce, pour le bonheur à venir de la pauvre petite, une tante a bien le droit de vous accabler de questions, de vous demander votre état, votre âge, votre position.

Oh! c'est toujours votre état, votre âge, votre position qu'elle a rêvée pour le bonheur de sa chère enfant.

Elle s'informe du pays que vous habitez. Elle connaît beaucoup le préfet du département, il se nomme, dit-elle, M. le baron B***. Elle a lu cela dans l'Almanach royal.

Mais elle ne vous demande pas quel est votre nom; elle ne veut pas apprendre de vous plus qu'elle ne peut vous en dire; et cette révélation si importante des noms, vous sentez bien qu'elle ne peut se faire que quand les choses seront plus avancées.

On doit se retrouver le lendemain, cette fois la nièce est présente.

Vous vous croyez riche déjà des vingt mille livres de rente. Vous allez à l'entrevue principale, enfin vous voyez l'*objet*.

En regardant de bien près, vous apercevriez, malgré le voile épais qui confusionne les charmes de l'objet, une couche de rouge végétal sur sa figure, et puis un peu de noir autour des yeux, deux ou trois forts soupçons de rides aux deux coins de la bouche, et des paupières déjà toutes rayonnées.

La jeune personne a certainement plus d'années encore que de mille livres de rente, et sa mère devait être de beaucoup la sœur aînée de sa tante.

Mais vous n'y voyez pas de si près sans lunettes, et le même sentiment de coquetterie qui a protégé son visage a désarmé vos yeux. Myope et content, vous ne demandez qu'à offrir vos hommages à la divinité dans son temple même! la divinité répond avec une modestie enchanteresse que cela est bien prompt: puis, la tante ajoute aussitôt qu'elles sont bien fâchées du contre-temps, mais qu'une affaire imprévue les appelle à la campagne, et qu'à leur retour elles se feront un sensible plaisir de vous recevoir. Enfin la nièce et la tante se lèvent, saluent et sortent!

Pas davantage pour une première entrevue!.... Vous devenez fou de bonheur, vous voulez les suivre, courir après; mais l'agent vous donne le change, et vous fait sortir par une autre porte.

Car ces dames ne doivent pas quitter la maison;

elles sont là à la journée ; elles ont peut-être encore huit ou dix hommes à *faire* (terme technique.)

Toutes deux sont louées, nièce et tante, à cent sous par entrevue, nourries et habillées aux frais de l'agence, trouvant au bureau chapeaux, robes, manteaux, cheveux blonds, roux, noirs, gris, tout leur accoutrement, le rouge de la modestie et le voile de la pudeur: changeant à chaque abonné de vêtemens, de chevelure, d'âge, de taille, ayant des talons hauts, ou se mettant une bosse suivant les goûts de la pratique, et surtout pour que les sots qui se fâchent et se plaignent, ne puissent déposer tous ensemble de la même personne et du même signalement.

Chaque fois que la nièce et la tante doivent venir pour un abonné, le valet introducteur, d'un coup de balai agite la sonnette. L'abonné s'imagine ainsi que ces dames entrent dans la maison, elles ne font qu'entrer dans la chambre. Alors la même comédie recommence; il n'y a que les décors de changés ; au lieu d'une brune, c'est une blonde ; au lieu d'une jeune fille, une jeune veuve; la nièce rougit toujours, c'est l'affaire du végétal; la tante parle à tout le monde comme elle vous a parlé; quelquefois elle cumule: quoiqu'elle ait à jouer le rôle si difficile de tante, elle remplit encore l'autre, et, malgré ses *quarante-neuf ans*, elle veut faire le bonheur d'un jeune homme!

Cependant, dans votre impatience, vous retournez bientôt chez l'agent, afin de savoir si ces dames sont revenues de la campagne. Ces dames ne sont point parties, leur absence n'a été feinte que pour vous reculer encore. Mais l'agent vous annonce en triomphe qu'elles sont arrivées, et vous fait en même temps une petite proposition qui n'est vraiment pas à refuser! il s'agit de faire accepter à ces dames un déjeuner, où l'on causera plus longuement, plus librement, avec ce laisser-aller, cette franchise, ce sans-gêne amical qui s'établissent nécessairement à table, entre gens qui ont bu le même vin.

Vous, vous n'avez osé proposer cela le premier. L'agent vous donne à entendre que vous offrirez la main à ces dames après déjeuner, que vous aurez l'honneur de les reconduire chez elles... Bref, il vous demande la bagatelle de soixante francs! pour quatre, ce n'est rien, mais il a le vin chez lui, et ne compte pas avec ses amis!

. . . . 570 fr.

Au déjeuner, la table est chargée de grosses pièces froides et solides, comme ces mets de carton qu'on trouve au théâtre! un fort rôti, un homérique aloyau qui eût figuré bien mieux dans un festin de héros primitifs ou de Flamands modernes, qu'à un déjeuner de dames, dont l'une n'a point de dents et l'autre ne doit pas en avoir : car elles mangent à peine, disent toujours merci quand on leur offre le moindre morceau, et défendent leur assiette mieux que leur vertu, à deux mains; elles prient surtout de ne pas découper les grosses pièces !

Ces pauvres femmes, hélas! pâtissent de force; certes elles digéreraient autant qu'homme de province, si l'appétit leur était permis; mais elles ne doivent pas avoir faim, elles sont payées pour cela. Outre que les besoins grossiers peuvent dégoûter du sentiment, qu'il est imprudent à une femme d'avoir faim, de manger, de prouver son animalité devant l'homme qui aspire à son cœur, il faut encore que les mets du matin soient, comme les femmes, resservis le soir aux autres abonnés.

Pendant le déjeuner, l'agent s'est levé vingt fois, allant et venant pour donner plus de liberté aux épanchemens des deux cœurs : dans ce but si complaisant, il appelle même la tante à part, qui sort et vous laisse ainsi seul avec la jeune personne en tête-à-tête; les yeux parlent déjà beaucoup lorsque la tante et l'agent rentrent ensemble; vous apprenez alors que votre recherche flatte infiniment ces dames, qu'elles vous recevront volontiers chez elles après qu'on aura pris des informations qui doivent toujours être à votre avantage.

L'agent dit aussi que, dans l'intérêt de sa maison et pour la bonne renommée de son agence, il ne se contente pas d'informations par écrit, qu'il ne marie ses cliens qu'à coup sûr, après des informations verbales, faites par lui-même ou par un de ses commis. Ce commis est attaché à son établissement exprès pour ces sortes de missions qui demandent à la fois tant de clairvoyance et de circonspection ; l'agent lui-même ne quitterait pas sa maison à moins de cinq cents francs par jour et ne voyagerait qu'en chaise de poste, ce qui augmenterait encore les frais ; le commis, au contraire, va sur les lieux à raison de vingt francs, et ne prend que la malle.

Si vous hésitez dans ces nouvelles dépenses, l'agent ajoute que ces dames entrent pour la moitié dans ces frais. Tout est dit, on fait le compte : dix jours d'absence à 20 francs, plus 80 francs de voiture, 280. La tante paie la première pour l'exemple, et tire sa part d'une très-jolie bourse, ouvrage de sa nièce. Malheur à vous, qui trouvez la bourse admirable ; la tante vous l'offre, vous l'acceptez. Vous voulez ensuite que le commis-voyageur en informations parte le soir même; vous voulez aller chercher votre part à votre hôtel, et l'agent qui ne laisse pas refroidir un si beau feu, vous accompagne aussitôt, et reçoit encore 140 francs. . . . . 710 fr.

De là, sans perdre de temps, on arrête une place pour votre pays au départ du soir; l'agent donne dix francs d'arrhes, reste . . . . 700 fr.

Pour le coup, vous êtes marié! à six heures du soir, le commis monte en voiture; mais il en descend au premier relais, et laisse courir la poste pour revenir à Paris.

Durant les dix jours d'informations, vous retournez souvent à l'agence, vous n'y trouvez jamais la nièce; rarement vous y rencontrez la tante, qui vient seule, craignant toujours que sa nièce ne vous voie trop souvent. Mais l'agent ne vous oublie pas; en attendant il vous rappelle la bourse de ces dames; un prétendant leur doit au moins un cadeau en retour, une bague, un bijou de prix, enfin quelque chose digne d'une femme riche. Vous achetez un petit brillant de 250 francs. . . . . 950 fr.

Cependant le commis est tombé malade là-bas; on a reçu une lettre de lui, écrite à Paris et sans aucun timbre de poste; n'importe on peut la montrer sans inconvénient, on l'a reçue sous enveloppe.

Il fallait bien regagner les dix francs d'arrhes... La maladie dure deux jours, et coûte quarante francs de plus.   Total. . . . . . . 990 fr.

Voici le dénoûment! Le jour où le commis est guéri et arrivé, le jour où vous entrez triomphant et sûr de votre fait, l'agent tout contrarié et tout sombre vous dit en vous serrant la main : Ah! monsieur, que je suis heureux d'avoir prévenu le malheur qui vous menaçait, vous si probe et si pur, dans quelle infamie j'allais innocemment vous plonger! Tandis que mon commis prenait des informations sur vous, moi, dans votre intérêt, j'en ai pris sur ces dames, Dieu merci! et j'ai découvert, ô ciel! j'ai découvert que le père de la jeune personne est aux galères, et qu'il a été exposé en place publique!

Comment épouser après cela? A un autre abonné, la jeune personne aura subi un jugement comme infanticide et ne doit son acquittement qu'à sa grande jeunesse; ou bien elle devra ses rentes au suicide d'un vieux duc, enfin elle aura commis quelque impardonnable énormité.

Vous comprenez alors que vous êtes volé! c'est le moment où l'agent cite le nom et l'adresse des femmes qu'il a établies, et qui répondent de la probité de son agence. Ces femmes en effet vivent dans le concubinage, et sont payées pour se dire légitimes.

Enfin, l'agent passe aux consolations, vous supplie de ne pas vous décourager, de voir à d'autres, affirmant qu'il en a plusieurs encore à son bureau, aussi riches et moins tachées. L'abonnement donne plein droit de choisir.

Si vous étiez tenté d'user de votre droit tout entier, chaque fois que vous auriez à parler à l'agent, l'agent se trouverait, toujours par hasard, à la campagne, et cela pendant les six mois de l'abonnement, à l'expiration duquel on vous prierait très-poliment de le renouveler ou de cesser vos visites.

Si au contraire vous faites du bruit et portez plainte au magistrat, l'agent matrimonial ne niera rien de l'argent reçu, et dira que ses portes vous sont toujours ouvertes et ses femmes toujours visibles pendant les six mois de votre abonnement, et il dira cela impunément. M. de Saint-Loup fait des présens au commissaire du quartier.

Pourtant M. de Saint-Loup a volé et bien volé, en plein jour, comme au coin d'un bois, à M.*** la somme de 990 francs. Qu'un homme affamé prenne un pain dans une boutique, il sera marqué.

Si enfin vous êtes devenu sage, vous vous retirez sans vous plaindre, sans même chercher à composer avec le voleur, comme il arrive souvent; et vous vous désabonnez au *Constitutionnel.*

Et le lendemain de votre déconvenue, en allant prendre votre passeport pour partir, vous pouvez voir dans la cour de la préfecture de police, au milieu des dames qui sont forcées d'y rendre une visite hebdomadaire, les deux femmes de l'agence, la tante et la nièce, la vieille retirée du monde et la jeune personne aux vingt mille livres de rente pendant le jour, à dix francs pendant la nuit.

Félix PYAT.

LE BOUTIQUIER.

Le commerce, aussi bien que la botanique et la minéralogie, a sa classification par familles, divisée en genres et subdivisée en espèces, qu'il faut étudier scrupuleusement si l'on ne veut pas s'exposer à tomber dans de graves et impardonnables erreurs en écrivant l'histoire des individus. C'est armé du tamis de la science que l'observateur laborieux doit passer au sas avec soin et trier avec intelligence les graines parasites et les fruits étrangers, afin de retrouver au milieu d'eux le grain précieux, objet de ses importantes recherches; nous voulons parler du boutiquier pur.

En dépit de l'académie, qui, fidèle à son mode d'explications incomplètes et de définitions tronquées, s'imagine avoir tout dit lorsqu'elle désigne le boutiquier par ces trois mots seulement : « marchand tenant boutique, nous allons essayer de prouver que le sens moderne attaché à cette vieille appellation, ne sert plus aujourd'hui qu'à marquer une variété bien tranchée dans l'espèce.

« Si tous les boutiquiers sont des marchands tenant boutique, tous les marchands tenant boutique ne sont pas des boutiquiers. » Cette proposition posée franchement et clairement formulée, nous entrons en matière.

Le parfait boutiquier, véritable eunuque de l'industrie, ne produit pas et consomme le moins possible. De son autorité privée il se pose en obstacle entre le fabricant et l'acheteur, et, spéculant sur son inutilité industrielle, il oblige l'un à vendre ses produits à bas prix, en même temps qu'il contraint l'autre à les payer au dessus de leur véritable valeur. De ce double impôt, non consenti par les lois, que le boutiquier lève à la fois et sur la main d'œuvre et sur la consommation, cet honnête frelon du commerce se compose, jour à jour et pièce à pièce, ce qu'il nomme ingénument une petite balle pour rouler dans l'avenir.

L'avenir du boutiquier le moins ambitieux de bien-être, c'est, nous le savons, une petite maison aux environs de Paris, avec jardin d'au moins six pieds carrés et une légère carriole d'osier pour promener sa famille le dimanche, ou pour se rendre plus commodément au collége électoral quand il y a un député à élire dans son arrondissement.

L'espèce native du boutiquier ne se rencontre plus guère que par hasard dans quelques vieux quartiers de Paris; encore ses rejetons se perdent-ils de jour en jour. Elle se résume à présent en une famille de pauvres plantes étiolées qui végètent à l'ombre, et dont l'heureuse sémination va croître et fleurir dans les écoles de droit et de médecine, dans les ateliers de l'artiste, dans les rangs de l'armée, ou sur les vaisseaux du commerce et de l'état; partout enfin où elle peut porter des noms plus nobles et des fruits meilleurs.

Le boutiquier ne vient donc plus à Paris que par bouture ou au moyen de la greffe. C'est tantôt un provincial qui, désireux de faire valoir un mince héritage, se transplante de sa petite ville dans la grande pour tenir comptoir; c'est quelquefois aussi un commis marchand, vieilli dans les magasins de Lyon, de Grenoble ou de Marseille, qui vient dans la capitale continuer *sa partie* pour son propre compte, ou succéder à un beau-père retiré du petit commerce. Le boutiquier est souvent encore un ancien domestique avantagé dans le testament de son maître; par son alliance avec la cuisinière, le vieux laquais double ses capitaux, ouvre boutique, et se sent tout fier de ne plus être que sous la dépendance de chaque passant qui vient le troubler dans ses repas où l'arracher à ses affections de famille en lui criant : « Garçon, à la boutique! »

Je ne citerai qu'un trait de ce terrible esclavage du commerce de détail, que le boutiquier appelle l'art de faire une maison.

J'ai eu pour voisin un honnête mercier nommé Firmin, brave homme, ami dévoué, excellent mari et tendre père surtout; mais marchand inexorable. Son fils, bon et studieux élève en droit de dix-huit ans, se mourait d'une maladie de poitrine; l'âge et les qualités aimables de cette jeune victime inspiraient le plus vif intérêt à tout le voisinage; aussi étions-nous réunis en grand nombre autour du lit de douleur que M. Firmin avait fait placer dans son arrière-boutique. En vain cherchions-nous à rassurer le mercier éploré, son fils touchait à ses derniers momens ; le pauvre enfant se sentait mourir, et nous disait les progrès du mal avec une résignation qui nous arrachait des larmes, à nous, étrangers ; jugez des sanglots d'un père ! Pour la femme du mercier nous ne dirons pas ses angoisses : le désespoir d'une mère ne se décrit pas.

M. Firmin, pâle, tremblant et penché vers son fils comme pour retenir le dernier souffle prêt à lui échapper, ne tenait compte d'aucune de nos prières pour l'éloigner de ce déplorable spectacle de la mort ; il ne voyait et n'entendait plus rien ; on eût dit qu'il n'attendait qu'un effort de la nature épuisée pour s'éteindre avec l'enfant de son amour. Mais voilà que la sonnette du magasin vient à retentir. Nul de nous n'a remarqué ce bruit. M. Firmin l'entend ; il relève la tête, se débarrasse des bras du mourant qui s'enlaçaient autour de son cou.

— Allons donc, monsieur Firmin, crie-t-on dans la boutique. Ce père au désespoir, et à qui les sanglots avaient ôté la voix, répond aussitôt : On y va ! et il passe dans son comptoir, et il ne perd pas patience à défaire et à replacer dans leurs cases les cartons où sont rangés le fil et le ruban. Il trouve assez de calme dans son esprit pour assortir les couleurs; et ce n'est, enfin, que lorsqu'il voit l'acheteur hésiter encore entre deux écheveaux de fil d'une nuance à peu près semblable, qu'il ose dire du ton de la prière : «— Décidez vous..., j'ai affaire dans l'arrière-boutique: mon fils se meurt. » Le jeune malade n'avait pas attendu son retour pour mourir.

Le mercier perdit le dernier baiser de son fils; mais il gagna sans doute une pratique; car l'acheteur lui répondit : «— Oui, je reviendrai! » quand M. Firmin, en le quittant, le salua par cette phrase banale : voilà mon adresse; quand il vous faudra autre chose. Et c'était un bon père, avons-nous dit! — Oui; mais avant tout c'était un admirable boutiquier !

Si vous voulez retrouver ce qu'il nous reste du boutiquier natif, portez les yeux au dessus de l'étalage du passementier, du bonnetier et même de l'épicier, ce type parfait de l'espèce; partout où vous verrez soit une *bonne foi*, représentée par deux mains qui se tiennent à doigts serrés; soit un *bon pasteur* en robe bleue, courbé sous le fardeau d'une soi-disant brebis qu'il porte.... chez le boucher peut-être; partout où la *providence*, avec une face rubiconde et toujours vêtue de la robe bleue, costume mystique sous lequel il a plu à Dieu de se révéler aux barbouilleurs d'enseignes;

partout où cette providence avec des bâtons rouges étendus en guise de bras, sur d'autres bâtons jaunes qui figurent un champ de blé, s'offrira à vos regards; interrogez le vitrage du magasin, et si, derrière le comptoir de chêne ciré, vous apercevez un petit monsieur les mains croisées et gravement occupé à faire tourner ses pouces l'un sur l'autre, examinez-le bien; car c'est là le vrai boutiquier, le boutiquier originel, posé, réfléchi. — Il pense, dites-vous; — écoutez mieux : il ronfle ! Dès que l'heure de la vente est passée le boutiquier ne pense plus; toutes les facultés de son esprit sont en repos, la locomotion est suspendue chez lui, les plus importantes opérations de son individu se réduisent aux paisibles fonctions d'une digestion facile.

Le boutiquier-souche, celui dont nous venons de parler, n'existant plus à peu près que pour mémoire, nous passerons rapidement sur cette vieille ruine du commerce ancien, qui n'a résisté aux orages de deux révolutions que pour crouler bientôt sur un souffle favorable du nouveau commerce. Nous n'essaierons pas non plus d'entamer sa solide réputation de probité; les dents de la muse comique qui s'aiguisèrent à plaisir sur l'écritoire du procureur ont cru devoir respecter le livre de caisse du marchand. Mon parrain, jadis syndic juré de la corporation des drapiers et l'un des quatre échevins de la prevôté de Paris, prétend que ce ne fut pas par indulgence que notre vieille Thalie se montra si réservée envers la gent boutiquière, mais bien parce qu'il n'y avait point à mordre sur elle. A cette belle défense de l'estimable drapier syndic et juré, nous répliquerons qu'au temps passé les clercs de procureurs étaient trop maigrement rétribués pour pouvoir se tenir au courant des choses du théâtre, et que les poëtes, certains de ne jamais les voir en force dans la salle, frappaient sans crainte sur les absens, tandis que les courtauds de boutique encombraient les parterres et tenaient en leurs mains le grand argument du sifflet pour répondre aux attaques des comédiens. Où mon vieux parrain ne veut voir qu'un hommage rendu à la dignité de sa profession, nous persistons à reconnaître une question de prudence et d'intérêt personnel. Que l'on juge entre nous, et commençons l'étude physiologique du boutiquier au XIXe siècle.

« Pour faire un civet de lièvre, dit judicieusement le Cuisinier royal, il faut d'abord avoir un lièvre. » Nous dirons, avec non moins de raison, que pour être boutiquier, il faut d'abord ouvrir boutique. Le boutiquier qui se contente du rôle secondaire de successeur est délivré de ces grandes combinaisons de l'esprit touchant le choix d'un quartier et l'invention d'une enseigne; mais l'expérience du passé ayant appris aux nouveaux venus à se défier de la solidité des fonds de commerce bien achalandés qui se vendent dans les bureaux d'agence ou par la voie des Petites-Affiches, le boutiquier prudent préfère à ces offres d'achalandage tout fait la tâche plus difficile de *commencer une maison*; d'ailleurs, le titre de fondateur aiguise son amour-propre, et, dans ce temps où chacun tend à s'individualiser, le boutiquier lui-même ne veut être la suite de personne.

Aux dandys du commerce les beaux quartiers, les larges rues, les lignes droites des boulevarts adoptés par la mode, à eux aussi les comptoirs en bois précieux, les arabesques légères, les tapis éclatans, les glaces de haute lice, tout ce luxe enfin qui a fait dire à un homme d'esprit, que le piéton émerveillé, mais craintif,

> De peur de gâter la boutique,
> S'en va porter autre part son argent.

Aux plus habiles nos rues populeuses; nos places des halles et des marchés, où la consommation, divisée en chiffres plus petits, se totalise le soir en une grosse et solide addition. Dans cet immense

Paris qui a des coins pour toutes les ambitions, chacun choisit le sien. Voilà donc notre boutiquier casé; il n'a plus qu'à solliciter son imagination pour trouver une enseigne; car il sait qu'elle est la première condition du marchand qui veut fixer sur lui l'attention du public. Comme l'invention n'est pas la qualité distinctive de l'esprit boutiquier, souvent il advient qu'après de longues discussions avec lui-même, après bien des rêves durant le jour, bien des nuits d'insomnie, le futur boutiquier, fatigué de méditations laborieuses; perdu dans un chaos de bras d'or, de gerbes d'argent, de saintes images et de mille autres admirables sujets, propres à peindre sur planche de sapin, à sculpter ou à découper sur bois blanc; il advient, disons-nous, que le boutiquier, las d'errer entre toutes ces enseignes qui tourbillonnent devant ses yeux, prend une forte résolution, et quand son peintre-vitrier vient lui demander le résultat de ses profondes combinaisons, il répond gravement : « A bon vin point d'enseigne; je n'en mettrai pas sur ma porte. » Cette importante question résolue ainsi, le génie du boutiquier se rendort pour ne plus se réveiller qu'au moment le plus difficile de sa vie commerciale, l'époque du changement de domicile.

Le jour de l'installation est arrivé : tout ce que

le boutiquier a de tendre sollicitude dans l'âme, il le reporte sur son étalage ; là est tout son amour, toute sa joie ; parens, amis ne sont plus rien pour lui ce jour-là ; il ne voit plus que des pratiques ! heureux celui qui peut en voir beaucoup ! Le voilà trônant dans son comptoir, repolissant ses balances encore vierges, ou promenant ses doigts sur toute la longueur de sa demi-aune et mesurant en espérance tout ce qu'il y a de mesurable dans son magasin. Combien de fois il a rouvert sa montre vitrée pour ajouter un nouveau degré de perfection à la symétrie de l'étalage ! comme il suit des yeux chaque passant qui s'arrête ! comme son cœur bat avec force quand il voit celui-ci avancer d'un pas hardi vers le bouton de cuivre si prompt à tourner dans la main ! mais le passant se ravise, il s'éloigne, disparaît, et de nouveaux venus, en faisant halte devant les vitres de la boutique, rendent l'impatient boutiquier à la tourmente de ses émotions de bonheur et de désappointement.

Je n'invente pas, je ne fais que rapporter ce que je tiens d'un orfévre sergent de ma compagnie. « C'était, me disait-il, le premier jour de mon établissement ; j'étais au comptoir, espérant *mon étrenne*; déjà bien des visages étaient venus se coller à la devanture du magasin ; mais pas un particulier n'avait jugé à propos d'en franchir le seuil; les heures se passaient, et pas un trait de plume n'altérait encore la première page blanche de mon livre de vente; enfin, las d'espérer, je cède aux sollicitations de ma femme, qui m'appelait pour déjeuner; mais, désireux de vendre moi-même le premier article, j'ordonne à mon commis de m'appeler dès que quelqu'un fera mine de vouloir entrer dans la boutique. A peine étais-je à table que voilà Joseph qui s'écrie: — Monsieur, au comptoir! Un tremblement de joie me saisit; je jette ma serviette d'un côté, je renverse ma chaise de l'autre, et me voilà à mon poste prêt à recevoir ce premier chaland si vivement désiré. Je m'arrange pour lui le plus aimable sourire; j'avance même avec empressement pour mieux savoir ce qu'il désire; Joseph, suivant mes ordres, a préparé un siége. Il entre et me demande, quoi?.. la monnaie de cinq francs !.. Savez-vous, monsieur, me dit mon sergent, que c'était à tuer sur la place celui qui venait de tromper tant d'espérances si laborieusement amassées? J'ignore ce que je lui répondis; mais j'ai tout lieu de croire que ma réplique ne fut guère de son goût, puisqu'en sortant il me jeta ces paroles : Je ne vous fais pas d'offense, moi!.. Si c'est comme cela que vous croyez attirer la pratique, vous vous trompez fort; en tout cas vous n'aurez pas la mienne!

» L'excès du malheur pousse singulièrement à la superstition, je m'imaginai pendant quelques heures que mon demandeur de monnaie m'avait jeté un sort; vous allez juger si je ne devais pas avoir cette croyance, d'abord la désillusion m'avait ôté tout à coup l'appétit, et puis j'arrive à mon second désappointement.

» J'attendais toujours ma première vente, et la journée commençait à s'avancer; enfin, une voiture s'arrête à ma porte; cette fois je ne me trompe pas, c'est bien un acheteur; on ne descend pas de fiacre devant une boutique seulement pour demander de la monnaie au marchand. Je vois que l'étranger se dispose à entrer chez moi, alors j'appelle ma femme, je commande à Joseph de se tenir droit et prêt à servir, je me refais un sourire gracieux, et je me précipite vers la porte; le particulier tourne lui-même le bouton avec empressement, et au moment où je m'avance en le saluant d'une façon tout aimable, il m'ouvre ses bras, me presse avec la plus vive affection contre son cœur, et je reconnais Henri, mon frère, que je n'avais pas revu depuis huit ans, et qui pleurait presque de joie en se retrouvant auprès de moi.

» Son retour m'a fait plaisir, sans doute; mais

je sens que je l'aurais mieux aimé la veille ou le lendemain de mon établissement; ce jour-là, je l'avoue, je pris son apparition pour un effet de la persécution du sort, et je l'accueillis avec bien moins de satisfaction que je n'en éprouvai lorsqu'un inconnu, passant le seuil de ma boutique, me fournit l'occasion d'inscrire un premier article sur le journal de ma maison de commerce.. »

Après cette journée d'intronisation, le boutiquier retrouve sans doute toutes ses affections de famille; mais, quoi qu'il fasse, elles sont émoussées par l'intérêt de la boutique, et tout ce qu'on peut exiger de lui, c'est qu'il se partage, à ses momens perdus, entre *le doit* à femme et enfans, et *l'avoir* des bénéfices de la vente.

Le boutiquer, considéré comme époux, comme père, comme frère et comme ami, a toute la nullité d'un honnête homme ordinaire, sauf la médisance que ses relations plus étendues lui permettent d'exploiter plus avantageusement aussi; peut-être même y a-t-il dévouement et patriotisme dans son cœur, mais au fond, si bien au fond qu'il n'en jaillit pas une étincelle au dehors; le soin de ses affaires lui laisse à peine le loisir d'être parent, à plus forte raison n'a-t-il pas le temps de se montrer citoyen. Nous croyons devoir rappeler ici la proposition que nous avons posée plus haut : « Si tous les boutiquiers sont des marchands tenant boutique, tous les marchands tenant boutique ne sont pas des boutiquiers. »

La politique du boutiquier se résume dans ces mots :

« Tout ce qui est est bien ; le mieux est le rêve d'un séditieux; tout changement est un crime. »

Il n'a fait grâce à la révolution de juillet qu'en faveur du 9 août; car avant tout il faut un roi au boutiquier, comme il lui fallut un directoire, puis trois consuls, puis un seul, puis un empereur, puis un roi légitime; enfin tout ce qui fût. C'est le boutiquier qui a dit le premier : « Que m'importe celui qui règne pourvu que mon commerce aille toujours ? » Le boutiquier s'était si bien accommodé de la charte de Louis XVIII, qu'elle est encore dans le tiroir de son secrétaire avec l'ordonnance de 1830 sur le rétablissement de la garde nationale; il attend pour se familiariser avec la loi nouvelle qu'il ait eu le temps de lire l'ancienne; car le boutiquier n'est pas grand liseur. Il a fait à coups de fusil sa profession de foi contre les révolutions dans les journées de juin : il ne connaît pas d'autres ennemis de la France que les émeutiers; car ceux-ci l'ont obligé à plusieurs fois de fermer sa boutique; il leur préfère de beaucoup les étrangers; on a tant gagné avec eux en

1814 ! Si le boutiquier est tout prêt à s'armer pour repousser l'émeute, il ouvrirait volontiers les portes à une troisième invasion de cosaques; tant l'intérêt de la boutique est au dessus d'une vaine gloire nationale !

Nous avons dit que le boutiquier ne s'adonnait pas fort à la lecture, cependant il ne faudrait pas conclure de là qu'il est tout-à-fait étranger aux beautés de notre littérature; s'il ne s'est point encore prononcé ouvertement dans la grande question du classique et du romantique, c'est faute d'avoir sous les yeux assez de preuves à l'appui de cet important procès. Pour se faire une opinion bien arrêtée sur nos débats littéraires, il faudrait que les preuves justificatives lui arrivassent moins décousues; mais la bibliothèque du boutiquier ne se compose guère que de ses rames de papier d'enveloppe, c'est-à-dire de fragmens isolés et sans suite; aussi en résulte-t-il un grand désordre dans ses idées, quand il peut en avoir. Il aurait déjà pris parti pour l'une ou pour l'autre école, si l'on pouvait juger de la littérature comme on juge du sucre, de la toile ou du ruban : sur échantillons.

Le boutiquier est sans cesse en contact avec l'autorité municipale, pour le balayage et les empiëtemens de sa montre sur la voie publique;

mais tout petit qu'il se fasse devant les supériorités de la police, il ose cependant avoir une volonté ferme lorsque ses intérêts lui paraissent lésés; c'est le plus intrépide pétitionneur contre l'alignement des rues ou pour l'achèvement du pavage; il poursuit de ses dénonciations le marchand ambulant et le simple étalagiste; il parle même de refus d'impôt si la circulation n'est pas interdite à ces autres charançons du commerce qui le ruinent, lui dont le dévouement pour l'état va jusqu'à monter sa garde et à payer exactement sa patente. Comme Louis XV, il répondra froidement au commerçant à boutique roulante qui réclame le droit de vivre en traînant sa charrette : « Je n'en vois pas la nécessité ». Mais si le boutiquier tient peu à l'agrandissement des rues, cependant il ne méprise pas l'invention des trottoirs. Les voitures peuvent se heurter et se briser l'une contre l'autre, les vitres de son étalage sont à l'abri; et puis la foule, en refluant sur les côtés de la rue, remarque mieux son magasin, l'on peut s'arrêter, plus long-temps à sa porte sans risquer d'être écrasé, et il ne faut quelquefois qu'un coup d'œil de plus sur les marchandises en évidence, pour faire un acheteur d'un passant qui tout à l'heure était sans projets d'emplette.

Ce n'est point au boutiquier qu'il faut s'adresser pour avoir une idée des curiosités de la capitale. Fidèle à son comptoir, il ne connaît dans Paris que ce que l'on peut voir le dimanche, après quatre heures. Il n'a point encore lié connaissance avec la girafe, et ne sait de la Bibliothèque royale que son mur lézardé, sa grande porte noire de la rue et sa guérite vermoulue.

Bien que par nature et par devoir le boutiquier soit essentiellement stationnaire, il n'a pas pu cependant résister plus que les autres aux révolutions du beau langage, et peu à peu il s'est fait un dictionnaire qui relève encore à ses yeux l'importance de son utile profession. Nous allons en donner quelques fragmens.

Le boutiquier ne dit plus : Ma boutique, il dit : Mon magasin. — Il ne parle plus de ses pratiques, mais bien de sa clientelle. — Il n'a plus de garçons pour servir, ce sont des commis. — Il ne vend pas de telle ou telle marchandise, il tient tels et tels articles. — Il ne s'intitule plus marchand mercier; c'est aujourd'hui un commerçant en merceries; épicier, il se dit négociant.—Autrefois il comptait sa recette, maintenant il fait sa caisse. — Ce n'est plus un mémoire qu'il donne à ses pratiques, c'est une facture. — Il disait au temps passé : J'écris ma vente du jour, il dit aujourd'hui : Je tiens mes écritures. Encore quelques jours, le premier garçon s'appellera sous-chef, et le comptoir, bureau.

Pour faire connaître enfin toute notre pensée sur le boutiquier, nous ajouterons que celui qui ne peut être que cela n'est rien, et que c'est de lui surtout que l'on peut dire que son existence est inutile à la société et nuisible au commerce; qu'est-ce en effet qu'un individu dont toute l'industrie se borne à affaiblir la qualité des marchandises ou à tromper sur leur poids et sur la quantité pour en tirer un bénéfice? Mieux vaut encore l'humble marchand ambulant; au moins celui-ci épargne des courses à l'acheteur et lui vend à bas prix; mais le crieur des rues est l'ilote du commerce; à lui les fatigues et l'injure du temps, à lui le mépris du boutiquier surtout; car il ne mettra jamais sur le contrat de mariage de ses enfans : Guillaume ou Marcel, capitaine de la garde nationale et chevalier de la Légion-d'Honneur.

Michel MASSON.

LA SALPÊTRIÈRE.

ALIÉNATION MENTALE.

L'homme qui pense, a dit Jean-Jacques, est un animal dépravé. Que dirons-nous de l'homme dont la raison éteinte est désormais impuissante à lier et coordonner entre elles, les innombrables idées qui s'échappent d'un cerveau malade? C'est seulement alors qu'il se dépraye ou plutôt que sa dégradation commence, et c'est un triste et douloureux spectacle que de voir ainsi la vie organique survivre à la vie morale.

En effet, sans parler encore des singulières aberrations de l'esprit et des merveilleux désordres de l'intelligence, si nous comparons les termes extrêmes de la pensée humaine, que nous la prenions dans sa plus grande puissance et son plus parfait développement, puis dans son état de détresse et d'abjection; si nous mettons en un mot le génie de Voltaire, de Bonaparte ou de Newton, en regard du crâne étroit et déprimé de l'idiot où quelques idées brutes germent à peine, où quelques volontés instinctives se manifestent avec effort, nous demeurons surpris et révoltés pour ainsi dire d'arriver à ce résultat, que des êtres éternellement séparés de l'univers intelligent vivent pourtant sous ce même nom d'hommes et appartiennent à la même espèce. Ainsi le veut la rigueur de nos classifications, ainsi le veut encore la loi sociale.

Eh bien! cette échelle de la pensée, dont vous connaissez le sommet et le dernier échelon, vous offre des degrés intermédiaires qui tous sont occupés, et nul n'en saurait dire le nombre. Le commerce et l'industrie, les sciences et les arts, la politique et la législation viennent chaque jour constater l'exercice brillant et régulier de nos facultés ; de même, hélas ! que les formes infinies de l'aliénation mentale, déposeront à leur tour de la fragilité de cette raison qu'on nous donne avec tant de confiance comme un rayon de la lumière divine.

Idiotisme, imbécillité, démence, délire aigu, transports furieux, mélancolie religieuse, monomanie suicide, homicide, etc., tous ces états de l'intellect si variés, si multipliés et qui le plus souvent traduisent une altération du cerveau, sont pour le philosophe et le médecin une source inépuisable d'émotions pénibles et de méditations profondes.

Rechercher par exemple et déterminer les causes morales de la folie, n'est-ce pas entreprendre l'histoire des passions humaines, mettre à nu les misères et les douleurs du pauvre, dévoiler les excès et les ennuis du riche?

C'est dire aussi l'influence de l'éducation, des mœurs publiques, des institutions politiques et religieuses; c'est faire enfin la complète analyse et l'amère censure de nos lois imparfaites et de nos gouvernemens corrupteurs.

Mais laissons le moraliste discourir ainsi, et se répandre en paroles graves et plaintives sur les tristes réalités de la vie.

Et de même les causes physiques, aux hommes de l'art le soin de les apprécier et d'en préciser l'importance. Qu'ils tiennent compte à loisir des imperfections d'organes, des arrêts de développement, de l'âge, des sexes, des saisons et de l'hérédité surtout, de toutes les causes prédisposantes la plus invincible et la plus fréquente. Pour nous, renfermé dans d'étroites limites, nous garderons sur ces hautes questions un silence prudent, heureux de n'avoir à raconter que nos impressions, mais inquiet pourtant de saisir un fil conducteur dans ce labyrinthe où les idées et les mots, prodigués au hasard, se croisent, se heurtent et hurlent d'effroi de se trouver accouplés ensemble; véritable confusion des langues et saturnales de la raison.

Suivez-nous donc maintenant au boulevart de l'Hôpital; car c'est là qu'existe, à l'insu peut-être de nos lecteurs oisifs, un vaste hospice, une ville disons mieux, ville de vieilles femmes et de folles. Asile pour les unes, éternelle réclusion pour les infortunées dont la démence a brisé sans retour cette chaîne morale qui les liait au monde. Près de six mille âmes s'agitent dans cette grande enceinte. Voyez tous ces bâtimens parallèles, ces cours et ces jardins immenses. La vieillesse infirme et grondeuse attend ici son heure suprême. Quoi de plus vulgaire après tout ? Vivre et mourir obscur c'est votre histoire et la mienne. Passons donc, laissons derrière nous cette population décrépite et que la tombe va recevoir; arrivons à la dernière limite de la Salpétrière. Une inscription frappe encore vos regards, et vous lisez : *Section des aliénées.*

Là commence en effet le domaine de la folie, insaisissable Protée, qui laisse partout ici sa fatale et cruelle empreinte. Enlevées aux joies comme aux douleurs de la vie sociale, quinze cents femmes vous présentent les stigmates trop souvent indélébiles de l'aliénation dont elles épuisent toutes les formes et subissent toutes les métamorphoses. Quelques unes, il est vrai, rendues par le repos et l'isolement à la réflexion, retrouveront un jour cette conscience d'elles-mêmes, caractère distinctif de l'humanité, et leurs idées tumultueuses et confuses, leurs actes violens et désordonnés, seront de nouveau soumis à l'empire de leur volonté renaissante. Mais les autres, quel sera leur sort ? Et qui nous dira le dénoûment de ces drames solitaires où le malheur est nu, sans prestige et sans gloire?... Voici l'homme que ses lumières appellent à soulager tant d'infortunes, c'est le médecin; ses élèves l'entourent et nous pénétrons avec eux dans les dortoirs où reposent toutes les aliénées que l'on peut sans danger laisser vivre ensemble.

Pauvres femmes! cet air doux et timide, ce maintien si calme et si résigné, n'attestent pourtant au premier abord que les souffrances de la misère, ou que ces maladies auxquelles nous devons tous un tribut. Qu'on les interroge avec bienveillance, avec réserve, et la justesse de leurs réponses ajoute encore à votre incertitude. Revenez demain toutefois, un autre jour, ou plutôt demeurez, car c'est au moment le plus imprévu qu'on les voit se trahir. Une cause qui parfois nous échappe, le bruit du tonnerre, l'agitation d'une malade, un changement subit dans l'atmosphère peut-être, ou je ne sais quel vent qui vient à souffler sur elles, soulève en un instant une véritable tempête. La scène change alors, l'orage éclate et tous ces délires se prononcent. Libre à vous maintenant de passer en revue les puissances de la terre. Triste et bouffonne parodie des folies du monde, ce ne sont plus que duchesses, princesses, reines, impératrices, qui s'avancent majestueusement en guenilles ou grotesquement affublées. Écoutez-les, elles possèdent des millions, des châteaux, des royaumes, et toutes vous protestent que leur séjour ici va laisser leurs intérêts en souffrance et mettre leur fortune en péril.

De quel droit d'ailleurs dispose-t-on de leur liberté? On ne doit enfermer que les folles, et jamais, Dieu merci! leur raison n'a souffert la plus légère atteinte. Citerons-nous pour exemple cette princesse royale, fiancée sexagénaire de Louis XVII, qui tous les jours vous conjure de passer à la banque toucher six millions dont elle a le plus pressant besoin? La délivrance de son époux est à ce prix; car le dauphin n'est pas mort comme le croit le vulgaire. Ce prince infortuné languit à Rouen dans une obscure prison, et c'est son oncle Louis XVIII qui lui sert de geôlier. Et puis ces trésors qu'elle réclame sont bien à elle; c'est la dot qu'elle reçut en mariage de son tuteur l'empereur Napoléon et de sa tante la duchesse de Parme, morte en état de grâce à la Salpêtrière.

Ainsi, dans leur délire, ces femmes ont brisé le masque trompeur sous lequel nous cachons nos passions et nos vices, et maintenant ils nous apparaissent repoussans de laideur et de nudité. L'orgueil qui nous obsède et l'ambition qui nous dévore se livrent incessamment en elles aux plus ridicules écarts. Ici, c'est la manie des grandeurs, la soif des honneurs et des richesses; là, l'orgueil humain s'exalte et grandit sous l'influence pervertie du sentiment religieux, et dans l'aberration de ses idées mystiques il escalade les cieux, détrône l'Éternel et se fait Dieu à son tour. Les dieux ont cours chez les fous. Telle se croit inspirée de l'Esprit-Saint et veut ramener l'univers à la vraie croyance; telle autre, possédée du démon, se dit en proie à tous les tourmens de l'enfer et gémit comme une âme en peine promise aux vengeances du ciel.

Voici Fontana la démonomane; mais à ce nom, n'allez pas vous représenter une de ces convulsionnaires farouches, qui sur la tombe du diacre Pâris venaient effrayer la foule imbécile et superstitieuse par leurs contorsions et leurs cris sauvages. Ce n'est pas non plus une de ces malheureuses atteintes d'épilepsie, ce *mal sacré* auquel l'ignorance et la barbarie d'un âge n'accordait que l'exorcisme et le bûcher. Silencieuse et recueillie, on la dirait absorbée par la présence du démon et comme plongée dans une muette extase. Cet ange déchu, cet esprit des ténèbres, c'est son ange gardien, son bon ange; car entre toutes il l'a voulu choisir pour l'associer à son immortalité. D'elle à lui, c'est un pacte éternel, et désormais les heures peuvent s'enfuir et les jours qui nous sont comptés s'écouler plus rapides encore; que lui importe? Pour elle seule, suivant l'expression du poète, le *temps dort immobile*. Ainsi réfugiée dans l'éternité, elle échappe aux vulgaires agitations de notre vie mortelle, indifférente au plaisir, cette chimère que nous poursuivons sans l'atteindre, insensible à la douleur, ce tyran qui nous tient tous enchaînés. Satisfaites vos doutes, contentez votre incrédulité, et dites-nous si ces profondes et douloureuses piqûres, si ces cruelles incisions que vous lui faites subir à l'improviste, ont su lui arracher le plus léger tressaillement et le plus faible soupir. Que si votre main incertaine et timide veut laisser l'épreuve incomplète, voyez-la, se jouant de votre inutile pitié, s'enfoncer ses ongles aigus dans la chair et les retirer sanglans. Et ce n'est pas en elle un continuel effort de la volonté, un rôle appris, étudié; c'est tout simplement que la sensibilité générale est entièrement abolie. Les sens sont-ils au moins devenus plus exquis, et cette sensibilité spéciale, plus étendue, plus active, lui rend-elle sous une autre forme les sensations qu'elle a perdues? Loin de là, le goût et l'odorat, par exemple, sont également morts à toute impression, et dès lors ces gaz dont l'odeur vous suffoque, ces substances dont la saveur âcre ou nauséabonde brûle le palais ou soulève le cœur, vont lui paraître insipides et inodores. Ne la plaignons pas cependant de cette existence presque douteuse, de cette vie fossile, puisqu'elle-même se complaît et s'admire dans ce néant qui sans doute à ses propres yeux lui révèle une nature supérieure à la nôtre.

A cet être bizarre qui nie la douleur et la mort, succède une autre femme dont la folie réside uniquement dans l'irrésistible empire d'un funeste penchant.

C'est une monomane incendiaire.

Et d'abord existe-t-il des monomanies? Cette question n'en est plus une aujourd'hui pour l'universalité des médecins qui se sont voués à l'étude des affections mentales. Tous reconnaissent des délires bornés à un seul objet et reposant exclusivement sur une idée fixe. Déjà même à l'occasion de quelques procès criminels, tels que ceux de Léger, Lecouffe, Henriette Cornier, Papavoine [1], la science a dû tenir la justice en garde contre l'application aveugle de ces lois inflexibles qui, méconnaissant dans le crime l'absence de la volonté, se croient toujours en droit de sévir contre un fait matériel. La loi qui s'arme ainsi du glaive ne peut-elle pas à son tour devenir homicide en frappant l'insensé, alors qu'elle voulait n'atteindre que le scélérat réfléchi? Il est, nous le savons, de ces monomanes redoutables, de ces

---

[1] Docteur Georget, *Examen médical des procès criminels de Léger, Feldtmann, Lecouffe, Papavoine*, etc.

fous atroces qui inspirent l'épouvante et l'horreur; mais ces malheureux appartiennent à Bicêtre, à Charenton; à la Salpêtrière, ils sont et doivent être justiciables du médecin et jamais du bourreau. Qu'il nous soit permis de le dire en passant, souvent le magistrat, que sa position condamne à n'étudier l'homme que sur les bancs de nos cours d'assises, se refuse à concevoir le crime comme le résultat fatal mais nécessaire d'une organisation imparfaite ou malade. L'accusé n'est jamais pour lui dépouillé de son libre arbitre, et le mal à ses yeux est toujours volontaire et prémédité; aussi, pour parler le langage du réquisitoire, soustraire un coupable à l'échafaud qui le réclame, sous un vain prétexte d'aliénation ou de monomanie, c'est accorder une prime d'encouragement aux forfaits, consacrer l'impunité du meurtre et laisser la société sans défense.

Un mot maintenant sur la monomane qui est devant vous.

Jeune encore, cette femme jusqu'à ce jour a vécu dans l'accomplissement de tous ses devoirs de mère et d'épouse, ainsi que dans les pratiques austères de la plus extrême dévotion. C'est au point que chaque nuit dans ses rêves elle assiste à des processions célestes, est en rapport avec les saints et se nourrit de leur parole sacrée. Il y a donc là contrepoids moral et religieux. Néanmoins l'ascendant de son aberration l'entraîne, et, poussée par une invincible fatalité, elle veut à plusieurs reprises incendier sa maison. Ces tentatives renouvelées l'ont conduite ici, et son repentir profond, ses pleurs, l'amertume de ses regrets, en appelant sur elle un intérêt réel, font présager une guérison prochaine. Puis un jour, trompant la surveillance déjà moins active de ses gardiennes, elle réunit tous ses vêtemens en un seul tas, et s'empresse de les livrer aux flammes. Comment dans cette idée fixe, plus forte que sa conscience toujours inquiète, plus puissante surtout que ses terreurs de la justice divine, ne pas reconnaître une monomanie ?

De tous les moyens que la médecine peut fournir au traitement des affections mentales, il n'en est pas de plus puissant que l'isolement, qui devient encore entre des mains habiles un utile moyen de répression. Lorsqu'une aliénée s'est rendue coupable d'un acte de violence, elle est aussitôt séquestrée, et bientôt calmée par la solitude et domptée par l'ennui ; elle sollicite humblement la faveur de reprendre au dortoir sa place accoutumée. On ne laisse donc au traitement, c'est-à-dire dans les loges, que les malades dont l'agitation constante ou les accès imprévus et fréquens troubleraient le repos de leurs compagnes, et compromettraient leur sûreté.

Là se trouvent ces terribles maniaques, qui puisent dans leur aveugle fureur une force indomptable, et quand par le seul effort de leurs mains elles ont pu mettre en pièces leur lit ou plutôt leur auge scellée dans la muraille, entourées alors de tous ces débris, elles aiment à se rouler sur la paille qui jonche leur cabanon, ou signalent leur joie farouche par des bonds effrayans, et des éclats de rire à donner le frisson.

Là, vous êtes assailli par ces femmes qu'un délire amoureux transforme en bacchantes éhontées, et pour qui la vie n'est plus qu'une longue alternative d'égarement érotique et d'apathie stupide. Prodigues de soupirs et d'avances, à la vue d'un homme, tout leur être frémit, leur regard étincelle, leur cœur bat avec violence, et ces paroles brûlantes et passionnées qui se pressent sur leurs lèvres ne sont encore que la pâle expression de leurs fougueux désirs.

Portée au plus haut degré, la nymphomanie entraîne d'irrémédiables désordres qu'il faut renoncer à peindre. Heureuses celles que la mort vient enfin arracher à cette déplorable lutte, à ces hideuses convulsions !

Il semble au moins que ces feux impurs doivent

s'amortir dans la vieillesse, et ne peuvent jamais trouver d'alimens dans un corps frêle et chétif. Toutefois, il n'en est pas ainsi, et cette affreuse petite vieille qui emprunte aux capricieuses déviations de sa colonne vertébrale une laideur si fantastique, se distingue entre toutes les autres par ses attitudes voluptueuses et le cynisme de ses provocations.

Reposez un instant vos regards sur la jeune fille innocente et pure qu'un premier rêve d'amour précipite dans la démence : naïve et crédule enfant, elle attendait le bonheur de l'objet aimé, et n'a rencontré que le malheur et l'abandon. Qu'ajouter à cette simple histoire de tout temps, hélas! si commune, et quelle maison d'aliénés n'a pas sa folle par amour?

Ici, c'est une femme qui, les pieds nus sur la dalle froide et humide, en chemise, les cheveux épars et le front incliné, adresse à l'Éternel de ferventes prières pour les morts de juillet. Sa douleur s'exhale en sanglots, en profonds soupirs, et d'autres fois ses souvenirs poétiques ou ses propres inspirations ajoutent à ses accens plaintifs une harmonie touchante. Son père est mort aliéné, et c'est dans un cabanon qu'elle recueille son funeste héritage.

Près d'elle, nous avions dernièrement un nouvel exemple de l'influence de l'hérédité, transmise ici par le grand-père; car on sait qu'il peut arriver que cette inconcevable disposition, que ce germe inconnu sommeille durant une génération pour se reproduire dans la génération suivante. La loge est vide aujourd'hui, mais hier encore elle était là.... sur la civière, enveloppée de son linceul.

Bonne fille en vérité ! de vie joyeuse et qui volontiers se laissait prier d'amour. Sans cause connue, elle se met un jour à courir par les rues, déclame dans les carrefours, est arrêtée par la police et conduite à la Salpêtrière. Loquacité continuelle, elle est sœur de Napoléon..., meurt le vendredi saint et ressuscite le dimanche... Possède Valenciennes et toute la Belgique... Des anges aux ailes d'or lui apportent les lettres de ses amans; elle les voit; elle leur parle..... Des caractères de sang sont gravés sur les murs, etc....

Mais bientôt ce délire aigu, ces hallucinations brillantes s'éteignent insensiblement dans la stupidité. A cet intarissable babil, à ce mouvement continuel succède un morne silence; elle reste couchée sur les dalles de sa loge, et meurt enfin dans le marasme à vingt ans.

Déjà bien des misères se sont dévoilées devant vous, et bien des infortunes ignorées du monde vous ont livré leurs secrètes et profondes douleurs; mais un espoir au moins vous soutient, c'est que la guérison est possible et que l'on parviendra peut-être à dompter ces folies aiguës, ces manies furieuses; car l'exaltation, même dans le délire, est toujours préférable à ces aliénations calmes et soutenues, exemptes de fureur, mais aussi d'intervalles lucides.

Pour les malades (et le nombre en est grand), contre lesquels ont échoué déjà toutes les ressources de l'art, sont réservées d'autres loges et des cours grillées. C'est ici que le cœur se serre et que la pensée recule épouvantée. Vous diriez une volière d'oiseaux sauvages aux cris rauques et confus, et les grilles vous ont à peine livré passage, que cette troupe discordante vient s'abattre et croasser autour de vous. Plaintive et suppliante, celle-ci vous poursuit de ses prières et de ses gémissemens; celle-là, agitée, furieuse, vous interpelle d'un ton véhément et pathétique; ses gestes sont expressifs et fréquens, ses paroles brusques et rapides, vous êtes son mauvais génie, son persécuteur, et, parfois menaçante, elle s'apprête à punir en vous l'artisan de tous ses malheurs : mais vous, tranquillement armé de votre tabatière, vous demeurez impassible; car vous savez que le sang-froid déconcerte leur fureur et qu'une prise de tabac offerte à propos calme bien des transports (le tabac est une passion chez les fous). Souvent ainsi une haine implacable se change en tendresse importune, vous devenez aussitôt l'ami de leur choix, le confident de leurs peines et le facteur obligé de toutes les lettres clandestines qui doivent révéler au monde les noirs complots de leurs ennemis.

Bien loin qu'on puisse toujours considérer la folie comme l'exagération morbide de nos facultés ou des penchans qui nous dominent, il est souvent impossible d'établir la moindre corrélation entre le délire qu'on observe et la vie précédente de l'aliéné. Pour quelques uns surtout vous pouvez avancer sans crainte que les aberrations de l'esprit sont en désaccord formel avec les goûts, les besoins, les pensées même qu'ils devaient avoir, et l'on dirait plutôt que le cerveau ainsi jeté hors des voies normales, saisit au hasard une idée, s'en empare et s'y attache opiniâtrement.

Par quelle étrange succession d'événemens ou de pensées, par exemple, cette vieille insensée qui s'avance vers vous un pied chaussé et l'autre nu a-t-elle été conduite à se croire le général Lefèvre, et cette autre, Talma, qu'elle pense imiter en se drapant fièrement avec son vêtement nécessaire ?

L'histoire de nos discordes civiles nous offrirait

au besoin un nouvel exemple plus irrécusable encore.

Ne sait-on pas que cette héroïne de l'amour conjugal à qui Louis XVIII refusa la vie de son époux, et qui par un dévouement sublime parvint à le soustraire au bourreau, éprouva, durant le cours de sa folie, cette brusque transformation de penchans et d'idées? De sorte que ce roi même qu'elle maudissait pour l'avoir vainement imploré, devint pour elle l'objet du culte le plus tendre et le plus passionné; jusqu'au jour où les soins du docteur Blanche, si noble et si dévoué dans la pratique de son art, rendirent au monde cette illustre victime.

Ce que l'on conçoit mieux, c'est cet égoïsme profond, universel, qui est en quelque sorte inséparable de l'aliénation mentale. Vivant sous l'empire exclusif d'un délire général ou partiel, l'aliéné n'a plus de relations sympathiques avec le monde qui l'entoure, et devant lui s'ouvre une série nouvelle d'actions et de volontés qui le placent en dehors de la vie commune.

« Dans une maison de fous, dit M. Esquirol, » les liens sociaux sont brisés, les amitiés cessent, » la confiance est détruite, les habitudes sont » changées, on agit sans bienséance, on obéit par » crainte, on hait sans haïr; chacun a ses idées,

» ses pensées, ses affections, son langage; chacun
» vit pour soi, l'égoïsme isole tout. Un pareil asile
» n'est pas exempt de crimes. On s'y livre au plus
» honteux libertinage; le fils y maudit son père,
» la mère égorge son enfant ; enfin on y vole, on y
» assassine. »

Chaque jour, en effet, des querelles violentes et des rixes ensanglantées confirment l'exactitude de ces paroles, et ce serait folie de demander à des fous une réciprocité de bons offices, un échange d'affection. Le résultat le plus favorable que l'on puisse attendre de leurs rapports mutuels, c'est la tolérance et l'oubli. Quelquefois une seule loge reçoit ici deux aliénées, et là, réunies par la même infortune, elles conservent cette personnalité égoïste et aveugle qui les rend complétement indifférentes à la présence d'un autre être. De là, naissent de singulières oppositions et de curieux contrastes.

Dans l'un de ces cabanons à deux folles, s'agitait violemment en son auge une aliénée vomissant des injures sur toutes les gammes, tandis que sa compagne s'était endormie du sommeil du juste, son chat entre les bras. De ce côté, règne une propreté recherchée, minutieuse; de naïves images, où l'amour le dispute à la dévotion, sont collées avec soin sur la muraille, et des oiseaux captifs, harmonieux, chantent gaîment au dessus de sa tête. Mais comme une ombre à ce riant tableau, l'autre moitié de ce double réduit n'offre plus que fureur, dévastation et litière infecte.

Une douloureuse conviction nous préoccupe en ce moment, c'est que la plupart de ces cabanons, sales, humides, insalubres au plus haut degré, ne supportent même pas la comparaison avec les loges où vivent renfermés les animaux du jardin des plantes. Presque nues, mal nourries, et n'ayant ainsi pour s'abriter que des chenils privés d'air et de lumière, comment ces malheureuses auraient-elles pu trouver grâce devant la terrible épidémie qui a passé sur nous? Aussi la mortalité fut grande parmi ces incurables, et le seul aspect de cette ménagerie humaine accuse la cruelle insouciance d'une époque trop près de nous encore, où les fous, mis en quelque sorte hors l'humanité, se voyaient sans défense livrés au despotisme ignoble et barbare de leurs gardiens impunis. Ces misérables constructions, disons-nous, remontent à la fin du siècle dernier, et les travaux que l'on vient d'entreprendre permettent d'espérer qu'elles auront successivement disparu dans un avenir prochain, ou que du moins elles auront subi d'importantes améliorations.

Quant au régime alimentaire et à tous les soins

que prescrit l'hygiène, on reconnaîtra volontiers que certaines aliénées s'y refusent absolument. Les unes ne se plaisent que sur leurs fumiers; les autres vont chercher leur nourriture dans le baquet aux cochons, et sans l'emploi de la camisole, il serait impossible de réprimer leurs appétits immondes.

Ce n'est pourtant là que l'exception, et sur votre passage, plus d'une voix plaintive, plus d'une main suppliante sollicite une faible aumône, moins pour ajouter à l'insuffisance des repas, que pour échapper à ces alimens grossièrement préparés, dont l'odeur seule à déjà provoqué le dégoût, et qui, presque toujours rebelles à l'assimilation, fournissent à peine quelques élémens réparateurs à des constitutions appauvries. Le moyen de rester insensible à la joie de ces folles qu'une pièce de monnaie peut rendre heureuses tout un jour! Il en est une surtout dont la pantomime grotesquement expressive excite à la fois le rire et la compassion; c'est Marguerite la fille de la maison, Marguerite, la muette et l'imbécile. Jamais elle n'a franchi la cour des incurables; berceau, patrie, univers, tout est là pour elle, et depuis soixante-six ans, elle y vieillit dans une longue enfance. Créature informe, inachevée, la musique seule a le pouvoir de réveiller en elle la vie cérébrale complétement assoupie. Comme le serin ou la perruche, elle est douée de la mémoire des sons, et ses grognemens sourds, inarticulés, vous rediront à l'instant avec une extrême justesse un air que vous aurez chanté. Quelquefois même il semble que cette faculté cesse d'être purement instinctive, et s'élève presqu'au sentiment réfléchi, à l'amour intelligent et passionné de l'harmonie.

Vers la fin de l'automne dernier, le jeune Listz, ce pianiste célèbre dont l'adolescence a tenu fidèlement les promesses de ses premières années (chose si rare dans un enfant-prodige), cédant aux instances d'un médecin de la Salpétrière, consentit un jour à l'accompagner, et se mit au piano chez le docteur Pariset. Marguerite était là, et comme toujours, stupide, indifférente, ouvrant automatiquement une main sollicite use, lorsque l'instrument, docile aux caprices de l'artiste, prit soudain une voix éclatante et sonore. Aussitôt un éclair d'intelligence vint animer cette grossière ébauche. Le cou tendu, l'œil ardent, elle écoutait, avide de ces sons inconnus, de ces accords nouveaux qui lui apportaient brusquement et sans transition les impressions les plus vives et les plus contraires. Aussi par momens, frémissante et convulsive, on eût dit un de ces animaux martyrs trop souvent inutiles de nos expériences physiques;

et chez qui les secousses réitérées de la pile galvanique déterminent même après la mort des contractions violentes et spasmodiques.

Nous arrivons enfin à la partie la plus stérile et la plus ingrate de ce triste tableau. De plus en plus la lumière se dégrade, et l'on peut à peine, à ses dernières clartés, tracer l'esquisse des formes confuses et mal arrêtées que nous présentent les habitans de ce déplorable séjour.

Les manies chroniques qui s'abîment dans la démence et la stupidité, après dix ans, vingt ans de traitement, de guérison et de rechutes, viennent s'ensevelir ici. Ici les démences séniles, les aliénations compliquées de paralysie, terminaison si fréquente chez les hommes; ici l'imbécillité native, ou l'idiotisme congénial et sa population hideuse.

En vérité, la langue devient infidèle, et l'expression ne traduit plus la pensée, quand on veut reproduire le degré d'abjection et d'abrutissement dans lequel les unes vivent dès leur naissance, et auquel les autres arrivent par une pente fatale à travers de longues années de lutte et de souffrance. Il faut les voir presque toutes deminues, la peau hâlée, tannée par le vent, le soleil, la pluie, et la plus horrible malpropreté, errer dans leurs cours ou se vautrer dans la fange à la manière des animaux immondes. Ces têtes que des ciseaux prévoyans ont dû priver de leur chevelure, vous n'en trouverez pas au bagne de plus abjectes ni de plus repoussantes, surtout avec cette profonde empreinte d'incurable stupidité qui saisit l'âme et la glace d'effroi. Le masque du crime sur la figure du forçat laisse au moins à l'esprit son ressort pour juger l'homme égaré ou coupable, le plaindre ou le maudire; car enfin, il y a dans le crime une pensée, de la passion, du mouvement, de la vie; mais ici, le néant vous accable, vous ne trouvez plus rien, c'est une mort intellectuelle, c'est un cimetière de vivans.

Que si l'on cherche à se rendre compte de cette effrayante dégradation, de cette annihilation de la pensée, combien la science est vaine et incomplète dans ses explications! Sans doute, il est des cas où la seule inspection du crâne révèle hautement une imperfection d'organe. Ce front fuyant et aplati suffit pour accuser l'absence de la raison, s'il est vrai que les facultés supérieures de l'intelligence résident dans les lobes antérieurs du cerveau. Il y a là atrophie cérébrale, arrêt de développement; mais vingt autres idiotes vous frapperont à la première vue par la capacité et la régulière conformation de leur boîte osseuse, et dès-lors où chercher la solution du problème?

On avouera du moins ce principe, c'est qu'avec un volume donné, sans lequel le cerveau ne saurait entrer en action, il faut en même temps, comme condition également nécessaire pour l'exercice de la pensée, l'intégrité parfaite de l'organe qui la produit, et l'on conçoit qu'il peut exister plusieurs causes d'erreurs dont il serait injuste de se prévaloir contre la phrénologie : savoir, l'épaisseur des os du crâne, leur densité anormale, l'accumulation d'un liquide, l'existence d'une tumeur, d'une exostose, etc., toutes circonstances natives ou accidentelles qui expliquent et justifient les fausses applications qu'on a pu faire de la doctrine de Gall.

Le croirait-on? parfois encore ces existences végétatives sont agitées par des phénomènes bizarres, dont la cause et le développement se dérobent à l'observation. A quelle mystérieuse influence, à quelle insaisissable modification des organes, demander le secret de ces métamorphoses? Six mois de l'année, cette idiote restera muette, immobile, accroupie; véritable borne qui ne perçoit même plus le choc du passant. Puis, renaissant au printemps et pendant l'été, un beau jour, une intarissable loquacité et des appétits vénériens, exprimés sans voile et sans mesure, annonceront la fin soudaine de cette immobilité cataleptique et de ce mutisme absolu. Une autre, plongée dans une noire mélancolie et qui n'opposait de même aux questions qu'un silence obstiné, éclate de rire en vous voyant aujourd'hui. Une troisième enfin, jeune fille qui, malgré sa débile intelligence, s'était toujours montrée gaie, douce, officieuse, est tombée tout à coup dans une léthargie profonde; et, depuis quinze mois, on n'a pu tirer d'elle une parole, un sourire, surprendre enfin la moindre trace d'émotion. La seule cause appréciable de ce changement subit remonte au jour où le docteur Pariset, alors chargé du service des idiotes, passa au traitement des aliénées curables. Elle s'était prise pour ce médecin d'une affection filiale; et cette brusque séparation éteignit ainsi les dernières lueurs de sa raison, en dévoilant son âme aimante.

Tant de puissance d'aimer dans une tête idiote!

De temps à autre, quelques vieilles maniaques apportent aussi le tribut de leurs hallucinations étranges, comme pour rompre la désolante uniformité de ce lugubre asile. En voici une qui ne veut plus se lever, parce que, dit-elle, on lui enlève ses jambes toutes les nuits, et qu'elle est lasse de courir après. Celle-ci vous soutient que, perpétuellement, des ennemis invisibles lui jettent des poudres malfaisantes dans les yeux, la bouche et les narines, et pour vous en convaincre, elle se plantera devant vous, les yeux ouverts, la bouche béante et les narines au vent. De même, à l'heure des repas, jamais elle ne manquera de courir à la fontaine, où par un large courant d'eau, elle s'efforce de purifier ses alimens de ces poudres maudites. Enfin, poussé par une compassion irréfléchie, si vous cherchez à soulager cette autre vieille, étendue sur son lit et tellement couverte de mouches, qu'on la prendrait pour un cadavre, vous ne recueillerez pour prix de vos soins que blasphèmes et imprécations; car vous aurez détruit son extase, et, sous la forme de misérables moucherons, vous aurez mis en fuite ses bons génies, esprits secourables qui viennent causer avec elle des choses de l'autre monde, et l'avertir en celui-ci des piéges et maléfices dont elle est incessamment entourée.

Atteinte d'une gangrène au pied, la partie sphacélée, c'est-à-dire entièrement frappée de mortification, dut nécessairement se séparer des parties vivantes, et voilà notre maniaque fort intriguée de savoir comment ce membre si nécessaire à la progression a pu l'abandonner ainsi. Eh bien! grâce à ces sylphes ailés, elle sut à n'en pas douter que l'interne de l'hôpital était le véritable auteur de ce larcin d'un nouveau genre, et tous les jours elle réclame de lui la restitution de ce malheureux pied.

Mais il est temps de s'arrêter ici; car aussi bien la lassitude vous gagne à passer en revue ce monde moral travesti. Assez pour vous de cette longue détresse de l'esprit humain; assez de ces organisations indigentes, riches seulement de difformités et de laideur.

Quelques mots encore et tout sera dit.

Au sein même de ce chaos où l'espèce est devenue méconnaissable, où les derniers attributs de l'humanité s'effacent et disparaissent sous la plus abjecte animalité, on aime à voir le génie de l'homme lutter avec constance, quoique sans espoir, contre une nature implacable et lui disputer une à une toutes ses victimes.

Pour elles, il ne faut plus rêver des jours lucides; car un sommeil de mort pèse à jamais sur leur intelligence; mais que du moins les secours de l'art, que les soins tutélaires de l'hygiène protégent leurs corps souffreteux et débiles. Que le médecin, providence du fou sur la terre, éloigne de lui ces maladies qui toujours l'assiégent, parce que toujours ses instincts dégradés, pervertis, appellent la douleur et les infirmités. Donnez au pauvre fou de l'air et de l'espace, faites-le vivre enfin dans un milieu où la vie soit possible.

Il n'y a pas bien long-temps qu'ici le scorbut se montrait endémique. Il avait pris droit de cité, et tous les ans, sur quatre ou cinq cents aliénés, la moitié s'en trouvait atteinte. Cela devait être ainsi. Les malignes influences d'un atelier souterrain, où l'on entassait ce peuple idiot pour en obtenir quelques travaux manuels, étaient là pour expliquer les fréquentes apparitions et l'intensité du fléau. L'atelier fut supprimé, et la maladie disparut.

C'est au docteur Falret qu'est dû ce précieux résultat et bien d'autres encore.

La haute portée médicale et philosophique de ce médecin, élève de M. Esquirol, et dès long-temps instruit par sa propre expérience, ne se renferme pas heureusement dans cette triste enceinte. Ses grandes vues d'améliorations et de progrès, qui exigeraient ici le concours de tant de volontés diverses et rencontreraient tant d'obstacles insurmontables, il a su, de concert avec son ami le docteur Voisin, leur donner une belle et noble application en créant le magnifique établissement de Vanvres.

Heureux qui, au sortir de Bicêtre et de la Salpêtrière, l'âme encore froissée, humiliée, a pu comme nous visiter cette terre promise des aliénés, où l'on trouve partout une nature parée et féconde, partout le calme, le bien-être et la liberté!

Albert DES ÉTANGS.

Voici le mouvement exact de la Salpétrière pendant l'année qui vient de s'écouler.

Entrées.	Sorties guéries.	Sorties non guéries.	Mortes.
702	225	247	259

A Paris, le nombre des femmes aliénées est incontestablement supérieur à celui des hommes. Il paraît qu'à Londres le contraire a lieu.

LA GAITÉ

ET

LES COMIQUES DE PARIS.

ARNAL. — BERNARD-LÉON. — BRUNET. — CHARLET. — DANTAN. DEBURAU. — GRANVILLE. — HENRI MONNIER. — LEGRAND. — BOUFFÉ. — LEPEINTRE. — MICHELOT. — MONROSE. — ODRY. PERLET. — PHILIPPE. — POTIER. — VERNET, etc.

MESDAMES DÉJAZET. — JENNY-COLON. — JENNY-VERTPRÉ, etc.

Ce que nos pères appelaient *la gaité française*, cette verve du gros rire, cette désopilation de la rate, si bonne, si saine, si heureuse, cette effervescence de la saillie de bon goût, ce délire de la joie un peu dévergondée; tout cela n'est plus connu de nous.

On ne rit plus guère en France; pourquoi? est-ce que le caractère national a changé? non; mais il est sous l'impression de circonstances qui le voilent ou l'altèrent. Il ne se fait jour que par hasard, et ses boutades sont courtes. Nous rougissons d'avoir ri, et nous moralisons tout de suite après, comme pour nous faire pardonner cette indécence de gaîté qui convient mal à un peuple dont la dignité veut qu'il soit grave..., à ce qu'on dit.

Le rire n'est plus chez nous qu'une grimace faite du bout des lèvres, une grimace de mauvais ton. Fi de la farce! fi de polichinelle! Oh! nous sommes très-raisonnables!... Aussi, comme nous sommes ennuyeux!

On nous amuse, ou plutôt on prétend nous amuser avec les douceurs du meurtre, les joies de l'adultère, les passe-temps du vice et du crime, les transports de la jalousie, et tous les frénétiques emportemens du drame immoral et sanglant qui a détrôné la tragédie et qui bientôt sera détrôné à son tour; car le temps de la réaction est venu.

Cette folie ne pouvait pas durer, folie impure et furieuse qui avait eu la prétention d'être réformatrice, et qui, du haut de sa chaire, où le drame montait par une double échelle, dont les deux pieds étaient appuyés, l'un à la porte d'un cimetière, l'autre à la porte d'un mauvais lieu, criait qu'elle venait abolir la licence du 18e siècle! Mon Dieu, je ne dis pas que le théâtre du 18e siècle fut moral; tant s'en faut. Certainement, il était fou aussi; mais, folie pour folie, j'aime mieux la plus gaie.

Quand on va au théâtre aujourd'hui, il faut se mettre en noir comme pour un enterrement; quand on en revient, il faut se décider à passer la nuit dans les étreintes d'un douloureux cauchemar.

Thomas Diafoirus offrant à mademoiselle Argan de la divertir à une dissection, était-il plus ridicule que la plupart de nos grands auteurs de drames qui nous invitent à l'analyse en cinq actes et en vingt tableaux de tout ce qu'il y a d'odieux et d'infect dans le cœur humain?

On a fait pour le théâtre, avec costumes, décorations, prose ou vers, ce que l'habile M. Dupont a fait pour les maladies, des pièces anatomiques, horribles à voir et si bien imitées que, fondues en cire, proprement coloriées, rangées sur des taffetas très-frais ou de beaux velours, elles révoltent l'odorat par les yeux.

Le drame moderne dit que la comédie du 17e et du 18e siècle avait manqué à la mission qu'elle s'était donnée de corriger les mœurs en riant; il a voulu les corriger, lui, en les peignant dans toute leur hideur, comme ce peintre qui, ayant représenté une scène d'amour charnel avec toutes les libertés d'Arétin, disait : « C'est pour faire honte aux prélats romains de leur luxure que j'ai peint ainsi un cardinal. » Et en effet son satyre avait sur la tête une barrette rouge.

M. Dupont a fait cela aussi; il a montré le corps humain infecté par les débauches; mais il n'a pas prétendu corriger ou même avertir des dangers de la dépravation; il ne s'est pas constitué moraliste en copiant des ulcères, en imitant des caries, en reproduisant avec fidélité toutes les dégradations que le mal a faites à l'organisme humain; il a voulu servir la science, et il l'a fait en artiste patient et dévoué. Son travail est aussi estimable que l'est peu celui de tant de dramaturges. Il ne démoralise pas, lui; il effraie les gens du monde qui ont la curiosité d'aller visiter son cabinet. Il effraie, parce qu'il montre les résultats; le drame démoralise, parce qu'il nous mène à ses dénoûmens en passant par des actes que M. Dupont cache soigneusement. M. Dupont, avec ses nudités, est pudique, comme l'art des anciens quand il représentait l'homme sans vêtemens; le drame, avec ses voiles à demi soulevés, ses alcoves aux rideaux entr'ouverts, ses jeunes femmes qui entrent toutes seules dans leurs chambres à coucher, mais qui y seront surprises tout à l'heure, parce qu'au moment où tombe la toile nous voyons des pieds d'homme se diriger de ce côté; le drame, dis-je, est impudique, comme cet art libertin que l'antiquité repoussait dans le boudoir de la courtisane, et qu'il condamnait à ne voir jamais le grand jour de la place publique.

Le drame moderne, malgré tout le talent qu'il a montré quelquefois, malgré les richesses de sa poésie et les grandeurs de son éloquence, malgré l'attrait de la réalité dont il s'est entouré, malgré ses prestiges de brillans accessoires, malgré tous les perfectionnemens matériels qu'il a apportés à l'art théâtral, le drame moderne nous a gâté le théâtre. Son génie, qui devait être salutaire, a été fatal. Il a prétendu à la gloire d'être plus vrai que le drame ancien; il a été plus réel, et voilà tout; c'est-à-dire qu'il a été plus matériel. Pauvre gloire artiste! Il n'a jamais été puissant et profond, noble et simple, passionné et élégant comme celui du vieux Corneille ou de Molière. Il a voulu être terrible, et il a eu beau enfler sa voix, il n'a pu l'être autant que celui de Crébillon. Il a cherché la gaîté, et il est resté bien loin de celle de Destouches, de Regnard et surtout de Beaumarchais; car ce qu'il sait le moins, c'est être gai et comique.

Le comique, il l'a perdu, pour un temps du moins. Il a façonné le peuple à des émotions de cour d'assises. Il a usé sa verve, sa chaleur, son esprit, sur d'indignes sujets qui ont jeté de noires impressions dans la société; il a attristé tout le monde, et c'est par impuissance autant que par calcul qu'il a fait cela. N'est pas comique qui veut! le comique est ce qu'il y a de plus difficile dans l'art de la scène, comme dans la peinture le calme et la lumière. Dans un tableau, comme dans une pièce de théâtre, avec du noir, beaucoup de noir, en opposition au blanc, avec de l'ombre vigoureuse que traverse un rayon de soleil, on produit aisément de l'effet; c'est ce que David appelait le coup de pistolet dans une cave. Mais produire de l'effet avec une tête candide de jeune femme, qui se détache en clair sur un ciel clair, avec une petite tracasserie d'amoureux entre une Marianne et un Valère, c'est là le difficile! C'est ce que Raphaël et Molière savaient faire; c'est ce que la peinture et le drame modernes n'ont guère tenté, parce qu'ils ont la conscience qu'ils n'y sauraient réussir. La gaîté du théâtre, telle que l'on faite nos auteurs de grandes pièces, pendant les douze années de 1821 à 1833, à presque toujours été forcée, grimaçante, outrée, chargée et fausse; quant au comique, lorsqu'il a été essayé, il a très-ordinairement avorté. Sans doute on citerait quelques exceptions; mais elles prouveraient la vérité de ce que j'avance, justement parce qu'elles seraient des exceptions.

Le comique doit reprendre ses droits un jour, et ce jour, j'espère, n'est pas éloigné. L'art et la société ne peuvent pas rester au point où nous les voyons. On reviendra à la comédie, parce qu'assez long-temps nous avons pris en patience le plaisir du drame sanglant et vicieux. Un récent essai de comédie satirique, de comédie-portrait, de comédie amusante et gaie, a été accueilli par le public de manière à faire croire qu'il aspire à revenir à ses anciens amusemens théâtrals[1], à ses anciennes prédilections. Le comique et la gaîté ne sauraient périr en France; ils y sont naturels, disons mieux, ils y sont nécessaires. L'état actuel de la société est un état violent, contre nature, et par conséquent passager.

Ce n'est pas que je croie au retour de cette

---

[1] *Bertrand et Raton*, comédie en cinq actes, en prose, par M. Scribe, représentée au Théâtre Français, en décembre 1833.

folle gaîté dont nous avons entendu les derniers éclats à la fin du 18ᵉ siècle, pendant le diréctoire; éclats retentissans qui signalaient le calme revenant après les violentes tempêtes de la révolution. Je me rappelle ce temps de délire; ce fut une des choses qui frappèrent le plus mon enfance, bercée au milieu des craintes de la terreur. Cette impression ne s'est jamais effacée de ma mémoire. Toute ma famille, tout une suite d'amis et de connaissances que j'avais vus pleurant sur des malheurs que je ne comprenais pas, je les vis tout d'un coup se livrer aux transports de la joie la plus immodérée; se rassembler pour rire de ce rire franc qui fait tant de bien, malgré la douleur physique qu'il procure; se jeter à corps perdu dans les fêtes, dans les banquets, dans les mascarades; inventer des bouffonneries, des travestissemens grotesques; chanter à cœur ouvert; passer les nuits au bal; faire la guerre de couplets et d'épigrammes aux hommes qui avaient manié la hache de Fouquet-Tainville ou le poignard de la société de Jéhu; enfin s'amuser sans donner un souvenir à des douleurs bien récentes encore! Maintenant que ces saturnales m'apparaissent en souvenir et que je puis les juger, je ne peux mieux caractériser leur fureur, leur énergie, qu'en disant qu'elles avaient un air de vengeance et de protestation. Les gaîtés de 1814 et 1815, ces joies triomphales du parti royaliste avaient la même physionomie; mais elles étaient loin d'être générales comme celles dont je viens de parler. La France respirait sous le directoire; sous le joug des alliés, elle souffrait. Un parti riait, se dévergondait après la restauration; après la terreur, la nation tout entière se réjouissait d'être délivrée de l'audace féroce d'une minorité qui l'avait décimée.

Les premiers jours de l'empire furent joyeux aussi. On célébrait le triomphe de l'ordre sur l'anarchie; on s'enivrait des gloires de la conquête; mais cette gaîté fut bien différente de celle qui fit irruption après la chute du gouvernement révolutionnaire; elle était sincère sans doute; car on admirait, on aimait, on adorait l'empereur qui avait mérité toute la reconnaissance de la patrie; mais elle avait déjà une allure officielle. La muse commençait à porter une livrée; Momus, comme on disait au Vaudeville et au Caveau, recevait ses refrains timbrés des mains de M. le directeur de la police; s'il y avait de la spontanéité dans les élans du cœur, la verve se refroidissait en traversant le moule où toutes les idées devaient se formuler. Le bal devenait grave, cérémonieux. La danse se compassait, se faisait belle, élégante, prétentieuse; elle manquait de vivacité, de chaleur, d'entraînement. On faisait cercle, on montait sur les chaises pour voir danser Violette, Laffitte, de Bèz, Trénitz, Charles Dupaty, mademoiselle Bisson, et la très-jolie mademoiselle Lescot; en un mot, c'était une affaire que la danse, un plaisir d'amour-propre, un art bourgeois qui admettait la gavotte, la danse du châle, l'étiquette; la culotte à boucles de diamans et le bas de soie blanc. La guinguette était plus franche dans ses fêtes et ses chansons que le salon et l'arrière-boutique. Les soldats qui avaient par hasard un congé, ou qui, par hasard aussi, revenaient avec des blessures légères, étaient les héros des porcherons. L'amour sans façon régnait dans ces réunions bruyantes, où un *Chauvinisme* instinctif préludait par des chants naïvement vaniteux et fièrement populaires à celui que l'esprit d'opposition fit d'une manière chagrine de 1814 à 1825, époque où un libéralisme plus large commença à se moquer de ces éloges donnés aux Français par les Français, de ces railleries lancées par les Français contre les étrangers. Charlet en créant le conscrit *Chauvin* fit justice de ces niaiseries de l'opinion.

L'ancienne gaîté, qui eut les échos que je viens de rappeler, finit en même temps que la goinfrerie. Elles avaient toujours marché ensemble, depuis les dîners, au cabaret, de Chapelle avec Boileau et toute la joyeuse bande des beaux-esprits de l'œil-de-bœuf. La gourmandise eut encore de grands jours au commencement du 19° siècle; vingt-cinq ans après, on ne mangea plus que pour vivre ou pour nourrir une idée politique. Quand Berchoux fit son poème de *la Gastronomie*, il s'adressa à une passion ou au moins à un goût de son époque; Brillat-Savarin, qui publia vingt ans après sa *Physiologie du goût*, ne fit là qu'une ingénieuse et spirituelle plaisanterie. Carême est mort à temps : on ne comprendrait peut-être plus aujourd'hui l'importance historique de cette préface d'un de ses ouvrages sur l'art culinaire, où il fait le tableau de la campagne de Russie du point de vue de la cuisine.

Je ne sais si la cuisine reprendra l'importance qu'elle eut jadis ; je ne sais si la mode des soupers reviendra. D'aimables jeunes gens, parfaitement inoccupés et qui se sont désignés eux-mêmes il y a six ou sept ans par le nom de *viveurs*, ont cherché à restaurer le souper ; mais ils n'ont pu encore nous le rendre avec son insouciance, sa gaîté et ses libertés d'esprit. On dîne trop tard pour souper; le spectacle commence et finit trop tard. Qui veut travailler la large matinée, artiste, homme de lettres, banquier ou marchand, doit éteindre la lampe ou les bougies à minuit; à minuit, la raison et la santé doivent sonner le couvre-feu. Le souper était une chose charmante, délicieuse; je le regrette, parce que je l'ai connu dans ma province; il ne ressemblait pas à l'orgie, et préparait un bon sommeil. Les *viveurs* qui sont riches, ou qui du moins font comme s'ils l'étaient (ce qui ne regarde pas moi, mais leurs créanciers), les *viveurs* qui n'ont rien à faire qu'à soigner leur toilette, à tromper leurs maîtresses—et ces demoiselles le leur rendent bien!—à courir au bois à cheval ou en tilbury, à user en flaneries pénibles les quelques heures du jour qu'ils passent hors du lit, enfin à se traîner d'un théâtre à l'autre; ceux-là aiment le souper-régence, le souper de la petite maison, le souper aux vins ardens, aux femmes plus ardentes que les vins, aux cent lumières illuminant les cristaux et brûlant les topazes du Xérès ou du Madère; nous, petits bourgeois, à qui chaque soleil ramène son travail, sa lente étude ou ses impérieux devoirs de commerce; nous, pour qui Sèvres et Schœlcher n'ont jamais modelé et peint les beaux services de leur porcelaine fine et riche; nous, qui n'avons jamais vu que du dehors les fastueux magasins de Chagot, et qui buvons notre vin honnête dans un verre à pied dont le cristal fut payé 25 sous, nous aurions le petit souper de famille et de voisins, le souper d'amis raisonnables et raisonnablement gais, le souper traditionnel qui admettait l'intime causerie les coudes sur la table, les innocentes médisances, et la vieille chanson de l'aïeul. Sur ce point, je suis tout-à-fait du Marais, tout-à-fait provincial! Reviennent les soupers comme je les entends, et que Dieu vous donne un bon estomac! c'est ce que je vous souhaite.

La caricature était autrefois une des expressions de la gaîté ; elle s'est teinte de l'amertume de l'époque; elle reflète les haines de partis et les entretient. Ce n'est cependant pas la mission de cette satire écrite au crayon. L'*humour* lui sied à merveille, elle la rend gaie, vive, mordante; la colère la défigure, la rend laide, atrabilaire, injuste, cruelle. La médisance la recommande; la calomnie vous la fait rejeter. Sous l'empire, elle alla jusqu'à la personnalité la plus offensante contre Napoléon; mais alors la presse n'était pas libre, on ne pouvait discuter, et les ennemis de Bonaparte voulaient flétrir sa personne et son gouvernement; la caricature se fit donc libelle et poignard. On la rechercha, on la favorisa, parce qu'elle courait sous le manteau, et qu'en France on est fort disposé à accueillir les exilés. Je l'ai vue sanglante, odieuse, mais alors je n'ai pas vu sourire ceux même dont elle servait l'opinion : ils la recevaient comme ces auxiliaires ignobles qu'on emploie quelquefois et qu'on méprise.

Au reste, la caricature ne fut pas une puissance sous l'empire. Quand elle se montra légèrement hostile ou critique de bon goût, comme au moment de la descente projetée en Angleterre, on l'accueillit avec faveur; lorsqu'elle fut violente, on ne la blâma pas ouvertement, parce qu'on pouvait la regarder comme une arme utile; mais elle ne fut l'objet d'aucune de ces prévenances auxquelles a droit l'esprit, surtout quand il est contraint de se cacher. Napoléon, qui connaissait tout ce qui se faisait contre lui, ne s'irritait point d'une caricature amère, personnelle, outrageante; une épigramme au contraire le chagrinait. C'est qu'il connaissait bien le caractère français, qui repousse avec dégoût les diatribes enfiélées et peu généreuses, comme il se plaît aux gaîtés et aux fines railleries d'une opposition loyale et de bonne compagnie. Ce caractère français, beaucoup le méconnaissent aujourd'hui; ils ont dépassé le but, faute d'avoir eu le tact nécessaire pour l'atteindre; ils ne se sont pas rappelé que tout ce qui a la grossièreté d'une injure dont l'injurié ne peut tirer vengeance, répugne à la générosité française. Charles X dit un mot fort juste à ce propos : on parlait devant lui de certains écrits où il était fort mal traité : « Ces écrits sont des lâchetés ; car je suis le seul homme du royaume qui ne puisse aller demander raison à leur auteur. »

Sous la restauration, qui se défendait par les tribunaux contre les attaques du pays, le besoin d'échapper aux poursuites des gens du roi et à la sagacité des délateurs, rendit la caricature très-ingénieuse. C'est pendant cette période qu'elle remplit tout-à-fait sa véritable mission. Fine, caustique, gaie, se masquant d'allusions piquantes, souvent comique dans ses inventions, elle prit l'allure que Béranger avait donnée à la chanson ; mais elle s'éleva moins haut, parce que le burin de Béranger est à la disposition du génie seul, et que le génie est rare. On la voit avec peine se traîner aujourd'hui dans des voies où l'art autant que le bon droit ont tout à perdre en dignité. Ce n'est pas là de la gaîté ni de l'esprit ; c'est de l'emportement, de la rage : cela ressemble trop aux coups de poings du portefaix pour faire fortune chez un peuple spirituel. La caricature ne sait plus rire, elle grince des dents ; on dirait une furie minaudant pour plaire. Il fallait qu'elle usât avec mesure de la liberté, si elle voulait se faire forte ; il fallait qu'elle fût élégante, qu'elle sût plaisanter, qu'elle atteignît gaîment les ridicules; il fallait surtout qu'elle ne fût pas calomniatrice, et qu'elle ne prêchât pas le mépris de toutes les convenances sociales. *Tous* les partis sont tombés dans cette licence dont les tristes effets sont d'éterniser les haines, et de déprécier l'art qui ne se respecte pas. La plume et le crayon ne doivent point s'affiler en stylet; le stylet est une arme déloyale. Plus la liberté est complète, plus il est bon d'être discret en satirisant. Tout dire n'est pas un art, c'est dire peu pour faire entendre beaucoup qui est un art.

On objecte que, pour châtier, il faut s'armer des lanières acérées d'un fouet et non d'un bouquet de roses. Le fouet déchire, ensanglante, et laisse des traces qui ne se pardonnent guère. Molière a fait plus pour la société, avec sa verve comique, que Juvénal avec son vers acéré. Voltaire et Béranger, avec leur gaîté railleuse, ont eu plus d'influence dans les guerres de leur temps, que tous les déclamateurs avec leurs grosses phrases chargées à mitraille. Charlet, avec ses franches et ravissantes facéties si gaies à la surface, si profondes dans leur sens caché, a stigmatisé plus de ridicules et trouvé plus de sympathie contre un ordre de choses qu'on voulait modifier ou renverser, que tous les dessinateurs de *charges* personnelles et de lourdes caricatures bien positives ne pourront faire jamais contre le gouvernement actuel. Un noël, une chansonnette, une épigramme qui couraient le monde autrefois avaient une véritable influence sur l'opinion; il en est de même aujourd'hui, quoi qu'on en dise. Si j'avais le malheur d'être roi ou ministre, j'aimerais cent fois mieux subir vingt discours comme ceux qu'on débite à la tribune, qu'un bon mot fin, juste et gaîment rédigé comme ceux de M. de Talleyrand; j'affronterais plus volontiers les bordées à bout portant de toute la presse périodique, qu'un couplet pensé, tourné et rimé par Béranger. Le couplet et le bon mot vivent; la raison qui s'emmaillotte dans de longs argumens, ou la haine qui veut avoir raison en jurant comme une harengère, sont oubliées bien vite. Il ne restera rien de tout ce qu'on fait depuis trois ans de satires politiques en prose, en vers, en lithographie (voyez ce qu'on sait aujourd'hui du père Duchesne, et ce qu'on a conservé de ce rude écrivain!) Béranger et Charlet resteront, parce qu'ils eurent une haute intelligence de notre caractère national, parce qu'ils virent ce qui avait fait réussir Molière. Observation judicieuse et qui ne s'arrête pas à l'écorce, ironie, finesse, gaîté, malice, comique, c'est ce qu'il faut au théâtre pour exercer sur la société sa haute magistrature morale; à la satire pour combattre les partis et les hommes vaniteux qui prétendent la résumer dans leurs personnalités égoïstes ; à la chanson, à l'épigramme et à la caricature, pour courir sus à tous les ridicules. Ces qualités sont devenues fort rares au moment où j'écris ceci. Aussi nous périssons d'ennui.

En est-ce donc fait de la gaîté, de cette *furie* française que les étrangers nous reprochaient autant qu'ils nous l'enviaient? Je ne le crois pas. Paris étouffe sous ce linceul de tristesse dans lequel les événemens, le système dramatique et l'école fielleuse de nos caricaturistes l'ont enveloppé. Les désordres de la régence ne reviendront jamais, je l'espère; mais on retrouvera le rire qui nous apparaît encore, rarement il est vrai, au théâtre, et dans les plaisanteries dessinées ou modelées par quelques uns de nos artistes, et dans les *charges* de nos salons jouées par des hommes du monde chez qui le *vis comica* est un don précieux de nature.

Au théâtre, une des sources du comique s'est tarie : les *valets* ne sont plus possibles. Ils n'avaient jamais été bien vrais; mais ils étaient une convention de l'art qui ne répugnait pas à des moyens un peu forcés pour provoquer la gaîté. Les valets et les soubrettes n'eurent jamais dans les secrets de leurs maîtres tout l'accès que les auteurs comiques ont bien voulu leur donner ; cela me paraît sûr, comme il me paraît évident qu'Achille, Hector, Agamemnon, César ou Annibal n'eurent point pour confidens des esclaves ou des affranchis, mais des amis, des égaux. Louis XI pouvait avoir pour compère un Tristan ; mais tout ce qui n'était pas Louis XI, ou Néron, ou les hommes de cette trempe, plaçait mieux son cœur. Le confident était un moyen dramatique, un ressort secondaire utile ; il agissait peu, écoutait beaucoup, parlait avec discrétion, et venait raconter les catastrophes. Le valet avait une part plus active ; il courait, intriguait, avait souvent de l'esprit pour son maître et du génie contre le rival de son maître ; il était adroit, menteur, intrigant, fripon ; ses mœurs étaient la contrepartie, la parodie de celles du jeune homme qu'il servait ; il ne prenait au sérieux que l'argent ; c'était enfin une machine très-amusante, quelquefois aussi raisonnable que le *raisonneur*, mais avec des formes bouffonnes qui déguisaient la gravité de son bon sens. En peignant plus au positif l'état des conditions sociales, la comédie nouvelle a rejeté le valet, et n'a rien su mettre à sa place. Elle n'a rien mis non plus à la place de l'oncle et du tuteur qu'on trompait, du père facile et bon qui se laissait toujours persuader par les larmes d'une fausse tendresse d'enfant ou par les flatteries d'une fausse déférence de valet, bonne et dupe créature que le vocabulaire théâtral avait flétri des noms malhonnêtes de *père ganache*, *père dindon*. La livrée, aujourd'hui, n'est plus portée dans les pièces modernes, à la Comédie Française, que par des laquais qui remuent des fauteuils ou par le désolé M. Faure qui apporte des lettres. Le bon temps des valets est passé! Adieu, Cliton, Hector, Mascarille et Sganarelle! Ces demi-dieux comiques n'ont plus d'adorateurs fervens que nous autres habitués de l'orchestre ou du balcon des *Français* qui allons au théâtre les jours où l'on donne le vieux répertoire, les jours où il n'y a personne, et où M. Faure joue. Samson et Monrose ont fait dégalonner leurs habits; ils n'ont conservé une livrée que pour paraître dans les pièces soutenues par la seule présence de mademoiselle Mars, et que la satiété, le besoin de changer, les mépris d'une révolution littéraire, et la médiocrité des comédiens ont fait abandonner du public. Monrose et Samson vivent des restes de *Dubois* et de *Figaro*, de *Maître-Jacques* et d'*Antoine*, ou bien ils sont obligés de se livrer à un comique bâtard qui est aussi faux que celui dont notre bégueulerie s'est tant effarouchée, et qui est bien moins divertissant.

Ce ne sont pas seulement les valets, les tuteurs, les pères dindons que nous avons perdus; le bon goût du siècle, devenu si délicat, si prude qu'il ose à peine sourire, nous a privés d'une foule de bonnes choses, bien naïvement bêtes, mais bien amusantes, qui nous faisaient passer des soirées d'écoliers en liesse. On a abattu d'un seul coup tous les vieux personnages de la foire, qui étaient des types charmans : Arlequin, balourd et spirituel ; monsieur Cassandre, crédule et méchant bonhomme; le beau Léandre, fat et bel-esprit, tout aussi aisé à tromper que Cassandre; Gilles... Ah! si fait ; Gilles nous est resté; mais il s'est retiré dans un théâtre de danseurs de corde, aux *Funambules*. Il faut le dire, cette retraite lui a donné un empire. C'est qu'il a trouvé là un digne représentant, la perle des Gilles, le Gilles homérique, un Gilles grand comme toute la poésie de la farce populaire. Ce Gilles a nom Deburau; il attire la foule; on fait queue à la porte de son théâtre, comme on la faisait jadis aux théâtres de Préville et de Talma. Deburau ne parle pas, et il fait rire plus que la plupart des acteurs comiques qui ont la parole à leur disposition. C'est le ministre des beaux-arts qui l'a condamné au mutisme; mais Deburau a le geste, et dans son talent mimique il y a tant de finesse, tant d'expression vraie, qu'il plaît comme s'il débitait les plus gaies drôleries. Deburau est calme, il ne se démène pas comme un bateleur; il n'ouvre pas une grande bouche pour faire croire qu'il rit, il ne contracte pas les muscles de sa figure enfarinée pour faire des grimaces bouffonnes; ce n'est ni l'exagération du clown anglais, ni l'étourdissante folie du paillasse italien, c'est le Gilles français, artiste, fin, gai, et jamais grossier. Deburau est un des beaux noms du boulevart, où nous avons vu pourtant Bobèche et son compère. Bobèche a quitté les tréteaux; il était riche. Je ne sais où il est; et, s'il vit encore, je ne sais où il passe ses soirées. Il y a dix ans qu'il les passait quelquefois à côté de moi à l'orchestre des *Français*. Il y venait paré, élégant comme un notaire, en noir de la tête aux pieds, habit de fin Louviers, culotte de drap de soie, bas de soie, souliers à boucles d'or. Il avait le luxe d'une tabatière de vermeil qu'il ne tirait pas trop souvent de la poche de son gilet; mais comme il fallait que le Bobèche se montrât quelque part, il portait, l'hiver, des gants de poil de lapin gris dans des gants de peau, et au lieu d'un foulard, un mouchoir de Rouen à larges carreaux de couleur dont le bleu lui masquait la face d'une teinte d'indigo. Je n'ai jamais vu Deburau dans son costume d'homme du monde;

mais je l'ai vu dans la capote et le bonnet à poil de grenadier de la 6ᵉ légion. Vous figurez-vous Gilles en garde national, en grenadier? Voyez-vous cette longue et maigre figure à qui sied si bien le serre-tête et la farine, sous la plaque d'un large bonnet à la toison tombante sur les yeux? C'est un spectacle que celui-là! je l'ai vu trois fois : à une revue, à une garde montante, à la porte des Funambules, où le grenadier Gilles faisait la recette. Ce dernier jour-là, j'aurais volontiers payé double, et vous aussi, j'en suis sûr : douze sous pour *les infortunes de Gilles*, douze sous pour avoir vu Gilles en soldat-bourgeois, l'oursin au front et le briquet au côté.

Donc je regrette Arlequin, Cassandre et le beau Léandre. J'avoue qu'on en avait abusé; mais de quoi n'a-t-on pas abusé? Que n'a-t-on pas fait des Atrides? Eh bien! ces Atrides qu'on a accommodés si souvent en alexandrins sans poésie, comme on a aniaisé Cassandre, sa fille, Arlequin et Pierrot en vers de vaudevilles, faut-il que j'y renonce? Non pas. J'aime toujours Iphigénie, malgré Guimond-de-Latouche; j'aime Agamemnon à cause de Racine et de Népomucène Lemercier; j'aime Oreste, quoique Talma ne soit plus là pour le rajeunir dans l'*Electre* de Soumet ou dans la sublime *Andromaque*. Croyez-vous que Luce de

Lancival m'ait dégoûté d'Hector? Hector, qui résista à Achille, n'a pu succomber sous la muse écrasante de l'empire! Viennent un autre Homère, un autre Racine, et vous me verrez courir au camp des Grecs, et vous y viendrez aussi! viennent quelques uns de ces ingénieux et plaisans auteurs de la foire, et vous et moi nous irons encore applaudir aux bonnes farces du noir gourmand de Bergame. Je vois beaucoup de gens qui haussent les épaules quand on leur parle de Gilles et d'Arlequin, et qui ont été voir plusieurs fois Othello et Jago au théâtre de Kemble, de Abott et de miss Smithson. Jago et Gilles sont cependant le même caractère de jalousie, de bassesse, de perfidie; Gilles est seulement moins sombre. Othello et Arlequin n'ont pas que le masque de commun non plus; leur amour pour Colombine et Desdémona est tout aussi violent, leur jalousie tout aussi fondée, et leur fureur aurait absolument les mêmes violences, si Arlequin n'était pas dix fois plus raisonnable que le Maure généralissime de Venise. Othello a eu la vogue quand Arlequin était oublié; cela prouve pour Shakspeare et pour le goût français; mais cela ne prouve rien contre Arlequin, Cassandre et Colombine.

Jocrisse, Jeannot, Cadet-Roussel, Jérôme Pointu, Mme Angot, sont tombés en même temps que Labranche, Arlequin, Achille et Agamemnon. Jocrisse a un peu survécu aux autres, grâce à ce vieux Brunet qui fut si long-temps l'honneur de la bêtise naïve et la gloire du calembour; Jocrisse est comme Mascarille et Figaro; tant vaut aujourd'hui l'acteur, tant vaut le personnage, pour le public. Brunet, avec ses soixante-sept ans, a encore de la verve, il soutient Jocrisse, qui mourra avec lui. Jocrisse aura eu une belle destinée! il se sera appelé Batiste cadet, Brunet, Potier et Vernet. Un jour aussi mademoiselle Mars s'est appelée Jocrisse. Oui, dans son enfance, Batiste cadet jouant Jocrisse au désespoir, la petite Hippolyte jouait le jeune frère du valet de M. Duval; oui, cette actrice admirable, qui fut belle si long-temps et si long-temps jolie, qui fut une jeune fille parfaite et une coquette pleine de grâce, d'esprit et de séduction, elle devait passer par le petit Jocrisse pour arriver à Célimène; elle devait commencer par dire avec la naïveté populaire et le ton du désir friand d'un gamin de Paris: « Donne-moi-z-en, mon frère, des confitures!» pour finir par dire, avec la malice et l'élégante supériorité d'une femme du monde sûre de ses charmes, à une prude qui se vante d'avoir des amans quand elle voudra coqueter un peu: « Ayez-en donc, madame! » Batiste cadet, aussi, devait jouer la farce pour grandir dans la comédie, où il fut excellent. Batiste eut la bêtise spirituelle, la gaîté native, sans efforts, sans charge. Comme Jodelet, sa figure était si originale, si plaisante qu'on ne pouvait le voir sans rire; et dans ces deux acteurs ce qu'il y avait de plus drôle, c'était leur étonnement de voir rire le public d'un comique qui leur était si naturel. Grand, long, maigre, l'œil fin, le geste juste, Batiste cadet est un des comiques contemporains qui ont eu le plus de succès. Sa verve flegmatique était impayable. Aujourd'hui Baptiste, retiré avec son frère aîné aux Batignolles, à la porte de Paris, regrette le théâtre et engraisse! c'est encourageant pour Potier, dont la maigreur est encore proverbiale. Batiste cadet était, au Théâtre Français, l'antithèse physique de Michot.

Michot! pourrait-on parler des comédiens qui furent long-temps les conservateurs de la gaîté française, sans le citer tout d'abord? Il a été une des dernières traditions du vrai comique, comme Deburau est la tradition dernière de la farce enfarinée. Gros, court, rond, rieur, franc, vrai de cette vérité rare qui est un peu plus artiste que la seule réalité et qui ne trahit jamais l'art, Michot était tout ce qu'il voulait être, plaisant ou touchant, fin ou bonhomme, moqueur ou dupé ; mais toujours profondément comique, profondément l'âme de son personnage. Hors de la scène, c'était un homme aussi amusant que possible ; charmant conteur, buvant et mangeant comme on mangeait et comme on buvait avant la révolution ; paresseux, flaneur, mais flaneur intelligent et par principes ; flaneur qui voyait tout, connaissait tout, savait toutes les boutiques à louer, toutes les filles à vendre, tous les bruits de ville, tous les propos de coulisse, tous les cancans de ruelle. C'était une gazette ambulante que Michot, une gazette divertissante, surtout quand il traitait de la politique. Il nous a fait passer des momens bien gais à ce foyer de la Comédie Française, où l'on causait de tout, excepté peut-être de théâtre, et où l'on jouait aux dames.

Je reviens à Brunet, à Brunet, que Geoffroy daignait appeler *notre incomparable*. Geoffroy avait raison ; Brunet était incomparable dans sa niaiserie de bonne foi et dans cette espèce de bêtise que j'appelerais logique, tant elle était conséquente à elle-même, tout d'une pièce, complète, sans remords, sans retour à l'esprit, sans déviation vers le bon sens. Brunet, c'était la bonne et amusante bêtise de l'homme sans éducation ; la naïve crédulité du petit bourgeois de Paris ; ce n'était point la sottise. La sottise, c'est Odry. Brunet n'a point quitté tout-à-fait le théâtre; il s'est retiré seulement des *Variétés*, où il continua sa vogue de *la Montansier*. Il veut encore courir la province et raviver dans les départemens les souvenirs du vrai *Jocrisse*. Innocente propagande!... Il aime le théâtre comme il l'aimait à l'âge de vingt ans ; il mourra sur la rampe, la tête dans le trou du souffleur. Brunet est riche, et depuis qu'il a vu baisser le crédit des jocrisses, il est devenu fashionable. Il a son coin à l'Opéra, sur la première banquette de l'orchestre, à gauche, entre les manches de deux contrebasses. Là, il se délecte de musique et de danse. A voir ce petit homme en habit noir, en cravate noire, en perruque châtain, ganté comme un élégant, botté comme un petit maître, qui reconnaîtrait le domestique à la veste grise, à la culotte rouge, aux bas bleus et à la perruque mal poudrée, qui laissait envoler le serin de M. Duval et voulait *s'empoisonner?* Brunet ne s'appele pas Brunet, mais Jean-Joseph Mira; Jodelet, dont je citais le nom tout à l'heure, ne s'appelait pas Jodelet, mais Julien Geoffrin. Le préjugé était très-fort contre les comédiens, quand le jeune Mira monta pour la première fois sur la scène (c'était vers 1785); il avait dix-neuf ans. Il fut obligé de prendre un pseudonyme.

comme c'était l'usage depuis long-temps. Sa vocation l'entraîna hors des voies du commerce où ses parens l'avaient fait entrer par prudence; il ne voulut point cependant se brouiller avec sa famille; et, toujours honnête homme, loin de faire seulement des sommations respectueuses à son père pour son mariage avec la Thalie roturière, à laquelle il allait se donner, il obtint un consentement formel. Ce ne fut qu'en 1795 qu'il parut à Paris sur les théâtres *Montansier* et de *la Cité* qui appartenaient à une même direction. Mira, qui eût fait peut-être un marchand très-ordinaire, a illustré le nom de Brunet; celui de Mira avait déjà une renommée toute faite par l'eau de mélisse des Carmes, préparation chimique dans laquelle excellait l'oncle de notre acteur. Cet oncle, nous l'avons tous connu. C'était un vieillard, assis tous les soirs au coin du balcon des Variétés, et qui est mort à l'âge de quatre-vingt-quatre ans. Quand Brunet s'avisa du théâtre, Mira était à cent lieues de s'imaginer que le carme déchaussé se chausserait jamais et jamais laisserait ses cheveux recroître pour aller voir son neveu jouer *Innocentin* ou *Cendrillon*. La révolution envoya le distillateur cloîtré aux spectacles de mademoiselle Montansier et du Panorama. Ce qui dut bien surprendre aussi le bon moine, ce fut de voir son parent

Cadet Roussel devenir presque redoutable par la puissance du calembour. Cadet Roussel et Jocrisse, ce fut un moment toute la liberté de la parole et de la presse ; Brunet en était le rédacteur responsable.

Les types bouffons s'effaçaient déjà, quand Potier parut. Potier apporta le sentiment de la bonne comédie, du comique fin et élevé, dans la farce que la nature grêle et grotesque de son extérieur aussi bien que sa voix cassée et nasillante le condamnaient à jouer. Au reste, la farce lui doit ce bonheur d'avoir été souvent un art délicat, ingénieux, digne des esprits les plus difficiles. Potier s'est personnifié une fois de manière à ne me laisser aucune difficulté pour vous faire son portrait ; il joua Don Quichotte, et il sembla que Cervantes l'avait deviné quand il dessina la figure plaisante du chevalier de la Manche. Si on a jamais pu dire d'un comédien qu'il créa un personnage, c'est de Potier, pour qui chaque rôle ne fut guère autre chose qu'un canevas, qu'un sujet de proverbe où il se laissait aller à toute sa nature comique ou bouffonne. La scène l'inspirait ; il y trouvait l'esprit de saillie, la vivacité caustique dont il animait son dialogue et colorait l'observation de la société qu'il avait faite hors du théâtre. Potier se fit un interlocuteur qui jusqu'à lui était resté tout-à-fait en dehors de la représentation scénique: le public des loges et du parterre. Il l'appela, lui parla, l'interrogea, le força presque de répondre; abaissa, pour ainsi dire, la rampe, ces Pyrénées élevées entre l'acteur et l'auditeur, et qu'autrefois Préville ou Dugazon ne se serait pas permis de franchir; il admit le public à son intimité, causa avec lui, lui fit violence pour le rire ou les larmes, se le soumit tout-à-fait et le tyrannisa à la fin. Ce fut une conquête qui coûta de la peine au conquérant; car Brunet était là, et Tiercelin aussi! Potier triompha; tout lui fut compté pour mérite sonnant; sa longue maigreur fut un charme; sa voix qui était sourde, sans harmonie, sans force, fut un moyen immense de succès; tout ce qui était défaut en lui fut converti en qualités par son habileté comique et la faveur du public devenu son compère. Sa carrière fut une longue apothéose, un long éclat de rire. A peine avait-on osé l'avertir qu'il était temps qu'il se retirât, lorsqu'il se résolut à prendre congé de nous. C'est, il faut le dire, qu'en lui la verve était encore chaude, quand l'instrument avait faibli, quand le corps, tourmenté par les rhumatismes, était usé, quoique jeune encore. Le jour où il fit, au théâtre des Variétés, des adieux qui eurent le tort de n'être pas définitifs, il fut vraiment mer-

veilleux; la jeunesse, la verdeur du talent lui était revenue, et je me souviens que Talma me dit, en sortant de cette représentation qui fit tant rire et pleurer, — car Potier avait le double pouvoir d'attendrir par quelques mots, ou de faire suffoquer de rire: — « Potier est le comédien le plus com-
» plet de ce temps-ci. Je crois que je vaux quelque
» chose; le public a la bonté de le penser aussi;
» j'ai de la réputation; j'ai fait faire quelques pas à
» l'art dramatique, eh bien, je voudrais être Po-
» tier. J'ai fait tout mon possible pour égaler
» Lekain, et je n'ai jamais été jaloux de Lekain; si
» je pouvais être jaloux de quelqu'un, je le serais
» de Potier. » Cet éloge était sincère, parce que Talma ne mentait jamais; il est si flatteur que tout ce que j'y pourrais ajouter serait sans force. Potier court encore la province; il se survit malheureusement. Il a un fils qui porte son nom, et qui le copie. Potier n'avait copié personne; son originalité a déteint sur deux artistes qui se sont fait ensuite des qualités originales : Legrand, dont le talent dans la représentation des jeunes niais est apprécié des connaisseurs, et Bouffé, qui excelle dans les caricatures.

Legrand a un comique flegmatique, paresseux, et je pourrais dire triste. Avec une figure presque impassible, un corps maigre, qui paraît très-grand et qui a l'air de ne se mouvoir qu'à regret, il sait faire rire plus que s'il faisait des grimaces et s'agitait beaucoup. Il a plus d'esprit que de naïveté, plus de finesse que de nature vraie; c'est un niais de bonne compagnie; un jeune paysan de salon et pas de village. Quand il n'a pas trop l'air de s'ennuyer, il est fort plaisant. Sa santé nuit à sa verve; il est maladif. On pourrait voir dans sa gaîté capricieuse et mélancolique le symbole de notre gaîté parisienne, franche par élans, mais devenue circonspecte par régime ou paralysée par des spasmes politiques. Je me souviens de Legrand, les bras nus, les mains gantées de noir à la Crispin, la veste brune, le chapeau rustique à plumes de coq, les bottes larges et le sabre à la main, jouant le mélodrame impérial et à la solde du tyran classique.

Bouffé a de la finesse et de la chaleur, du goût et de l'entraînement, de l'esprit de saillie et de l'habileté de composition; il est petit, leste, remuant, piétinant, vif du geste, du regard et de la parole. Son œil qu'il ferme à demi; son nez fin, aquilin, aigu; ses narines largement ouvertes et relevées par l'ironie; sa bouche dont la lèvre supérieure se contracte au coin à droite; les pommettes de ses joues saillantes; son menton pointu, ses sourcils qui ont la faculté d'usurper sur le front, composent un ensemble très-gai. Bouffé est un comédien véritable, jouant avec une égale supériorité les vieillards et les jeunes gens, les charges et les personnages comiques d'une nature réelle. Il a plus de chaleur que Potier s'il n'a pas tout son art, et c'est celui de tous nos acteurs qui nous console le mieux de la perte de ce comédien habile, communicatif, si varié et si gai.

Un homme qui aurait balancé la réputation de Potier s'il avait eu un peu plus de distinction, c'est Vernet. Il est tout-à-fait comédien; il sait prendre la nature sur le fait, surtout la nature populaire. Il n'est pas constamment lui, Vernet; il est toujours l'individu qu'il représente: tour à tour Carlin vieux, dévot et réveillé par des souvenirs de comédie, serrurier battu par sa femme, ou vieille ravaudeuse sous le nom illustré de madame Pochet. L'artiste en Vernet est consciencieux, exact, vrai, observateur adroit, parodiste intelligent, mais il est un peu commun. Il n'a pas de cachet; il plaît, il amuse comme un portrait fidèle; mais il ne frappe point par une originalité saisissante.

La qualité dont Vernet me paraît manquer, Perlet en est doué à un point supérieur; il n'est peut-être même que trop fin, trop distingué. Il lime et blute le comique pour le donner pur, et souvent il le donne froid. Sa voix caverneuse, ses yeux enfoncés, toute sa tête longue et triste sembleraient convenir mieux à un prédicateur de *passion* ou à un commissaire des morts qu'à un acteur dont la mission est d'égayer son auditoire ; eh bien ! l'art a su tirer un grand parti de tout cela. La mélancolie n'exclut pas l'*humour*, et Perlet en est la preuve. Ce comédien ne fait pas rire comme Bernard-Léon, Philippe ou Odry, mais quand on a ri par lui, on n'a jamais à s'en repentir. Il satisfait l'esprit et s'adresse aux délicatesses du goût. Il ne parle qu'à des spectateurs d'élite ; les masses ne le comprendraient pas. Perlet a un don d'imitation prodigieux ; il l'a appliqué d'une manière bien heureuse dans la personnification qu'il a faite des Anglais, représentés, avant lui, au commencement de la restauration, par Joly. Joly avait spirituellement saisi la charge, Perlet a rendu la ressemblance frappante. Tournure, langage, prononciation, accent, habitudes, costume, il a tout reproduit. *Les Anglais* de Joly avaient l'air de l'hostilité contre une nation ennemie dont, en 1815, on avait à se venger ; ceux de Perlet étaient un calque fidèle, une individualité étrangère et rien de plus. Peut-être que Joly et Perlet comprirent également bien ce qui convenait à des temps différens. 1820 avait des idées plus généreuses, plus vraiment libérales que 1815 ;

la nationalité française était moins étroite; on était allé en Angleterre et l'on avait vu que Londres n'était pas si ridicule qu'on le croyait; on en était venu à comprendre qu'il faut honorer ses rivaux et non pas s'en moquer. Joly était un acteur plein d'intelligence, dont le beau temps date de l'empire; il était habile aux rôles qu'on a appelés à *travestissemens*, mais il y était moins parfait que Perlet. Il brillait au théâtre du Vaudeville à une époque où le comique était en seconde ligne, et où l'amour régnait sous les traits de Henry, de madame Belmont et de madame Hervey. Perlet s'est essayé au Théâtre-Français; il n'a pu se tenir sur cette scène vaste qui le glaçait; il est allé au *Gymnase*, et il s'est élevé parfois dans ce petit cadre à la hauteur de la meilleure comédie.

Numa procède beaucoup de Perlet, malgré lui sans doute. C'est un talent spirituel et peu spontané. Il croise ses bras, secoue sa tête à droite, à gauche, puis l'asseoit sur ses clavicules; frappe ses lèvres en les séparant; a la parole sourde et lourde. Il est froid dans sa gaîté la plus expansive; on pourrait dire de lui qu'il a un comique sous-cutané.

Je nommais tout à l'heure Bernard-Léon, Philippe et Odry; ce n'est plus la comédie, c'est la charge, mais la charge dans toutes ses conditions de dévergondage, de rire extravagant, de bouffonnerie. Un gros ventre, de gros yeux qui s'ouvrent tout ronds, une grosse figure, une grosse gaîté, une grosse grimace de masque, tel est Bernard-Léon, amusant, grotesque, rieur à outrance, ne copiant pas la nature, mais forçant les natures qu'il a à représenter à s'empreindre de la sienne. Il n'a pas le sentiment du comique artiste; artiste, pourtant, il l'est beaucoup plus que Philippe. Philippe, c'est le plaisant de société, le farceur de la place publique, le rieur du tréteau, l'escamoteur, le gesticulateur, le jongleur de carrefour; c'est la parade dans la farce. Un gros enbonpoint, une désolante faculté rieuse, une volubilité de parole et de voix, telle qu'il n'y a pas d'oreille ou d'archet qui la puisse suivre, voilà par où brille Philippe et ce qui me le rend insupportable. Cet homme est trop gai, il m'impatiente, il m'attriste; sa joie constante, bruyante, délirante, n'est pas naturelle; il faut que ce soit une maladie. Quand je vois Philippe, je crois toujours assister aux crises d'un fou. Il a eu un jour dans sa vie de théâtre, celui où il a joué *Monsieur Sans-Gêne*. *Sans-Gêne* c'était bien lui, aussi il n'est pas sorti de là. Une chose qu'on aurait de la peine à croire, si tout n'était pas croyable dans ce siècle des choses impossibles qui sont cependant, c'est que Philippe, cet acteur vulgaire, ce bourgeois trivial, aux manières communes, cet éternel calembouriste, a épousé mademoiselle Volnais de la Comédie Française, la dolente et pleureuse Andromaque; une femme qui avait une réputation de goût, qui avait vécu au milieu des hommes de la meilleure compagnie de l'empire!. C'est ainsi! La Fontaine avait deviné mademoiselle Volnais et M. Philippe Roustan!

Odry est le roi de la farce. C'est dans le bas comique un acteur tout-à-fait à part. Imaginez tout ce qu'il y a de plus déraisonnable, de plus bouffon, de plus extravagant, de plus cocasse, de plus follement gai; imaginez la sottise qui croit en elle, qui pose, qui fait jabot, qui papillonne, qui rime des madrigaux, qui se donne des airs de fatuité, qui veut séduire ou raisonner; imaginez la vanité bourgeoise que rien ne déconcerte, la niaiserie villageoise dans toute son opacité, la malice de l'ouvrier parisien dans toute sa naïveté grossière, le bel-esprit troupier dans toute sa recherche prétentieuse; imaginez cela et tout ce que vous voudrez, et vous aurez à peine l'idée d'Odry. Le procédé de Potier a réussi à Odry, et il semblait qu'il ne devait réussir à personne; Odry parle au public avec familiarité, avec assurance; il se moque de lui, il se moque du public, et le public rit d'Odry qui rit d'Odry et du public. Les paysans, tels qu'ils sont en général, et non tels que l'art les avait faits au 18ᵉ siècle, et, par tradition, au 19ᵉ, Odry a osé les montrer sur la scène dans *Quinze ans d'absence*, *l'École d'enseignement mutuel*, *la Servante justifiée* et *la Neige*. Imiter ainsi, c'est créer. Odry a créé aussi les vrais soldats, les soldats anciens qui savent les ruses et *font aller* les conscrits, — Vernet a inventé les conscrits, lui, en représentant *Jean-Jean*, — les soldats beaux parleurs, beaux danseurs, séducteurs de cuisinières. Il a compris le soldat comme Charlet dans ses admirables peintures du camp et de la caserne.

Lepeintre a fait le soldat sentimental, politique, d'opposition, le grognard, le *Chauvin* à chevrons et à croix d'honneur; cela obtint beaucoup de succès après le licenciement de la garde impériale; cela fit pleurer et rire, mais cela était faux. Lepeintre n'en est pas moins un homme de mérite. S'il a exagéré, en les mettant en action, les douleurs poétiques de Béranger, le public était son complice. Le patriotisme demandait cette satisfaction, il la lui a donnée. Finesse et expérience sont les deux qualités de Lepeintre aîné; il a d'adroites réticences ou des éclats qui enlèvent l'auditoire; il lance un coup d'œil comme faisait

Potier, ou pousse un refrain criard, chaud et rapide, qui fouette le public et le grise. Lepeintre, c'est le vaudeville émoustillant; Philippe, c'est le vaudeville au grand galop; Odry, c'est le vaudeville qui se pavane par moquerie et rit avec prétention.

Odry est Odry et rarement son personnage, c'est un petit malheur; mais qui pense à s'en plaindre? Odry n'a point la vanité de se croire un comédien vrai comme Vernet, comme était cet admirable Tiercelin, que nous voyons maintenant dans sa redingote noisette faite à l'anglaise, ses yeux cachés par de larges verres de lunettes, l'air grave, la démarche mesurée, aller faire sa promenade dans la rue de la Paix et aux Tuileries; flânant comme un bon bourgeois de Paris, observant encore les basses classes de la société qu'il avait si bien étudiées et qu'il a le mieux représentées au théâtre. Tiercelin s'est retiré trop tôt; quoiqu'il fût vieux, il avait encore toute son originalité, toute sa verve. Cet homme si amusant, qui savait si bien soulever le rire dans une assemblée, il était morose, chagrin; il n'aimait pas le théâtre; s'il aimait l'art dramatique, il détestait les coteries. Il en voulait aux administrateurs d'un spectacle dont il avait fait la fortune et qui avaient comblé Potier de faveurs, tandis qu'ils l'avaient laissé à de bien modiques appointemens. Il est peut-être le seul acteur qui n'ait pas eu une représentation de retraite. Perlet est son gendre.

Odry est laid, et sa laideur qu'il exploite est un de ses moyens de gaîté; elle se fait coquette, vaniteuse, pour devenir plaisante. Odry a le nez retroussé, un nez dont les voies aériennes sont bouchées et assourdissent sa parole; il bredouille en parlant, mais ne croyez pas que ce soit pour imiter Poisson; car il n'a peut-être jamais entendu parler de Raymond-Poisson, l'illustre Crispin du siècle de Louis XIV, dont Monrose, après Préville, est le digne successeur. A la ville, Odry est un homme de quarante-huit ans, ni grand ni petit, plus gras que maigre, portant une perruque brune, ronde, relevant sur le collet de son habit, mal peignée, une vraie perruque d'épicier retiré ou de portier endimanché; il prend beaucoup de tabac, fait des vers bouffons et de la politique plus bouffonne encore; il a des gants trop longs pour ses doigts, et des manches trop longues pour ses bras; il retrousse les poignets de ses manches. Il demeure au Marais. Autrefois, il avait un magasin de faïences, rue du Faubourg-Montmartre; car Odry était dans le commerce; il vendait entre les répétitions de ses rôles et leur exécution devant le public du soir, des assiettes et des salières au public du matin. Il était un marchand de porcelaine, comme feu Baudrier de la Comédie Française était mercier, comme un certain vieux père Guérin du théâtre des Célestins, à Lyon, était débitant de cierges, de livres de prières, de petits bras, de cœurs et de jambes pour *ex voto*, à la montée de la chapelle de Fourvière. Je viens de dire qu'Odry fait des vers bouffons; il lui est arrivé de faire une chanson fort bonne, je vous assure, intitulée *la Figurante*. C'est une peinture très-vraie de la plupart des mères de jeunes filles de théâtre; il n'y a rien de meilleur dans *le Roman comique* de Scarron. Je ne sais pas le commencement de la vie d'Odry; mais je ne m'étonnerais pas qu'il fût venu au monde en carnaval, ainsi que mademoiselle Clairon, et que, comme elle, il eût été baptisé par un curé déguisé en Arlequin, assisté d'un vicaire déguisé en Gilles. Quand Odry finirait par être marguillier de sa paroisse à l'Ile-Adam ou ailleurs, le lendemain du jour où il aurait pris sa retraite, je n'en serais pas surpris.

Un des meilleurs grotesques de ce temps-ci, c'est le gros Lepeintre jeune, qui a l'air d'une outre. Il marche avec peine, il a la face rouge, ardente et molle comme une angelure; il porte des lunettes qui occupent un large espace sur son gros visage; il est gai par tempérament; il sait la comédie; il est d'un naturel bonhomme et niais qui fait plaisir à voir. C'est le meilleur compère, le meilleur vieillard crédule qu'on puisse trouver. Depuis l'âge de dix ans, il est au théâtre; il débuta par un rôle de Cassandre. Alors il ressemblait à un nain chétif, laid, rabougri; il n'est pas devenu beau, mais il s'est développé dans un sens qui n'est pas celui de la longueur. Lepeintre jeune vint au Vaudeville en 1824; il était à Versailles depuis 1807, où un décret impérial l'avait envoyé après la suppression des *Jeunes Artistes*.

A côté de Lepeintre est Arnal, dont le nom a beaucoup grandi depuis deux ou trois ans. Arnal est un des comiques les plus naïfs et les plus divertissans de Paris; c'est un homme d'intelligence et d'esprit, qui s'est créé une manière à lui; il s'est fait une soudaineté de bêtise, un laisser-aller de niaiserie, une conscience de sottise qui rendent admirablement la nature excentrique et plaisante à la représentation de laquelle il s'est voué. Arnal fait rire autant qu'Odry, et est bien plus comédien. Il a la vogue. Cet acteur a 35 ans; il est né à Paris. Sa taille est moyenne, son visage profondément gravé par la petite-vérole; ses yeux sont faibles, un peu rouges; il porte des lunettes à la ville. Je vais vous dire sa singulière Odyssée. Arnal commença par être ouvrier ciseleur; il avait neuf ans alors. Il entra à la Monnaie, et fut employé au comptoir des pièces de 5 fr. Le métier l'ennuya bientôt, et l'amour de la gloire, comme on disait alors, le prit au cœur. Vous vous rappelez les jeunes enfans que l'empereur prenait au sortir du berceau pour s'en faire une ressource, quand les générations anciennes, les générations fortes seraient usées; ces enfans, qu'on appelait les *Pupilles de la garde;* Arnal entra dans leur corps en 1812. Quelque temps après, il alla en garnison à Dunkerque, puis au camp de gauche de Boulogne; il fut fait sergent, sergent instructeur, s'il vous plaît, parce qu'il était très-habile au maniement d'armes. Ce talent le ballotta du 12e tirailleurs de la jeune garde au 12e bis, au 13e, au 13e bis, au 14e régiment. Tout son temps était absorbé par l'éducation des jeunes conscrits; « tête droite! portez armes! charge en douze temps!» voilà ce qui remplit dix mois de sa vie. En 1814 on voulut récompenser le professeur en lui donnant les épaulettes d'officier; Arnal refusa. Etait-ce pour continuer à dresser des défenseurs pour la patrie? j'ai regret à le dire, mais la vérité l'emporte : non, ce n'était pas pour cela. Arnal avait au dépôt le travail du maître tailleur, et il gagnait une quarantaine de francs par jour; le positif valait mieux que la vanité de briller avec des franges d'or sur l'épaule droite ; il lui sacrifia un grade, ce grade que Féréol avait dans le même moment. Car Féréol, ce comique amusant de l'Opéra-Comique, ce chanteur agréable, qui joue la comédie avec esprit et peint le paysage avec un sentiment juste et fin de l'art, a été officier. Je me le rappelle fort bien en uniforme, et je me souviens du jour où il entra ensuite au conservatoire pour suivre la carrière théâtrale. Il avait de bons exemples dans sa famille, les deux Batiste des Français, et cette femme d'un vrai talent qui est la fille de Batiste aîné, et que nous connaissons sous le nom de madame Desmousseaux. Or, Arnal n'avait pas l'ambition de devenir maréchal de France ; peut-être sentait-il le sol de l'empire trembler sous ses pas, et prévoyait-il une catastrophe. Tant il y a qu'il gagnait un peu d'argent, lorsque le tambour le mena un matin au feu ; c'était à l'affaire de Neuilly. Quand vous verrez Arnal dans le garçon apothicaire, ou dans ce Robert du *Prédestiné* où il est si parfait, tâchez de retrouver le sergent du 14e tirailleurs de la garde ! L'affaire de Paris coupa cours à l'avenir du remplaçant du maître tailleur ; Arnal eut son congé. Il devint brunisseur chez un fabricant de boutons, gagnant 5 fr. par jour ; c'était beaucoup moins qu'au régiment ; mais il était heureux, il resta là trois ans. Le dimanche de l'ouvrier parisien est toujours marqué par quelque habitude de plaisir; Arnal n'allait que peu à la guinguette, et beaucoup au théâtre de Doyen. Il se sentit une vocation pour la scène, et joua la comédie sous la direction de ce vieux Doyen qui était si drôle en Agamemnon et si tragique en Bartolo. On le remarqua dans cette troupe d'amateurs, et le théâtre des Variétés se l'attacha comme figurant; il perça peu à peu, et dix ans après être entré aux Panoramas, il alla au Vaudeville.

Ainsi, ciseleur, sergent, boutonnier et comédien, voilà ce que fut successivement Arnal. Préville n'avait-il pas été enfant de chœur, goujat, marchand de figures de plâtre, avant d'être Préville? Bien des acteurs ont commencé par d'autres professions; j'en ai cité déjà quelques uns, il y en a d'autres encore : Vizentini, qui a manqué à la Comédie-Française, et que Feydeau a eu quand il perdit Juliet, Vizentini a commencé par la marine; Guiaud, des Français, qui joue décemment, en honnête homme, l'emploi de Grandménil, a navigué aussi; Cazot, qui brille au second rang des comiques du théâtre des Variétés, a été corsaire; Martin, ce ravissant chanteur, à la voix unique, au goût si rare, ce *bouffe* si vraiment comique qui a soutenu le théâtre où il avait paru avec éclat du tems d'Elleviou, de madame Saint-Aubin et de madame Dugazon, Martin avait été professeur de violon; Huet, le parfait *César* des *Rendez-vous bourgeois*, avait été chirurgien de navire ; M. Gabriel, du Gymnase, est encore tabletier; Talma avait été destiné à la chirurgie, Potier fut un instant canonnier; je n'en finirais pas si je voulais nommer tous les artistes dramatiques qui le devinrent par occasion, par entraînement de jeunesse, par vocation réelle ou par vocation de plaisir; sans compter Dazincourt, qui était je crois à peu près gentilhomme de son métier, gentilhomme provençal, ma foi!

Dazincourt avec sa gaîté, sa vivacité, sa grâce, jeta beaucoup d'éclat sur la fin de l'ancien Théâtre-Français. Il survécut peu d'années au dix-huitième siècle; pourtant, il fut un de ceux qui rétablirent la comédie qu'il avait apprise sous Préville et au milieu du grand monde. Car, en définitive, c'est là qu'il faut l'apprendre; nos comédiens aujourd'hui ne le fréquentent pas. Plus le préjugé qui sépare les acteurs du reste de la société a été ruiné par les révolutions et la philosophie, moins ces artistes ont cherché à pénétrer dans les salons où ils pouvaient étudier les hommes et les bonnes manières. Je n'ai pas vu Dazincourt; mais par tout ce que j'en sais, il me semble qu'il y a des rapports entre lui et Samson. Samson est un homme de bonnes manières, d'une éducation soignée, d'un esprit fin et délicat ; il écrit fort joliment en vers et a fait des ouvrages de théâtre où l'on remarque le sentiment vrai du comique. Comme acteur, il tient le premier rang à la Comédie-Française. Il est moins pétulant, moins turlupin que Monrose, il n'a pas le masque si mobile, si plaisamment grimacier ; il a plus de verve que n'en avait Thénard, comédien propre, exact, mais froid ; il n'est pas si grand, si droit, si raide, si valet de bonne maison que Cartigny, acteur de talent aussi ; il ne s'impose pas, il s'insinue. Monrose fait bien plus rire ; Samson est plus comique au fond. Monrose est Crispin, Pasquin, Lafleur; Samson est plus large que cela. La souquenille de valet ancien est si usée qu'on ne peut plus guère la porter ; Samson en a échangé les lambeaux contre l'habit brillant d'un diplomate, et il a été sous ce costume d'une convenance parfaite, un peu gourmé quelquefois, mais toujours de bonne compagnie, toujours fin et spirituel[1]. Une voix qui sonne haut et clair, qui même parfois est un peu criarde, n'a pas nui au succès de Samson. Monrose a la voix pénétrante, mais elle se module mieux. Monrose a plus de verve que Sam-

[1] Rôle de Bertrand de Rantzau, dans *Bertrand et Raton*.

son, plus de chaleur apparente ; c'est un comédien comme Lepeintre aîné ; il est l'acteur de la multitude, Samson est celui des amateurs qui se plaisent à une analyse complète des intentions dramatiques de Molière et de Beaumarchais.

Dans cette revue, un peu vagabonde, que je passe de tous les acteurs qui luttent contre la tristesse de ces temps-ci, au profit d'un peuple menacé de tomber dans l'hypochondrie, puisque j'en suis arrivé au Théâtre-Français, je dois parler d'un homme plein de naturel, d'un comique pénétrant, d'une gaîté franche et verveuse, sans grimace, parlant du nez, gesticulant beaucoup de la main gauche ; c'est Duparrai que je veux dire. Tout dans son talent si vrai, si naïf, n'a pas la distinction que j'y voudrais trouver ; mais ce qu'il y a de trivial ne choque pas trop. Il est surtout à merveille dans la comédie de genre ; Granville a peut-être mieux que lui les traditions de Grandménil, mais il est bien autrement amusant que Granville. Un jeune homme qui a de la nouveauté dans le comique, de l'élan, une originalité assez piquante, mais prête à dégénérer en charge, se montre depuis quelque temps aux *Français* ; c'est le fils de mademoiselle Régnier, qui est descendue des confidentes tragiques aux duègnes, où elle est bien, moins bien pourtant, moins comique que madame Desmousseaux[1].

L'Opéra n'a qu'un comique de profession, Élie, grand, maigre, mince, expressif et gai, qui est bien loin de ce pauvre Mazurier, mort si jeune de la poitrine, le plus gracieux, le plus souple, le plus leste, le plus original des danseurs grotesques. Un homme qui a surpris tout le monde par sa gaîté, que recouvrit si long-temps un masque froid, sévère, immobile, c'est Levasseur à la belle voix de basse, Levasseur, un des plus beaux chanteurs français, long-temps lourd dans la tragédie lyrique, aujourd'hui noble, élevé, chaleureux, dramatique dans l'opéra, comique aussi quand il le faut. Levasseur est parfait de gaîté dans le charlatan du *Philtre*. C'est un homme de quarante ans, grand, bien fait, beau de figure, diabolique dans *Robert*, et d'une charmante bouffonnerie dans *le Dieu et la Bayadère*.

Je m'aperçois que j'ai oublié de citer Lhéric,

---

[1] Le nom d'Armand Dailly ne s'est pas encore trouvé sous ma plume ; il serait injuste de l'oublier. Ce n'est pas un comédien habile, un comique fin et profond, mais c'est un acteur amusant qui a les traditions plaisantes. Il a transporté avec assez de bonheur la farce dans la comédie ; peut-être abuse-t-il un peu de la licence que lui en a donné le public.

c'est un parodiste agréable, un peu outré dans les niais, et qui descend le comique jusqu'à la turlupinade. Les lauriers d'Odry l'ont empêché de dormir; il a voulu se faire une originalité, et il est tombé dans le faux. Il est assez jeune pour se relever. Lhéric est fils d'un joaillier de la rue Vivienne; il a reçu une bonne éducation, et fait des pièces de théâtre qui réussissent. Arnal ne fait que de petits vers et de grands logogriphes. Vous ne saviez peut-être pas qu'il y eût encore des écrivains pour ce genre, et des lecteurs passionnés comme au bon temps du *Mercure*.

Je dois dire un mot des femmes qui ont le don de gaîté et la verve comique. La plus vive, la plus piquante, la plus dévergondée, c'est mademoiselle Déjazet; celle qui rit le mieux et dont le rire est le plus agréablement contagieux, c'est mademoiselle Brohan; celle qui a le plus de malice et de finesse, c'est mademoiselle Jenny Vertpré; celle qui a le talent le plus élevé, le plus véritablement comique, c'est mademoiselle Dupont de la Comédie française; mademoiselle Flore des Variétés, c'est ou plutôt c'était Odry, en femme. L'actrice comique qui a eu le plus de verve, de vivacité, d'enjouement, c'est madame Boulanger, même dans le temps où madame Gavaudan avait toute la réputation qu'a eue depuis, dans le même genre, mademoiselle Jenny Vertpré. Eh bien! l'actrice gaie par excellence, madame Boulanger, est une des femmes les plus mélancoliques du monde. Elle n'a jamais été très-jolie, mais très-avenante, blanche et rose, bien faite; elle est très-grasse, et a débuté en 1811. Mademoiselle Déjazet est mince, maigre, petite, agaçante, grivoise, spirituelle. Mademoiselle Jenny Vertpré a de l'esprit aussi, beaucoup de gentillesse; c'est une jolie miniature féminine, qui a toujours vingt ans. Mademoiselle Dupont est une belle femme, alerte, gaillarde, une franche et bonne servante de Molière. Mademoiselle Brohan est grande, bien faite, agréable; elle a de beaux yeux et une jolie bouche rieuse. Mademoiselle Flore est grosse, lourde; elle a toutes les grâces d'une marchande de marée, toute l'élégance d'une dame de la halle. N'oublions pas mademoiselle Julienne du Gymnase; c'est une duègne fort gaie, une caricature fort amusante, une bonne comédienne, grasse autant que Klein est long et maigre, vraie autant que Klein est faux, naturelle autant qu'il l'est peu.

J'ai réservé Henri Monnier pour le dernier. Il m'est en effet une transition toute naturelle entre les comiques de théâtre et les caricaturistes. C'est un esprit tout artiste que celui de Monnier; peu d'hommes ont eu l'observation de détail comme lui, peu d'hommes ont deviné autant de choses en procédant par l'application de la théorie des analogues. Le peuple, la bourgeoisie, les salons de la société plus élevée, il a tout vu d'un coup d'œil fin et exercé; et comme il avait l'organe de l'imitation fort développé, il a tout reproduit, la plume ou le crayon à la main, ou, plus matériellement sur la scène, avec des costumes et sa parole railleuse. Avant de jouer la comédie, Monnier était un homme du monde, recherché pour la gaîté piquante de sa conversation, pour ses récits plaisans, pour la vivacité de son esprit délicat, moqueur, parodiste, pour l'originalité de ses créations grotesques, pour l'expression humouriste de ses idées comiques parlées ou dessinées. Monnier a été commis, élève en peinture chez Gros, le célèbre peintre de l'empire, auteur de *proverbes* dramatiques et de *charges* lithographiées; il est comédien par circonstance plus que par vocation. C'est un honorable sentiment qui l'a poussé sur le théâtre; il n'était pas riche, vivait de peu, travaillait beaucoup et avait des dettes; il s'est engagé au Vaudeville et il paie ses dettes avec les efforts qu'il fait sur sa timidité devant le public. Il ne sait pas toutes les ruses du métier de comédien, il ne comprend encore que les beautés de l'art; il n'a copié personne, ni ressemblé à personne; il est lui tout-à-fait, un peu froid parce que l'habitude lui manque, trop fin pour la majorité des spectateurs, parce qu'il procède par nuances délicates au lieu de procéder par masses de tons larges. Il est plus fini, plus délicat qu'il ne faut, il n'est pas assez décoration. J'explique ceci : L'esprit de l'auteur dramatique et du comédien est comme la touche et la couleur du peintre qui fait la décoration de la scène; il faut qu'il produise son effet à distance. Il y a pour lui comme pour le peintre qui entoure les personnages et veut représenter la localité où se passe l'action, il y a une perspective. L'acteur se fait un visage avec de larges plaques de vermillon qu'il ne fond pas en dégradant la teinte de ses joues à son menton, avec des applications de noir et de blanc qui simulent les rides de la vieillesse ou l'éclat de l'adolescence. Il a besoin d'arranger aussi ses plaisanteries pour qu'elles dépassent la rampe et arrivent jusqu'au spectateur. L'intelligence du public doit être traitée comme ses yeux; elle a sa myopie à laquelle il faut songer. Telle plaisanterie, tel effet qui arriveront juste au but dans un salon, à table, dans une conversation intime, se perdront en route dans une salle de spectacle. Savoir bien apprécier la valeur et la portée d'un trait, d'un bon mot, d'un lazzi, d'un geste, c'est un art, sans lequel l'autre est incomplet. Monnier, qui me plaît beaucoup au théâtre, n'a pas réussi auprès de la multitude autant que Bernard-Léon ou Philippe. Il n'a pu charmer les spectateurs que ces héros de la farce avaient enthousiasmés. C'est tout simple; montrez à une réunion d'hommes formée au hasard, une de ces belles et parfaites peintures de madame de Mirbel, où la nature, le caractère, la ressemblance physique et morale de la personne représentée brillent sous un dessin pur et précieux, sous un modelé fin et sévère, sous une couleur riche et vraie, elle sera médiocrement appréciée : les masses n'ont pas le sentiment délicat de l'art; montrez-lui au contraire le portrait de Duclos, le cynique du Palais-Royal, ou celui d'Odry, peint par je ne sais quel miniaturiste vulgaire qui sait *attraper* la ressemblance matérielle, animale; et la foule se récrîera d'admiration ! Henri Monnier, dans le petit comité, dans la liberté d'une réunion d'amis, est un homme unique. Je connais tous les plaisans de société, tous ceux, veux-je dire, qui ont beaucoup d'esprit, de verve, de gaîté naturelle, et qui ne font pas un abus grossier de l'heureuse faculté qu'ils ont de faire rire; et je n'en ai point vu qui eût le charme original, saisissant de ce conteur, de ce mime parfait. Comme beaucoup des comiques les plus gais, Monnier est mélancolique, moins cependant que ne l'était ce gros Désaugiers chez qui la joie semblait déborder. Désaugiers riait par système, chantait par métier, par raison, pour se soustraire violemment à je ne sais quelle idée fatale qui le rongeait; Monnier n'en est pas là. Il a quelqu'amertume au cœur, ainsi qu'en ont toujours les observateurs qui ne s'arrêtent pas à la superficie, et vont au fond des choses; mais cette amertume n'empoisonne pas sa gaîté; elle l'accentue seulement, la rend ironique, lui donne de la portée et de l'énergie, la poétise enfin. Monnier n'a pas cette brûlante chaleur de plaisanteries qui étourdissait les auditeurs de Martainville; mais il ne descend pas à l'obscénité révoltante. Dans ses plus grandes débauches d'imagination, il y a toujours en lui l'homme qui se respecte. Ses charges les plus hardies ne répugnent jamais; elles peuvent faire frémir, mais elles n'inspirent ni le dégoût ni le mépris. L'artiste qui a imaginé *Titi à la place de Grève* a fait une belle et morale tragédie populaire, et cette tragédie est d'un comique excellent. Monnier est encore jeune; il est petit, assez gras, joli garçon; il a des manières distinguées et le costume fashionable. Sa tête, dont il a fait la charge dans le profil d'un cabriolet, a quelque chose de napoléonien. L'œuvre dessinée de cet artiste spirituel est considérable. Ses *Grisettes* sont charmantes. Il a traduit avec un goût exquis quelques moralités de Lafontaine, et plusieurs chansons de Béranger. Sous le titre de *Fantaisies*, il a semé dans plusieurs cahiers une foule de bonnes idées cachées sous des formes amusantes et légères. Il est de tous les Français celui qu'on peut le plus justement comparer à Hogarth, ce penseur anglais qui a tant d'observation, une forme si originale et si plaisante, un drame si profond. La caricature politique, quand elle a échappé au crayon de Monnier, n'a jamais eu le caractère de la personnalité offensante; aussi même le parti blessé a ri de ses piquantes railleries.

Grandville n'a pas eu la même réserve, depuis la révolution de juillet. Il a composé pour le compte d'une opinion de fort spirituelles caricatures; mais la plaisanterie y est insultante, corrosive; c'est quelque chose de plus cynique qu'Aristophane. Il n'y a point de gaîté; il y a de la haine, de cette haine qui arrachait quelquefois des bons mots à certains membres de la Convention quand ils jouaient en face du bourreau la partie sanglante dont leurs têtes étaient l'enjeu; mais du moins le bourreau était là. La caricature qui peut faire couler les larmes de ceux qu'elle frappe, ou armer d'un poignard des fanatiques inintelligens, n'est pas un amusement d'artiste. Les sauvages qui empoisonnent leurs flèches ne rient pas, ils ne pensent pas faire de l'art. Je conçois l'émeute, je ne conçois pas la caricature armée. Sous la restauration, Grandville fit de son talent une large application, tout-à-fait digne de l'art auquel il s'est donné; il peignit la société humaine, et pour lui faire honte de ses vices, de ses travers, de ses mœurs, de ses ridicules, il cacha tous les types humains sous les traits des animaux. Une idée que l'abbé Casti avait exploitée le premier dans ses *Animaux parlans*, se féconda sous le crayon de Grandville, et toute cette œuvre vraiment originale et comique restera dans les bibliothèques des amateurs, comme une délicieuse chose. C'est là ce qui fera vivre le nom de Grandville; le reste est déjà presque oublié. La circonstance est fugitive, et l'œuvre qui s'y attache passe comme elle. Quand il n'y aurait plus de femmes savantes en France, la comédie de Molière serait éternelle, parce que Chrysale tremblant devant sa femme, Chrysale raisonnable et moqué, Vadius et Trissotin se flattant, puis se déchirant, sont des vérités éternelles dans le monde civilisé. Il ne faut pas, quand on a de la jeunesse et beaucoup de talent, se préparer des remords pour un autre âge. Je me rappelle Lebrun, celui qu'on avait nommé Pindare ; il avait passé la moitié de sa vie à aiguiser des traits rimés contre tout le monde ; d'abord on l'avait craint, après on le laissa pour ce qu'il était. Il devint aveugle et attendait la mort au coin de sa cheminée. On allait le voir par curiosité ; j'y allai un soir. J'étais tout neuf dans le monde et tout respectueux pour les grandes renommées ; je m'approchai de Lebrun, qui bientôt me prit par les deux mains et se mit à me réciter toutes ses épigrammes. Elles étaient bien tournées, nerveuses, cruelles ; j'avais quinze ans, j'étais tout frais émoulu de Juvénal, cela me plut comme un écho de la classe que je quittais. Je bus la coupe jusqu'à la lie. Ducis était là, bon et doux vieillard, aux cheveux blancs, à la parole aimable et indulgente ; il me tira des griffes du démon, et me dit : « Oublie bien vite, mon garçon, tout ce que tu » as entendu ; préserve ton innocence des cruautés » de ce méchant vieillard. » J'ai tout oublié, tout, excepté l'avertissement de Ducis ; et quand j'ai fait de la critique, quand j'ai formulé des épigrammes, j'ai toujours pensé à cette soirée ; je me suis toujours souvenu que Lebrun, aveugle et vieux, était haï !

Un homme, un grand artiste qu'on ne pourra haïr, c'est Charlet, le Molière, le Béranger de la caricature. Celui-là est gai, comique, profond, spirituel; jamais une méchanceté n'est sortie de son crayon ni de sa plume; et je dis de sa plume, car chez lui la caricature écrite est le complément de l'autre, et cette portion complémentaire n'est pas moins piquante, pas moins vraie, pas moins originale que la première. Charlet a fait une œuvre politique et d'opposition; c'est l'esprit français, la générosité française qu'il a intéressés à son succès. La France, toute militaire par ses habitudes de l'empire, tombant tout à coup dans une paix sans gloire; l'armée long-temps victorieuse, licenciée un certain jour et humiliée par des princes français devenus étrangers; la noblesse et le clergé se ruant sur le trésor public comme les chiens à la curée sur le cerf forcé; toutes les vieilles prétentions, tous les préjugés gothiques se réveillant et envahissant le pays; la contre-révolution s'élançant de dessous les ruines du trône de Napoléon, comme le hibou des flancs du lutrin que la coalition de la sainte chapelle vient d'abattre : Charlet sentit ce qu'il y avait là-dedans de triste et de ridicule. Il fit des caricatures et des tableaux de mœurs. Il pouvait peindre pour donner plus d'importance apparente à ses idées; mais le pinceau est retardataire; l'instrument allait trop lentement pour l'impatience de sa verve indignée.

Il se servit du crayon lithographique; il composa des dessins, il en produisit par douzaines. Ce n'étaient que des croquis pour les gens qui n'en voyaient ni le mérite ni la portée; oui, c'étaient des croquis, comme les odes de Béranger étaient des chansons. C'étaient de petits poèmes bien complets, avec des refrains. Béranger et Charlet avaient été saisis par la même idée; tous deux avaient vu que la popularité n'est acquise qu'aux choses qui se comprennent et se retiennent aisément. Le refrain d'un vaudeville, un air connu sont des moyens de mnémonique; la gaîté, le tour comique, la forme de la caricature frappent tous les esprits : Charlet représente la nature prise sous son aspect le plus plaisant, et Béranger donne des refrains à des vers admirables qui n'allaient guère bien sur l'air, comme on dit. Les refrains et le grotesque des *charges* furent des passeports pour la pensée élevée ou moqueuse, pour la donnée philosophique et libérale des couplets et des dessins. Le calcul des deux grands artistes,—que je compare volontiers, quoiqu'il y ait chez le poète une forme plus précieuse et plus grande que chez le dessinateur moraliste, — le calcul des deux artistes ne les trompa point. Ils devinrent populaires, c'est-à-dire que les dernières classes du peuple, comme la bourgeoisie et les salons, même les salons aristocratiques, accueillirent avec faveur ou enthousiasme leurs productions marquées au coin du génie. L'art prodigieux qui distingue Béranger, l'art charmant qui décore tous les ouvrages de Charlet, fit pardonner par ceux que les dessins et les chansons atteignirent, la hardiesse de la pensée; à ceux que satisfaisait la pensée et qui ne se souciaient guère de la forme, les chansons et les dessins firent aimer l'art; si bien que les pauvres caricatures et les chansons mal écrites, comme il s'en publiait tant auparavant, n'eurent plus aucune chance de réussir. Charlet a deux spécialités où il excelle : les *soldats* et les *enfans*. J'ai déjà dit quelques mots des soldats de Charlet; j'ajouterai que le trait de vérité comique ou sérieuse qui les recommande ne se retrouve dans aucun autre artiste de l'empire ou des jours qui suivirent la restauration. Tous les peintres de l'empire firent plus ou moins des statues antiques ou des mannequins habillés d'uniformes français; le mouvement manquait, ce qu'on appelle le *chic* militaire. Horace Vernet peignit beaucoup de militaires; il le fit avec ce talent d'observation exact et spirituel qui a donné un cachet à tous ses ouvrages en ce genre; mais on peut dire qu'il peignit l'officier, tandis que Charlet faisait le soldat, le troupier, le joli cœur, le grognard. Quant aux *enfans*, personne n'a approché de cette vérité naïve et gracieuse que Charlet a mise dans la représentation de leur physionomie espiègle ou boudeuse. L'enfant du pauvre, l'enfant du riche sont également bien sous le crayon de Charlet, mais bien par des expressions différentes. L'enfant du peuple, le gamin, l'élève de l'école des Frères ou de l'enseignement mutuel, sont adorables quand il les fait agir ou parler ; comparez-leur ceux du peintre Jeanron, noirs, sales, ignobles, outrés ! cela ne se ressemble pas. Charlet a choisi dans la nature, comme tout artiste qui a un sentiment élevé de l'art. Jeanron a choisi aussi, mais le vilain côté. Parler toujours du peuple et le peindre laid, dégradé, abruti ; et, pour se faire peuple, laisser croître sa barbe, ne pas se couper les ongles, laver rarement ses mains, affecter une grande négligence dans sa toilette et un laisser-aller de mauvais goût dans ses paroles et ses manières, c'est travailler contre le peuple. Beaucoup de gens aujourd'hui ne font pas attention à cela ; ils parodient les carmagnoles d'une autre époque et les propos grossiers d'Hébert, pour faire croire à leurs vertus républicaines ; c'est comme les jeunes élèves des écoles préparatoires de la marine qui mâchent du tabac et jurent à la journée pour se donner un air loup de mer. Charlet a évité ce travers; il est peuple, et tout le monde peut donner la main à ses personnages. Charlet sait le soldat à merveille, et il n'a jamais servi ; il n'a jamais servi et il tient très-militairement la compagnie de grenadiers de la garde nationale dont il est capitaine. C'est qu'il a beaucoup observé les soldats, c'est qu'il a l'instinct militaire. Il a étudié consciencieusement le peuple soldat et le peuple ouvrier ; il les a pris sur le fait de leur joie au cabaret hors barrière ; il les a écoutés, les a croqués sur place, et, quand il a inventé, il n'a fait que se souvenir. Charlet est très-grand ; il a la tête du Jupiter Olympien, mais de Jupiter sardonique et en goguette.

Raffet copie Charlet, comme Alcide-Touzez du théâtre du Palais-Royal copie Odry, comme Sylvestre du Gymnase copie Potier. De loin, j'ai souvent pris un dessin de Raffet pour un Charlet; de près, l'erreur a cessé bien vite. Ce n'est pas que ce caricaturiste manque d'esprit et de talent, mais son esprit et son talent mettent un masque. Pourquoi imiter ? Charlet, Grandville, Henri Monnier, Horace Vernet n'ont imité personne; ils sont et ils seront; les imitateurs sont à peine, et ils ne seront rien après leur mort. Pigal a de l'originalité, mais il est trivial ; il n'est pas comique, il n'est que plaisant. Sa pensée est souvent gaie, mais la forme en est vulgaire.

La *charge* a pris un essor remarquable dans ces dernières années. Avant d'être arrivée à Charlet, à Monnier, à Grandville, à Horace Vernet, elle était à Isabey père, à Cicéri, à Carle Vernet, à Debucourt et à Boilly; elle était spirituelle, amusante, gaie, mais n'avait pas la profondeur que nous lui avons vue depuis. Elle se contenta long-temps d'être un simple croquis, une idée folle jetée en courant sur le papier; la voilà affectant le relief. Elle s'est faite monument, buste ou statuette. C'est Dantan qui a eu cette pensée et qui l'exploite. La charge de Dantan est la reproduction outrée du trait saillant d'une figure, d'une habitude, de corps, d'un tic et aussi d'une allure de caractère. Toutes ses caricatures sont plaisantes; quelques unes, comme celle qui représente Castil-Blaze à cheval sur Rossini qu'il étrangle en épluchant sa tête, sont d'ingénieuses satires. Il y en a qui sont des portraits véritables, comme le buste simple et calme de M. de Talleyrand, ou la tête de Martin sur un corps d'ours. La statue de lord Sefton, vieux coureur de filles d'Opéra à Londres, qui espère dissimuler sa bosse en relevant continuellement son pantalon toujours prêt à tomber, est un morceau tout-à-fait artiste.

Citerai-je Dumas à l'angle facial simianisé? Habenech, assis sur une timbale et se contorsionnant pour conduire l'orchestre de l'Opéra? Uran, huché sur un haut tabouret, l'œil attaché à la terre, l'alto entre les jambes, attendant le signal d'Habenech pour faire son métier, et se livrant pour patienter à quelque méditation philosophique ou religieuse? Scheinzoeffer, le timbalier de l'Opéra, blousant ses timbales comme le lapin savant joue du tambour? Le peintre Lepaülle en rat? Rossini et Lablache, gros comme des muids? Horace Vernet, mince comme un jonc? Perlet, maigre, décharné et presque diaphane? Carle Vernet, la tête busquée, attachée au cou d'un cheval normand? Garaudé, le maître de chant, devenu avec son nez démesuré la poignée d'un de ces parapluies grotesques qui servent d'enseigne aux marchands? Panseron, sans autre nez qu'un petit rudiment charnu presque microscopique? le musicien Halevy en poupart? Ponchard, petit et grêle, habillé en chevalier du moyen-âge, ouvrant une large bouche muette, se pressant la poitrine pour en faire sortir le son, relevant en l'air deux gros sourcils, faisant enfin la plus drôle de grimace du monde pour retrouver sa voix un instant perdue? Bouginier qui a commencé cette série, et dont le profil fantastique a couvert tous les murs de Paris? Naso-Berton? le dioramatiste Daguerre? le danseur Perrot, à la tête de grenouille? Berlioz à la longue cravate, aux touffes de cheveux gigantesques? Cicéri sur une brosse de décorateur? Tolbecque, capricieusement perché au sommet d'un manche de violoncelle, et sortant de la volute, comme ces têtes sculptées par les artistes du moyen-âge sortent d'un bras de fauteuil ou d'un appui de stalle? le beau comte Dorcet, noble lord, mince, élégant, recherché, à la grosse tête frisée, aux jambes de fuseaux? Rothschild, le banquier de Londres, en chien molosse, défendant un trésor où il est plongé jusqu'au ventre?.... Cette énumération me mènerait trop loin. Tout le monde y passe à Paris et à Londres; tout ce qui a un nom dans les arts, dans les lettres, dans la société, et n'a pas la sotte vanité de se fâcher d'une épigramme faite avec esprit contre sa figure ou sa tournure. Dantan lui-même s'est représenté; il ne s'est pas épargné assurément; sa face est percée comme une écumoire, ses yeux sont petits, tous ses traits sont cahotés, son air est celui de la simplicité. La seule chose que Dantan n'ait pu parodier, c'est sa voix, sa parole timide et rieuse qu'Henri Monnier contrefait si bien. Dantan jeune s'est fait par ses excellentes charges un nom qu'il aurait eu beaucoup de peine à asseoir sur de la sculpture sérieuse. Il a été plus heureux que tous les autres habiles caricaturistes; on ne l'a point imité. Un jour on retrouvera quelques unes des charges de ce figuriste comme on en a trouvé d'antiques ; on dissertera long-temps là-dessus, et ce sera matière à de savans mémoires pour l'académie des Inscriptions du temps; car au bas de chacune des figures de Dantan se trouvent des hiéroglyphes, une devise en rébus. Vous verrez que, si on déterre le petit buste de Dumas le dramatiste, on affirmera que cette image fut celle d'un bourreau, et on en donnera pour raison sa laideur et la guillotine qui se dessine sur le socle avec la potence. Cet avenir de savantes explications pour des rebus, n'est pas ce qu'il y a de moins gai dans les comiques imaginations de Dantan.

Je m'arrête. Peut-être ai-je poussé trop loin le scrupule d'exactitude qui me tient, dans cette revue que je vous ai fait passer de nos artistes comiques, en 1834. Mais je voulais montrer combien nous sommes riches en hommes qui savent provoquer le rire, et poser ensuite cette question :

« Pourquoi, avec tant de bons élémens de gaîté,
» Paris est-il si triste ? »

On s'ennuie de tout, de la littérature, de la

musique, de la peinture qui abonde chaque Salon au Louvre, des spectacles, du jeu, de la discussion, et je crois même de l'amour. Polichinelle restait gai, amusant, avec son drame romantique où le diable, le commissaire et le gendarme jouaient leurs rôles; on nous l'a gâté en y introduisant le chat, le chat vivant et esclave, qui ne peut ni danser, ni jouer, ni minauder, qui est sur la rampe, la corde au cou, attendant les provocations de Polichinelle, et y répondant à peine par quelques coups de pates, tristes et machinalement lancés. Je ne sais si je me trompe, mais il me semble que le drame de Polichinelle c'est le drame social, que Polichinelle c'est nous, que le chat c'est la gaîté, et que la corde qui l'attache c'est la politique des partis.

A. JAL.

LES

AMATEURS DE VIEUX LIVRES.

Sic transit gloria mundi.

Première Partie.

Les vieux livres, que le vulgaire traite dédaigneusement de *bouquins*, font vivre à Paris plusieurs espèces de bipèdes, dignes d'être observés et décrits dans leurs mœurs curieuses, exceptionnelles et fantastiques : on a bien fait l'histoire naturelle des moines, lorsqu'il y avait des moines !

Je n'entends pas prouver aussi que la race bouquinante appartienne à la grande famille des bêtes; j'oublierai même l'analogie de l'odeur du bouquin avec celle de plusieurs animaux à pied fourchu, et je me bornerai à peindre d'après nature les originaux tels que je les ai étudiés en me promenant le long des quais, et en pénétrant dans leurs repaires.

Si les vieux livres font vivre bien des gens, c'est non seulement par le gain pécuniaire, mais encore par les jouissances qu'ils procurent : il y a d'une part les voluptueux, de l'autre les marchands de volupté; cette seconde classe nombreuse et variée comprend les *bouquinistes*, les *étalagistes*, les *épiciers*; la première classe réunit une collection de types singuliers sous les dénominations de *bibliomanes*, *bibliophiles*, et *bouquineurs*.

Certes Coster et Guttemberg ignoraient, en inventant l'imprimerie, que leur art nourrirait tant de goûts et tant d'industries; lorsque Fauste vendait ses premières bibles sous Louis XI, il ne soupçonnait pas que le prix de sa marchandise devait centupler avec les siècles.

Salut, vieux livres, quels que vous soyez, vous qui tapissez les parapets de la Seine, depuis la Grève jusqu'aux Tuileries, vous qui rivalisez avec les parfums du Marché aux Fleurs, vous qui changez de couleurs et de forme, sous l'influence humide des brouillards de la rivière, et sous les ardeurs du soleil de midi, vous qui passez sans cesse de mains en mains avant de trouver un père adoptif, vous qui reviendrez tôt ou tard à votre station en plein air, jusqu'à ce que vos ruines tombent pièce à pièce dans la hotte du chiffonner, salut, vieux livres, mes amis, mes consolateurs, mes plaisirs et mes espérances !

Vieux livres, vous êtes la dernière passion de l'être intelligent : le cœur, qui a cessé de battre à tous les amours, retrouve encore pour vous un battement, et le feu sacré de la bibliomanie ne meurt qu'avec le bibliomane; l'âge n'a pas de glaces capables de refroidir cette passion, qui a ses excès comme les autres, et n'encourt pourtant aucune censure civile ou ecclésiastique; ainsi un prêtre peut être entiché des vieux livres jusqu'au libertinage.

De même que les passions sensuelles, celle-ci jouit surtout par les yeux : ouvrage rare, bonne édition, bel exemplaire, riche reliure, ce sont autant de qualités matérielles que recherche l'amant des vieux livres, pour qui le bonheur est dans la contemplation et la possession. On dirait le véritable amant qui détaille les charmes de sa maîtresse avec une sorte d'orgueilleuse complaisance, en manière de catalogue de bibliothèque : une brune de vingt ans, de bonne famille, d'un esprit rare, d'une belle figure, de mise élégante ; mais l'amant ne se contente pas de regarder.

Je voudrais avoir toutes les voix des presses qui gémissent à Paris, pour chanter l'épopée des vieux livres brillans de dorures et renfermés dans l'acajou, blancs de poussière et errans sur les étalages, vendus au poids et enfin roulés en cornet!

Que de destinées diverses, illustres ou obscures chez les vieux livres comme chez les hommes! que d'injustices et que de sottises!

I.

LES BOUQUINISTES.

On peut les diviser ainsi : *bouquinistes à la mode*, *bouquinistes de la vieille roche*, *bouquinistes avares*.

Le *bouquiniste à la mode* est au *bouquiniste de la vieille roche* ce que le coiffeur est au perruquier, et au cabaretier le restaurateur; il ne diffère du libraire que par le produit considérable et presque certain de son commerce : chez lui, pas de non-valeur, pas de ballots de papier imprimé, pas de vente subite, mais aussi pas de stagnation complète; il a toujours un bénéfice net de cent pour cent sur les livres qu'il achète, et ses rentrées sont au comptant comme ses déboursés : *ô fortunati nimium !* le *bouquiniste à la mode* ne sait pas ce que c'est que les billets de librairie, les protêts, les faillites et les concordats !

Il a eu soin d'établir son dépôt dans un quartier honnête et fréquenté; il ne prend pas une enseigne peinte, comme Nicolas Flamel avait sa *fleur de lis*, Robert Étienne son *chêne* druidique, Elzevier sa *sphère*, et Didot sa *bible d'or*; il ne livre pas même ses volumes aux doigts fureteurs des passans : seulement aux vitres transparentes de sa boutique brillent les tranches dorées et les dos écussonnés d'une rangée de splendides volumes; quelques vieilles éditions bien conservées sont en montre, et quelques gravures sur bois d'Albert Durer appellent les regards et les désirs des bibliophobes : la police ne devrait-elle pas empêcher ces immorales tentations qui renouvellent le supplice de Tantale à chaque pas, dans les rues de Paris ?

L'intérieur de cette boutique, fraîchement décorée comme un appartement de garçon *à louer présentement*, est une vaste bibliothèque où chacun peut choisir la sienne. Ce sont des livres de condition, garantis complets et intacts, sans défectuosité notable : à coup sûr, ils n'ont jamais été lus; Desseuil, Pasdeloup, Derome y ont mis la main et leur cachet pour l'admiration, la jubilation et la délectation des amateurs.

Vous ne connaissez que Thouvenin, Simier, ou quelque habile relieur vivant, vous tous, qui dirigez et ordonnez vous-mêmes l'habillement de vos livres comme la livrée de vos laquais? Mais les fidèles héritiers de La Vallière, de Goutard, de Gaignat et des fameuses bibliothèques, n'estiment que ces solides et classiques reliures d'autrefois, en maroquin et en veau fauve, marquées au coin de l'artiste.

La reliure est chose indispensable chez le *bouquiniste à la mode*; mais ce n'est pas tout : il lui faut une multitude de ces raretés *uniques* ou *introuvables*, pièces détachées, de quelques pages d'impression, sans date, sorties clandestinement d'une imprimerie de province, comme les chansons politiques et ordurières qui pullulent aujourd'hui parmi le peuple : ces niaiseries, qui n'ont souvent de remarquable que la valeur qu'on leur prête, se vendent mieux que de bons livres.

Ceux-ci ne paraissent souvent chez le *bouquiniste à la mode* que dans la mauvaise édition, qui est habituellement la plus estimée, à cause d'une ligne de plus ou de moins. Le censeur royal a, sans le vouloir, donné des prix fabuleux aux ouvrages où les cartons manquent.

Il y a différens genres de livres que recherche le *bouquiniste à la mode*, selon les fantaisies connues de ses cliens : tel rassemble les vieux romans de chevalerie comme les débris d'un navire après le naufrage; tel ne fait cas que des anciens livres brochés, par la seule raison qu'ils n'ont guère échappé à la reliure; celui-ci est friand d'exemplaires en grand papier, en papier vélin, en vélin; celui-là est en quête des *ex libris* d'hommes célèbres, comme s'il restait quelque chose du mort dans le volume qu'il toucha. Un livre en effet vaut bien une plume, une canne, un encrier ou toute autre relique d'un savant : les déceptions sont moins fréquentes ici qu'ailleurs ; car, si l'on connaît plusieurs poètes latins annotés par Racine et Boileau, si l'on possède nombre de volumes portant la signature de Grosley ou de Baluze, on aurait de quoi faire un fonds de papeterie avec toutes les plumes qu'on assure avoir appartenu à Voltaire.

Le *bouquiniste à la mode* n'a pas l'insupportable distraction ni la superbe gravité du *bouquiniste de la vieille roche* : c'est d'ordinaire un jeune homme souriant et affable, ayant la barbe et les ongles faits, les cheveux en ordre, et les mains blanches; rien de particulier dans son costume, toujours propre et soigné : s'il a une femme, elle est jolie, aimable, elle brode et cause avec grâce; s'il a des enfans, ils savent distinguer l'in-seize de l'in-folio au sein de leur nourrice, et le premier mot qu'ils bégaient est un titre de livre; s'il a des chiens, ils respectent la modeste basane et le fastueux cuir de Russie, à l'égal des mollets et de l'odorat des assistans.

Cette boutique est un salon d'académie où se tiennent les plus doctes conférences; on y rencontre, tant l'aimant des livres est puissant! les notabilités savantes du jour et même celles de la veille.

Le *bouquiniste à la mode* reçoit son monde avec toute la politesse de la haute société qu'il rallie autour de lui, s'exprimant bien, d'un air avenant, et répandant çà et là des bribes d'érudition ramassées sous les pieds de ses hôtes : chez lui on trouve des chaises pour s'asseoir, on a liberté entière de feuilleter tous les volumes les uns après les autres; chez lui on n'est jamais infecté de bouquins, ni aveuglé de poussière : on entre simple curieux, on sort bibliophile.

Maintenant cherchez quelque rue boueuse dans notre belle capitale qui n'en manque pas, cherchez la maison la plus délabrée et la plus noire.

C'est là que le *bouquiniste de la vieille roche* réside avec ses bouquins depuis dix, vingt ans. On ne sait depuis quand, car le temps qui n'épargne rien, même les livres, semble l'avoir oublié; tant celui-ci s'est caché au monde extérieur, et retiré dans la muette compagnie des livres! Pendant des années il n'a touché et respiré que des livres, *plus et non mieux sentans que baume*, dit Rabelais. Ah! si la métempsycose n'est pas une chimère inventée pour la consolation des âmes tendres, le *bouquiniste de la vieille roche* passerait en mourant dans le corps d'un de ses bouquins, dût-il animer le ver rongeur qui se creuse un tombeau dans les feuilles solitaires d'un saint Thomas ou d'un Cujas!

Vous avez l'adresse exacte de ce bouquiniste? cela ne suffit pas; il faut encore interroger la fruitière voisine, reconnaître la porte d'une allée semblable à un soupirail de l'enfer, pénétrer dans les ténèbres moites et putrides de ce labyrinthe fangeux, tâter le chemin avec le pied et la main, au risque de choir au fond d'une cave, découvrir enfin, à travers cette nuit froide et opaque, une faible lueur de jour, puis un escalier raboteux, puis une rampe à demi rompue, monter un étage à tâtons et frapper, monter un second étage et sonner, un troisième et crier, redescendre et resonner et refrapper, jusqu'à ce qu'une voix qui semble s'échapper de dessous terre, vous annonce la fin de vos recherches désespérées.

Ce n'est pas tout; le minotaure ne paraît pas : la voix s'approche et s'éloigne avec l'espérance; on entend un bruit de vaisselle qui tinte ou de volumes qui croulent; on sent une affreuse odeur de choux, d'ail et d'ognon... Dieu soit loué ! la clef est dans la serrure, et les verroux sont tirés : on dirait la clôture d'une prison, entrez et prenez garde aux taches de graisse, voici le maître du lieu, le grand-prêtre de l'antre de Trophonius !

Ce vieillard-là ne ressemble pas à tous les vieillards; il porte bien son âge, et son vin; il grimpe comme un chat à l'échelle et remue des montagnes de volumes, sans craindre les éboulemens : il a l'œil vif et perçant, quoique larmoyant et enflammé; à cette infirmité près, il n'a pas plus changé en cinquante ans qu'un cromlech de druides en dix-neuf siècles; et depuis qu'il n'est plus jeune, il n'a pas encore commencé à être vieux : c'est toujours le bouquiniste d'avant la révolution, avec les mêmes idées, la même existence, le même métier, et le même habit.

Seulement, par forme de distraction, il se livre aux manipulations de la science culinaire, il prépare lui-même ses ragoûts, dont son visage dartreux atteste le mérite relevé; sa vie perpendiculaire est partagée entre deux occupations qu'il mène souvent de front : il vend des livres, et mange, non sans boire. Vous le trouverez toujours la bouche pleine, la fourchette, le verre ou la lèche-frite à la main ; ses goûts sont tellement incorporés à son état, que sa cuisine est devenue sa bouquinerie ; que les casseroles y sont mitoyennes des plus précieuses éditions, et que les souris ont assez de miettes à grignoter, pour négliger le vieux papier jauni par la fumée et sans cesse menacé d'un baptême de friture.

La *gueule* n'est elle pas antérieure à l'invention de l'imprimerie? Ce bouquiniste affamé n'a d'ailleurs ni femme, ni enfans, ni chiens, ni chats, pour charmer son désœuvrement; il n'a qu'un bon estomac et une cuisinière : car, s'il appartient au public de dix heures à quatre, le reste du temps appartient à son estomac et à sa cuisinière : à quatre heures sonnant, il cesse d'être vendeur de livres, il soupe, resoupe, sursoupe et s'endort en rêvant à la composition de ses vingt repas du lendemain.

Quand un *bouquiniste de la vieille roche* ne mange pas toujours, il lit toujours, et on n'a pas moins de peine à rencontrer son esprit à jeun; si c'est un liseur, au lieu d'un mangeur, il a une majesté doctorale qui dépend de sa queue et de sa tête poudrée, autant que du livre qu'il dévore incessamment avec un infatigable appétit; on lui parle, il n'entend pas; on élève la voix, il vous répond sans lever les yeux de la page où ils sont embourbés, puis il retombe dans sa lecture, dans son mutisme et son immobilité; demandez-lui si la terre tourne, il vous dira : *C'est le juste prix*, ou bien : *Il n'est pas cher.*

Malgré ces défauts et d'autres, le *bouquiniste de la vieille roche* est d'un commerce sûr et avantageux; ses prix sont inamovibles comme sa boutique, et ne suivent pas la variation progressive du cours de l'ancienne librairie; on ne le ferait pas dévier de ses usages et coutumes dans le débit de sa marchandise, qui ne s'est pas ressentie des commotions politiques : car il ignore tout ce qui s'est passé autour de lui, excepté dans la littérature qui arrive à lui toute nouvelle, pour prendre place parmi les bouquins, avant même d'avoir vu le jour.

Vous qui aimez les livres d'autrefois pour ce qu'ils contiennent, fréquentez le *bouquiniste de la vieille roche*, bravez courageusement les miasmes de cuisine, la poussière, les taches, les réceptions brutales ou maussades, et surtout le préjugé qui, mieux qu'une ordonnance de police, défend le passage des rues mal famées : mais ne rougissez pas, si quelqu'un s'enquiert du lieu d'où vous sortez !

Il est un de ces *bouquinistes de la vieille roche,* lequel a pris le monopole des livres dépareillés, et qui entasse Pélion sur Ossa en ouvrages incomplets : il y a presque du dévouement à rassembler dans un bercail toutes ces brebis égarées que le loup, c'est-à-dire l'épicier, aurait infailliblement déchirées, le barbare ! On dirait un de ces chiens intelligens qui veillent dans les neiges du Saint-Bernard, pour sauver quelque malheureux prêt à périr, que le froid a déjà privé de l'un de ses membres : tel un livre veuf ou orphelin auquel manque un tome perdu, sali ou détruit. Heureux le possesseur qui peut recompléter son livre et ses plaisirs !

La vertu de ce bouquiniste unique en son espèce, c'est la patience, une patience éprouvée par soixante ans d'activité, ou plutôt d'attente : il ne spécule que sur les accidens qui résultent du prêt des livres, il répare l'étourderie d'une jeune fille, l'inexpérience d'un enfant, le malheur causé par l'eau ou le feu. On subit ses caprices, sa mauvaise humeur, ses éternels retards, pour obtenir de lui la résurrection d'un volume, d'une page, d'un titre, qu'il fera payer, il est vrai, autant que l'exemplaire entier ; mais n'importe, il rendra la santé à ce pauvre livre malade, ou estropié, qui pourra ensuite courir de main en main, jusqu'à ce qu'il retombe dans celle du médecin des livres.

C'est un ange bienfaisant qui verse le baume sur les plaies, et reconforte les affligés; mais au contraire le *bouquiniste avare* est un diable ennemi du genre bibliophile, et tentateur damné de tout ce qui lit ici-bas. Puisse-t-on, si jamais on l'écorche vif, en punition de ses iniquités, relier avec sa peau le catalogue de la Bibliothèque du Roi, afin que son supplice redouble à chaque livre prêté et perdu, jusqu'à ce que la bibliothèque n'existe plus qu'en catalogue pour l'admiration de nos neveux !

Le *bouquiniste avare* a son caractère écrit sur sa face parcheminée, et pour le déchiffrer il n'est pas besoin d'être de l'École des Chartes : l'avarice, cette passion sourde et honteuse qui survivrait à la ruine de toutes les sociétés, cet égoïsme de bronze sans oreilles et sans cœur, devient le fléau des lettres, quand le bouquiniste en est atteint, le bouquiniste, qui doit se regarder comme le dépositaire du savoir de tous les siècles, comme la source généreuse de ces flots purs d'érudition, qui coulent à plein lit, en roulant de l'or et des pierres précieuses.

Un trésor monnayé qu'on enfouit et qu'on couve peut-il être comparé à un trésor imprimé, dont l'usage répandrait tant de joie et de richesses parmi les amis de la science, et qui se consume lentement dans l'oubli ! La *Mont-Joie* de Charles-le-Téméraire, ensevelie jadis aux environs de Montlhéry, se retrouverait aussi pesante et aussi riche qu'elle était le jour où elle fut cachée dans la terre; mais le plus précieux bouquin diffère à peine du plus misérable, après un abandon de plusieurs années à la merci de tous les ennemis dévorans qui ne pardonnent pas aux livres : le chancelier d'Orgemont et le capitaine d'Aumale furent mangés par les rats, l'un mort et l'autre tout vivant; un livre faute d'air et de lumière est bientôt cadavre et les vers s'en emparent, pour faire *chère lie*.

Le *bouquiniste avare* erre nuit et jour, comme l'ombre d'un auteur privé de sépulture ou d'impression, au milieu des édifices chancelans et poudreux de ses volumes accumulés en désordre, couchés ou debout, montrant le dos ou la tranche, moisis, vermoulus ou putréfiés; ce bouquiniste ne les compte jamais; il les regarde, il leur rit, il leur soupire, il les touche, il les empile, tel qu'un enfant fait des châteaux de cartes; il les possède, il en jouit.

— J'ai bien l'ouvrage que vous désirez, répond-il en loup-garou à la plupart des demandes qu'on lui adresse; oui, certes, j'ai cela, deux ou trois exemplaires, mais je ne les vends pas, je les garde pour moi : on n'a jamais assez de bons livres.

— Ah! vous n'êtes pas content du prix? dit-il avec colère, pour peu qu'on se permette une observation sur la cherté extraordinaire d'un livre qu'il daigne vendre; allez, je ne suis pas en peine de trouver un acquéreur : eh bien! vous ne l'aurez pas, ou vous le paierez double. En vérité j'avais la complaisance de vous céder un auteur auquel je tiens infiniment, je croyais vous obliger ; mais vous marchandez cela comme une drogue d'apothicaire; non, non, je ne m'en dessaisirai pour aucun prix : cherchez un autre marchand.

Là-dessus, le bourreau vous congédie en vous épiant d'un œil inquiet pour voir si vous n'emportez rien; puis il rentre dans sa tanière et passe en revue son armée de bouquins : il s'endort en pensant à eux et rêve d'eux; il ne s'éveille que pour vérifier si les voleurs n'ont pas emporté ses chers joyaux; mais il ne redoute pas moins les amateurs qui viendront lui envier et lui dérober peut-être, au poids de l'or, un in-folio qu'on achète ailleurs au poids de la cassonnade et de la chandelle : alors commencent ses tortures et ses craintes ; il n'est pas de lionne qui défende mieux ses petits, il n'est pas d'Harpagon qui regrette plus long-temps sa cassette ; il méprise trop l'argent, ou bien il estime trop les livres : on dirait que chaque volume qu'on parvient à lui arracher était inhérent aux fibres les plus sensibles de son cœur.

Cette avarice de livres n'est pas désintéressement de bourse : loin de là, le *bouquiniste avare*, dont l'esprit ne s'illumine plus au quinquet des ventes de l'hôtel Bullion, s'abuse lui-même sur la valeur des livres qu'il met aux enchères *in petto*, et qu'il pousse aux exagérations d'une hausse capricieuse, selon les besoins présumés du chaland, selon la saison, selon l'heure : un livre est sans prix au moment où *ce bon pasteur* enferme ses ouailles dans la bergerie ; un livre est bien près de quitter la boutique, lorsqu'on lui fait un pont d'or ou de flatterie ; car le *bouquiniste avare* aime un éloge sorti d'une bouche savante. Le sage Énée ne descendit aux enfers que muni d'une galette de farine et de miel pour assoupir Cerbère.

II.

LES ÉTALAGISTES.

Il est beaucoup de métiers en plein vent et en pleine rue; mais le plus pénible et le plus ingrat est certainement celui des *étalagistes*, qui n'ont pas les bénéfices des marchands de melons ni les chances des chiffonniers.

L'*étalagiste*, de même que les industriels des petits métiers, peut établir son commerce sans grosse mise de fonds, puisqu'il se passe de boutique de commis, de prospectus et d'éclairage : il choisit d'abord une place vide sur le parapet d'un pont, d'un quai, dans l'angle le moins inodore d'une rue; il se précautionne d'une patente, de quelques cases de bois, de quelques lots de livres qu'il expertise d'après le poids et la couverture; puis il étale ses denrées que chaque passant vient flairer; et, comme il y a autant de goûts que d'espèces de livres, la vente journalière est à peu près égale, et suffit pour nourrir un ivrogne ou bien une pauvre famille, pourvu toutefois que la pluie, le vent ou le froid ne conspirent pas contre l'espoir d'un pot au feu ou d'une bouteille de vin.

Combien cet humble et chétif commerce est intéressé à la tiédeur et au repos de l'atmosphère! L'étalagiste, qui habite sous les toits ou chez le marchand de vin, prévoit les orages de plus loin qu'un vieux pilote, et prédit le beau temps avec plus d'assurance que le bureau des longitudes : voyez-le consulter la marche des nuages et les viremens de la girouette? il branle la tête et rentre dans le port avec le vaisseau qui porte sa fortune, ou bien il se frotte les mains et déploie en chantonnant toute sa cargaison sans crainte des avaries.

Souvent un novice, qui ne connaît pas les oracles secrets du baromètre et qui se fie à un ciel bleu, à un soleil trompeur, voit les élémens se jouer de sa fragile fortune, l'ouragan, éclos tout à coup, chasser en l'air les brochures échevelées, la pluie à larges gouttes marqueter une tranche vierge encore, ruisseler de feuille en feuille et submerger la bible elle-même dans ce nouveau déluge. Ainsi le laboureur de Virgile, de Delille, de Thompson et de Saint-Lambert pleure ses moissons, l'ouvrage d'une année perdu en un jour.

L'*étalagiste* est d'ordinaire normand comme le vendeur de salade; il connaît mieux le prix des pommes que celui des livres; il ne juge guère sa marchandise que d'après le premier venu qui la marchande; il surprend dans vos yeux l'envie qui vous émeut à la vue de ce livre, et il le taxe à proportion de cette envie qu'il démêle dans un geste d'empressement, même dans une indifférence composée : le seul *Manuel du libraire* qu'il étudie, c'est la physionomie des acheteurs : l'un sourit, l'autre soupire, celui-ci fronce les sourcils, celui-là pince les lèvres, un cinquième plus exercé touchera vingt volumes avant de mettre la main sur le volume qu'il lorgne; tous enfin se trahissent d'une façon particulière qui n'échappe pas à l'*étalagiste*, aussi fin, aussi astucieux qu'un diplomate du cabinet de Saint-James.

Quant au personnage de l'étalagiste, il partage ordinairement la condition de ses livres soumis aux vicissitudes atmosphériques, gercés et racornis par le hale, maculés et jaunis par la pluie, battus et desséchés par le vent.

Tantôt c'est une vieille femme, pareille aux sorcières de Macbeth, contemporaine de ses bouquins; la lecture des romans dans sa jeunesse l'a peut-être conduite à en vendre, ou à se faire fripière de la librairie moderne.

Tantôt c'est un jeune garçon, causant et riant avec la bouquetière ou l'écaillère voisine, lorgnant les badauds, regardant les femmes et attaquant les chiens; dans un mois il vendra des contremarques à la porte d'un théâtre.

Ici c'est un ménage qui se relaie pour faire sentinelle, comme aux portes du Louvre, auprès des plus méchans écrivains. Une destitution, une réforme administrative quelquefois, ne laisse que cette ressource à des commis qui étaient plus chaudement dans un bureau que sur le trottoir d'un quai: il n'y a qu'un pas au décrotteur.

Là enfin c'est un ancien libraire, un ancien homme de lettres, qui se consolent de leur décadence en vivant encore avec des livres, malgré le tort que les livres leur ont fait. Ne voit-on pas d'anciens militaires cochers de cabriolets?

Pour les uns l'étalage est le piédestal de la librairie, pour les autres, c'en est le dernier échelon. Beaucoup de libraires sont partis de là, beaucoup sont arrivés là.

Les livres qui subissent le pilori de l'étalage sont de deux espèces, les jeunes et les vieux; ceux-ci chassés honteusement des bibliothèques, classiques usés sur toutes les coutures, et fatigués à toutes les pages, toute la basse littérature du dix-huitième siècle, poésies d'Almanach des muses, répertoire du Théâtre-Italien et de l'Opéra-Comique, histoires philosophiques et romans érotiques; ceux-là mis à flot hors de la librairie, par la faillite ou le rabais, immondices de nos égouts littéraires, ou malheureux naufragés cherchant un port, chefs-d'œuvre de l'empire, et tristes débris des gloires d'académie!

III.

LES ÉPICIERS.

Cette classe honorable et utile, qui a sa place dans les fastes de l'Almanach du Commerce, est assez connue, surtout depuis la création de la garde nationale; nous n'avons qu'un trait à ajouter au type immortel et tout moderne de l'épicier, qui mérite d'être observé dans ses rapports peu délicats avec les livres.

De tout temps il a fallu des cornets à l'épicier, de tout temps il a fallu des livres à rouler en cornets; qui sait si les Histoires de Tite-Live et de Tacite, les Oraisons de Cicéron, les Tragédies d'Ovide et tous les ouvrages dont nous déplorons la perte, n'ont pas été la proie des épiciers du barbare moyen-âge?

L'épicier du dix-neuvième siècle a déclaré une guerre à mort aux parchemins, sans doute en haine de la noblesse? L'âge d'or de l'épicerie date de la révolution française; car la docte congrégation de Saint-Maur et la confrérie des épiciers ne pouvaient subsister ensemble, l'une a tué l'autre; *ah! doit-on hériter de ceux qu'on assassine!* Le bénédictin faisait des livres, maintenant l'épicier en défait.

Le voici sur le seuil de son temple, entre d'eux colonnes d'in-quarto et d'in-folio, ainsi que Thémis, pesant dans ses balances le fort et le faible; impassible et aveugle comme la déesse de la justice, coiffé de sa casquette de loutre comme d'une barrette de magistrat, enjuponné d'un tablier vert, comme d'une robe curiale, il contemple avec une dignité paternelle le plateau s'abaissant sous le poids des travaux écrits du passé; il calcule les différences du papier et du sucre, il rêve au produit de la vente en détail des vieux fonds de librairie; il voit d'un seul coup d'œil la basane et le veau destinés au savetier, le carton promis au relieur, le papier consacré aux enveloppes... Un équarrisseur ne tire pas mieux parti du cheval fourbu qu'il assomme : la chair, à la Ménagerie du Jardin des Plantes; les os, à la fabrique de boutons; le cuir, au cordonnier; le crin, au matelassier, et le reste...!

L'épicier n'estime les livres qu'en raison de leur taille et de leur grosseur; à tant l'in-folio; l'in-quarto à tant, avec ou sans couverture; combien de victimes il déshabille avant de les mettre en pièces, et s'il en épargne quelqu'une, c'est par respect pour un habit plus neuf et mieux doré! La bande noire des monumens n'était pas plus impitoyable; souvent l'épicier massacre en un seul jour l'œuvre de plusieurs siècles; il semble avoir pour mission d'effacer la trace de l'ordre illustre de Saint-Benoît : il ne lit que le *Constitutionnel.*

Hélas! pendant la république, toutes les bibliothèques religieuses et aristocrates, mises hors de la loi, n'ont point été décimées en cartouches; les épiciers de Paris se sont fait les bourreaux des livres, des manuscrits, des chartes et des titres de noblesse de notre histoire.

Savans martyrs, Mabillon, Montfaucon, Ruinart, Lobineau, Clément, Calmet, et vous tous qui avez été livrés aux bêtes, pesez à jamais sur la conscience de vos persécuteurs!

Seconde Partie.

I.

LES BIBLIOMANES.

Les bouquinistes à la mode sont en quelque sorte patentés par les bibliomanes, qu'on aurait tort de confondre avec les bibliophiles et les bouquineurs. On pourrait distinguer plusieurs espèces de bibliomanes : les *exclusifs*, les *fantasques*, les *envieux*, les *vaniteux* et les *thésauriseurs*.

Le bibliomane thésauriseur est heureux de posséder ses livres, parce qu'il les aime avec jalousie : sa bibliothèque est un sérail où les eunuques même n'entrent pas ; ses plaisirs sont discrets, silencieux et ignorés : il ne permet pas à un ami la vue d'une des maîtresses, souvent fort peu dignes d'exciter l'envie, qu'il parcourt des yeux et de la main avec délices ; il se persuade que nul rival ne lui dispute les attraits d'impression et de reliure desquels il est épris ; il jouit solitairement ; il nie ses richesses comme s'il craignait les voleurs, il en rougit comme s'il les avait mal acquises ; il se fâche quand on le presse de questions à ce sujet, et il mentira plutôt que de s'avouer propriétaire d'un volume qu'il a légitimement acheté.

Ses livres gisent enfermés à triple serrure, cachés derrière un rideau opaque, semblable au voile de l'arche sainte ; encore ces précautions sont-elles rarement justifiées par la nature même des ouvrages, qui ne franchissent guère la rigoureuse catégorie de la morale et de la religion ; il y a chez ces bibliomanes une passion concentrée purement égoïste et nourrie de son propre aliment, passion qui se croirait profanée si l'objet n'était pas un mystère au monde.

Le bibliomane vaniteux a de belles éditions, de splendides reliures, une bibliothèque bien choisie et bien rangée : il dépense des sommes immenses pour la compléter ; c'est un soin dont il se remet entièrement à un bouquiniste intelligent, à un bibliographe officieux ; du reste il ne lit pas et souvent il n'a jamais lu ; il collectionne des livres, comme il ferait des tableaux, des coquilles, des minéraux, des herbiers. Sa bibliothèque est une curiosité qu'il montre à tous, au premier venu, à des femmes, à des agens de change, à des enfans, peu lui importe que les gens sachent ce que c'est qu'un livre, et qui plus est un beau livre ! *margaritas ante porcos.*

Il dit à qui veut l'entendre : J'ai pour cent mille écus de livres ! et il se rengorge, et il s'enfle et il se sourit en répétant : Cent mille écus. Voilà tout, cette armoire contient cent mille écus en valeurs. Un autre s'engoue de peinture, un autre de jardins anglais, un autre de chevaux, un autre de chiens : le bibliomane vaniteux a placé ses capitaux en *Elzevier*, en *facéties*, en grand papier, en vélin et en maroquin ; c'est de l'ostentation presque littéraire, c'est du luxe presque estimable.

Le bibliomane envieux désire tout ce qu'il ne possède pas, et dès qu'il possède, son désir change de but ; sait-il que tel livre existe chez un amateur avec lequel il rivalise : aussitôt sa quiétude est aux abois, il ne mange plus, il ne dort plus, il ne vit plus que pour la conquête du bienheureux livre qu'il convoite ; il emploie tout, jusqu'à l'intrigue et la séduction, pour attirer à lui le bien d'autrui ; les refus, les difficultés augmentent, irritent sa concupiscence ; bientôt il sacrifierait sa fortune entière à un seul instant de possession ; mais un rien, la découverte d'un second exemplaire du même livre, une critique en l'air, une réimpression, voilà cette impatience qui s'abaisse et cette ardeur qui se glace : tout à l'heure l'envieux souhaitait la mort du maître de ce cher livre afin de s'enrichir aux dépens du défunt ! Ce bibliomane est malheureux, comme tout envieux doit l'être, et son malheur recommence à chaque nouveau désir : c'est le Lovelace des livres, il en devient amoureux, et il les poursuit avec acharnement jusqu'à ce qu'il les ait entre les mains ; alors il les dédaigne, il les oublie, et il cherche une autre victime.

Dernièrement, un célèbre maniaque, ayant ouï parler d'un livre imaginaire, se mit en quête pour le découvrir, et mourut de chagrin de ne l'avoir pas trouvé, avec la croyance qu'un rival gardait ce trésor contre lequel il eût-échangé la pierre philosophale.

Le bibliomane fantasque n'adore ses livres que

pour un temps; il les recueille avec curiosité, il les habille avec générosité, il les installe avec honneur, il les entretient avec faveur; tout à coup l'amour se lasse, se refroidit, s'éteint, le dégoût a commencé! adieu, gentes damoiselles : le grand seigneur réforme son harem : aux Circassiennes succéderont les Espagnoles, aux blanches Anglaises les négresses du Congo; le grand seigneur vend ses femmes à l'encan; mais demain il en achètera de moins jolies, qui auront pour lui le charme du caprice et de la nouveauté.

Le bibliomane exclusif ne fait cas que d'un certain ordre de livres, et ne courtise ni les plus rares ni les plus singuliers; il a une collection, c'est là son dieu et son âme; tout ce qui est en dehors de sa collection ne l'intéresse pas; mais il ne néglige aucune recherche, aucuns frais pour étendre cette collection, pareille à ces immenses et informes monumens orientaux élevés sur le bord des chemins, avec les pierres que chaque voyageur y dépose en passant. Le bibliomane exclusif consacrera son temps, son argent et sa santé à l'entassement d'une bibliothèque toujours curieuse, mais aussi toujours monotone : ici, Pétrarque se multiplie en douze cents volumes; là, ce sera Voltaire en dix mille pièces réunies une à une, ou bien le théâtre seul fournira des milliers de brochures, ou bien la révolution française régnera paisiblement sur des cimetières de paperasses.

En un mot, la bibliomanie la plus relevée et la plus illustre n'est pas exempte de manie, et dans chaque manie on aperçoit aisément un grain de folie : or, Paris est à coup sûr le paradis des fous et des bibliomanes.

II.

LES BIBLIOPHILES.

Est-ce vous? est-ce moi? je ne sais; mais toujours faut-il dire : Heureux les bibliophiles ! dans un autre sens que la parole évangélique : Heureux les pauvres d'esprit ! les bibliophiles trouvent du bonheur partout où l'on trouve des livres.

Le bibliophile n'a que faire d'avoir des livres à soi, puisqu'il les aime pour eux-mêmes, avec dévouement, avec sympathie, avec calcul; tout beau et bon livre a des droits infaillibles à son usage, à son admiration; il les connaît par leurs qualités et par leurs défauts; il ne se contente pas de les juger à l'extérieur, de faire sonner le papier sous ses doigts, de détailler les perfections de la reliure en connaisseur, d'examiner le titre, la date en prenant un avis dans Brunet, enfin d'ensevelir dans un coin ce diamant inutile; non, il creuse jusqu'au fond d'un ouvrage, il en exprime le suc, il le loge dans sa mémoire plus volontiers que sur les rayons de sa bibliothèque.

Certes, il estime, il respecte ces bijoux typographiques qui, quoique surpassés par les prodiges de l'imprimerie moderne, ne restent pas moins en honneur comme premiers essais de l'art de Fauste; il n'est pas de bronze pour les gravures avant la lettre, pour les exemplaires en vélin, pour les éditions rares, pour les arabesques des anciennes reliures, pour les simples et nobles vêtemens des nouvelles; il ne foule pas aux pieds ces brimborions de prose et de vers aussi mauvais que mal imprimés, mais recommandés dans tous les catalogues : le bibliophile est indulgent aux faiblesses de ses semblables.

Mais, pour s'extasier devant une faute d'impression qui distingue une édition d'une autre, crier merveille à la conservation de quelques passages supprimés dans la plupart des exemplaires, se désoler pour une piqûre de vers, une tache d'eau, un vice dans la pâte du papier, ce n'est pas affaire à un véritable bibliophile qui ne fonde guère la gloire de sa bibliothèque sur l'ignorance d'un prote, sur l'imprévoyance d'un censeur royal ou sur l'heur d'un hasard extraordinaire.

Tout le monde peut être bibliomane, mais n'est

pas bibliophile qui veut. En général les bibliomanes le sont devenus par ennui, et sur le tard, lorsque l'âge a moissonné les passions qui ont leur racine dans le cœur et semé des goûts dans l'esprit le moins cultivé; mais le bibliophile naît et grandit avec son amour des livres, amour fougueux et sage, éclairé et constant, insatiable et patient, amour aussi varié et aussi nombreux que la bibliographie.

III.

LES BOUQUINEURS.

Quelle âme de bibliophile ne s'émeut à votre aspect quelquefois grotesque et repoussant, honnêtes juifs errans de la bouquinerie!

Arbres rabougris, à l'écorce sauvage et rude, à la séve bouillonnante et forte, immeubles de nos promenades, vous, dont l'ombre rafraîchit les parapets brûlés par la canicule, vous qui paraissez en hiver participer à la congélation de la rivière, puissiez-vous pendant cent saisons braver les injures de l'air et les intempéries des vieux livres!

Oui, il faut avoir goûté le plaisir de bouquiner, pour le connaître, pour lui rendre grâce, comme à un génie bienfaisant et consolateur; si ce plaisir n'était pas plus doux et plus fidèle que tous les autres, plus fort de ses émotions diverses, plus favorable aux organisations tendres et pensives, plus réel, plus vrai, plus matériel, verrait-on des jeunes gens s'y livrer avec emportement, des hommes de talent et d'esprit s'y plaire sans cesse, des riches et des puissans s'y délecter de préférence à tous les jeux de la puissance et à tous les hochets de la richesse !

Verrait-on des mains blanches et parfumées, étincelantes de bagues et accoutumées à frémir sur l'agrafe d'or d'un portefeuille de ministre, palper ces misérables livres enduits de poussière et pourris d'humidité, qui couvrent les ponts, tels que des gueux ramassés au coin des bornes et à qui la charité chrétienne lave les plaies ? Verrait-on des sybarites esclaves de leurs sens et des impressions extérieures, quitter le coin du feu en hiver et le frais ombrage des tilleuls en été, pour aller par le chaud ou par le froid, par la bise ou par le brouillard, aspirer des odeurs nauséabondes de bouquins et reposer les yeux sur des pages crasseuses, enfumées, infectées de tabac et pestilentielles ?

C'est qu'il y a une félicité incomparable à chercher, à trouver ; c'est que l'homme le moins superstitieux et le plus positif a besoin de se faire des croyances vagues et des jouissances idéales ; c'est que l'alchimie remplissait un peu le grand vide qui s'ouvre au fond des imaginations les plus fécondes, et que l'alchimie nous échappant, il a fallu changer de route et chercher ailleurs les trésors qu'il n'était plus permis d'espérer dans un terrain remué en vain durant des siècles, et toujours stérile.

Combien de rapports en effet entre l'alchimiste et le bouquiniste, outre la rime? L'alchimiste fouille sans cesse dans les arcanes de la nature, interroge toutes les formes de la matière, lit dans tous les grimoires, consulte tous les maîtres de l'art, se recommande à tous les diables ou à tous les saints, expose tous les jours sa santé et sa vie, passe en un moment de l'extrême joie à l'extrême découragement, trouve çà et là quelques étincelles hermétiques, souffle, sue, s'épuise encore et meurt avant d'avoir vu s'évanouir en fumée ses chères illusions.

Le bouquiniste, ou bouquineur ou bouquinier, visite avec zèle les mystérieux magasins de vieux papier, l'arrière-boutique des épiciers, la chambre infecte de l'étalagiste où la table est calée avec un livre, le pot à l'eau coiffé d'un livre et le linge blanc, s'il en est, serré dans des livres; le bouquineur apprend par cœur le *Manuel de Brun;* et, au lieu des *Clavicules de Salomon* et de la *Trans-*

mutation des métaux de Nicolas Flamel, il se lève le matin avec l'espoir de trouver ce jour-là quelques uns de ses *desiderata;* le soir il se couche avec l'espoir d'être le lendemain mieux favorisé par le sort ; il brave les injures des saisons et le danger des rhumes, sciatiques et coups de soleil; il braverait la peste pour inventorier les livres d'un pestiféré ; il plonge la main dans les tas d'ordures imprimées qu'on vend pêle-mêle avec la vieille ferraille ; il approche de son nez les bouquins abandonnés aux mites et à la pourriture; il ne se décourage jamais, il ne se lasse pas ; car, de temps à autre, la découverte d'un Elzevier non rogné, d'un volume à la signature de Guyet, Grosley ou de Thou, d'un mystère à personnages ou d'une sotie de Gringoire entretient sa confiance en l'avenir, et il se flatte de trouver enfin le grand œuvre, c'est-à-dire un autographe de Molière, un Antoine Vérard en vélin, un manuscrit à miniatures ! Je ne parle pas de la bible de feu Chalabre, *considérablement augmentée* de billets de banque, laquelle est échue à mademoiselle Mars, qui n'est pas bibliophile !

Que si l'on me demande quel est l'homme le plus heureux, je répondrai : un bibliophile, en admettant que ce soit un homme ; d'où il résulte que le bonheur, c'est un bouquin.

P.-L. JACOB, bibliophile.

LES BALS CHAMPÊTRES

EN 1833.

Si l'on n'est jamais plus gai que la veille d'un grand malheur, si l'éternelle justice de Dieu n'a jamais voulu secouer le globe, abattre les empires, dénaturaliser les nations, sans que d'étranges avant-coureurs soient venus dire aux hommes : — Prenez garde, la main d'en haut va frapper !

nous devons, faibles jouets que ce Dieu prend et rejette à son gré, nous devons en tremblant regarder au dessus de nos têtes, car il se prépare un bouleversement immense. Déjà gronde au loin la foudre, la tempête de feu bout aux flancs du volcan, le monde attend et frémit; et si l'ouragan doit tout balayer de son souffle, si l'éruption doit emporter et tordre l'univers comme un buisson au cours de ses vagues enflammées, certes, les avertissemens ne nous auront pas manqué!

L'année dernière, c'était le choléra, monstre aux formes inconnues, monstre inexplicable, qui nous couvrit tous de ses ailes funèbres. Les riches dirent quand il parut:—C'est le mal de la canaille....—Ils n'achevèrent point; ils étaient déjà morts. Il marcha lentement à travers la France. Tranquille, tout-puissant, invulnérable aux traits dont on l'accablait, riant d'un rire de démon à chacun de nos efforts de pygmées pour entraver sa terrible promenade, il semblait nous dire:—Fous que vous êtes, ne voyez-vous pas que je porte la mort dans mes deux mains? N'essayez donc point d'arrêter le géant; moins vite il ira, plus vous mourrez!—Il disparut comme il était venu; personne ne l'avait vu venir, personne ne sut où il allait.

Quand il fut parti, les restes de cette population décimée par lui se regardèrent, osant à peine croire qu'il les eût épargnés. Alors, seulement alors, on trouva des larmes pour les morts ; car jusque-là l'égoïste frayeur de tous n'avait point permis de pleurer, les médecins ayant dit que ceux qui seraient tristes mourraient. Et quand les morts furent enterrés, les vivans se prirent de la philosophique et méprisable joie qui saisit amis et parens au sortir d'un cimetière; partout le festin fut dressé; partout les vins fumeux, les mets épicés, les liqueurs ardentes furent rappelés d'exil. On se moqua du monstre qui n'était plus là, comme on s'était moqué de Napoléon tombé ou des Bourbons proscrits; car nous sommes une grande et généreuse nation !

Au choléra (mis en fuite, disaient les plaisans) succéda la guerre civile. Ceux qui n'étaient pas morts de l'un allaient mourir de l'autre. Le canon tonnait à Saint-Méry; le tocsin pleurait dans tous les clochers. Les ruisseaux coulèrent du sang, une armée tout entière fit le siège d'une église; l'arbitraire au sabre nu courut la ville, son drapeau rouge à la main. Puis, quand on se fut tué assez d'hommes, le festin, un instant désert, se repeupla, le vin rougit les nappes comme le sang avait rougi les ruisseaux; on eut des chants de gloire pour les vainqueurs et des sarcasmes pour les vaincus. Huit jours après, guerre civile et choléra étaient oubliés.

Dieu avait parlé deux fois : personne n'y prit garde. Le reste de l'année se passa sans nouveau fléau.

Cependant il y avait au fond des esprits une sombre inquiétude, une vague appréhension de l'avenir. Personne ne s'en rendait compte, et personne n'y échappait. C'était dans tout le peuple comme un pressentiment funeste, comme la sensation d'incompréhensible désespoir qui saisit le poitrinaire à mesure que le germe destructeur pousse et se développe dans son sein. Le pauvre malade n'en veut point convenir ; il s'efforce, il fait le brave ; il rit ; il parle haut, il chante ; il vous dit : — Regardez comme j'ai de belles couleurs ! — Mais il faut que vous restiez là ; il ne veut pas être seul, parce qu'alors il sentirait la fatigue d'avoir parlé, d'avoir ri ; oppressé, haletant, il se tâterait la poitrine avec épouvante, il s'écouterait respirer. Il se dirait devant son miroir : — Mes belles couleurs sont des taches de sang, hélas ! je vais bientôt mourir... — Eh bien ! le peuple non plus n'a pas voulu rester seul, parce qu'il s'est senti malade, et qu'il a eu peur. Pour ne pas entendre la voix secrète qui s'élevait sombre et sévère en lui, le peuple a battu des pieds et des mains ;

il a crié, il a chanté, il a fait tout le bruit qu'il a pu. Il s'est attaché au carnaval de 1833, comme les malades s'attachent à la personne joyeuse qui les distrait et les fait rire; et, trouvant le carnaval trop court du 2 au 19 février, il l'a augmenté de deux mois, cinq semaines avant, trois semaines après. Je l'ai dit au mois de mars dernier, dans le *livre des Cent-et-Un*, en esquissant, à traits bien faibles sans doute, *la descente de la Courtille en* 1833; j'ai dit : — « Tout le monde convient que depuis bien long-temps on n'avait vu la fureur du plaisir, l'universalité d'orgies qui ont distingué le carnaval de cette année. On a voulu savoir le pourquoi de cet empressement insolite à se réjouir, de cette faim, de cette soif frénétiques d'amusement, de bruit et de cris, dont les temps antérieurs offrent si peu d'exemples. » — Voilà le pourquoi! c'est celui du poitrinaire qui use dans les jouissances du monde la vigueur fiévreuse, rajeunissant poison que lui donne sa maladie; c'est celui de l'homme ruiné qui jette aux pompes d'un festin son dernier billet de banque; c'est celui du malheureux qui s'enivre et tombe sous le vin pour oublier ses peines.

Or, ce qui a fait le carnaval de 1833 a fait les bals et les fêtes qui l'ont suivi. Résultats analogues d'un principe semblable, effets identiques d'une même cause, les étranges bals de 1833 sont le complément de ce carnaval unique entre tous. Ici comme là, il y a eu faim et soif exagérées de plaisir; besoin immense de mouvement et de bruit pour s'étourdir, pour oublier; frayeur mal dissimulée enfin, comme celle qui fait siffler et chanter un homme seul, dans les bois, la nuit.

L'hiver s'était passé presque sans gelées et tout en pluie. Déjà la nature s'ouvrait avec amour aux bienfaisantes émanations du printemps, et la séve vigoureuse jaillissait de toutes parts, quand avril, sombre et grisâtre, couvrit ces magnifiques espérances d'un épais linceul de neige. Puis, comme s'il ne devait plus être possible, même aux choses d'en haut, de suivre un ordre régulier, on vit, par une brusque métamorphose, succéder aux froides désolations d'avril l'étincelante verdure, le ciel bleu, le chaud soleil de mai. L'hiver avait vaincu le printemps; l'été chassait l'hiver, et, resté maître de la nature, il régna cinq grands mois sans interruption, toujours beau, toujours pur, fatigant d'éclat et de continuité. Les Parisiens, surpris dans leurs lourdes enveloppes de décembre, saluèrent avec enthousiasme la précoce belle saison, et recommencèrent bien plus tôt qu'à l'ordinaire leurs promenades hebdomadaires hors la ville, gentilles processions de pauvres pèlerins qui vont le dimanche ou le lundi s'approvisionner d'air et de plaisir pour toute la semaine.

Les bals champêtres cédèrent lentement à l'influence du mois de mai. Encore tout malades de l'année précédente, tremblans d'avoir à subir deux fois un si triste abandon, ce fut avec une sorte de tâtonnement qu'ils ouvrirent aux passans leurs bosquets de lilas, leurs fraîches et vertes salles de danse; ce fut presque sans espoir d'être entendus que les vingt orchestres de la banlieue appelèrent Paris aux bois de Vincennes et de Boulogne, au parc de Sceaux, aux coteaux de Meudon, au panorama de Bellevue. Mais Paris leur devait une éclatante revanche; Paris était dévoré d'agitation, incapable de repos; Paris voulait jeter sur le premier objet venu la surexcitation qui bouillait dans ses veines; Paris tout entier, les pieds encore meurtris du dernier carnaval, se mit à danser avec furie, et les jardins qui tremblaient si fort d'être trop grands furent trop petits, et leurs orchestres, dont tout à l'heure ils comptaient en frémissant l'immense personnel, leurs orchestres à la voix de cuivre se trouvèrent chétifs et mesquins pour cette dansante multitude.

L'empressement qui anima tout à coup d'une manière si brillante les bals que je viens de nommer, ne laissa point déserts ceux que la ville renferme, ou dont elle cordonne ses barrières. Bals où l'on va à pied comme bals où l'on ne va qu'en voiture ont fait leur fortune cette année. Permis maintenant à 1834 de ne point valoir mieux que 1832 ; le gain intermédiaire peut couvrir bien des pertes, car, je le répète, tout Paris a dansé, à cinq sous la contredanse : que M. Charles Dupin compte, s'il veut, la recette.

Les bals champêtres de Paris et la banlieue se divisent en trois classes distinctes. Avant de procéder à leur dénombrement, commençons par faire abstraction du jardin de *Tivoli.* C'est un lieu à part, dont l'histoire a besoin d'être racontée toute seule. C'est un jardin magnifique, planté jadis pour les plaisirs du financier Labouxière. On y donne de superbes fêtes; on y tire des feux d'artifice somptueux; on y entend une divine musique de bal: mais on n'y danse que par hasard, par faiblesse, comme aux bals masqués de l'Opéra, excepté le dimanche cependant. Les dimanches, la danse est permise, la danse est de droit commun : c'est une danse omnicolore, universelle, et qui présente des échantillons de tout Paris.

Quittez donc la barrière de Clichy et la barrière Blanche, où commence et finit ce jardin, grand comme une ville. Entre celles des Martyrs et de Rochechouart, vous trouverez l'*Ermitage* et l'*Elysée-Montmartre*, joyeux rendez-vous de l'aimable jeunesse qui peuple les comptoirs et les ateliers des rues St-Denis et St-Martin ; demi-guinguettes où règne en despote l'espèce pullulante d'enfans de province, connue jadis sous la célèbre et générique dénomination de *culicots*. Mais gardez-vous de croire que ces deux grands bals puissent suffire aux besoins de tant d'intrépides danseurs; ajoutez-y le bal de Noël, ou *bal du Commerce*, ruelle des solitaires, à Belleville, celui de Bruneau, qui se nomme aussi l'*Elysée*, barrière des Trois-Couronnes ; enfin le vaste établissement des *Montagnes françaises*, ce Tivoli des petites bourses, situé, comme vous savez, entre ladite barrière des Trois-Couronnes et celle de Belleville.

Depuis la dévastation des jardins Beaujon et Marbœuf, ces deux grands seigneurs des Champs-Élysées, inhumainement livrés aux pelles et aux pioches de l'anti-jardinière bande noire, les *Montagnes françaises* étaient devenues l'Eden, l'Eldorado, l'ambition suprême des commis marchands et des grisettes. Le commis marchand en gros ou en détail se sentait heureux et fier, quand le matin d'un beau dimanche, il pouvait offrir à la lingère de son choix une partie de *Montagnes françaises.* Ce que les amans possédaient de plus élégant dans leurs malles respectives était alors déployé, brossé, repassé. On se mettait à deux couples pour prendre un fiacre; car aller à pied aux Montagnes eût été d'on ne peut plus mauvais ton. Muets de plaisir et d'attente, on se faisait descendre tout contre la grille du jardin, afin de ne laisser aucun doute aux passans, afin de tourmenter les camarades moins riches qui s'arrêtaient pour regarder avec envie, et que l'on saluait d'un air aristocrate. Puis, l'on entrait, la tête haute, les narines gonflées, la poitrine et le jarret tendu; on passait avec majesté sous les arabesques de feu qui couraient d'arbre en arbre; on se parlait bas, on se serrait voluptueusement au fond des sombres bosquets, sur les bancs de mousse de la grotte de Calypso : surtout on faisait des courses en char, et beaucoup ! car les femmes aiment à la folie les courses en char, elles ne savent point résister aux délicieuses émotions de ces voyages aériens et rapides ; si froides, si indifférentes qu'elles puissent être, il y a pour elles impérieuse nécessité à s'écrier de peur quand elles se sentent précipiter, à se presser amoureusement sur le sein de l'homme qui les accompagne. Oh ! combien de couples sont arrivés respectueux et timides sur la Montagne française au point de départ des chars, qui se disaient *je t'aime* au bas de la périlleuse descente!

On dépensait près de dix francs en chars, en contredanses, en rafraîchissemens, en voitures; et puis l'on revenait, ivres l'un de l'autre, avec de la joie chacun pour huit jours. C'était une bonne fortune à la Faublas pour le commis marchand. C'était le roman de la grisette; elle le racontait toute la semaine à ses compagnes rêveuses, qui s'écriaient en l'écoutant : — Est-elle heureuse! le sien a de quoi, au moins !

Mais la révolution de juillet, en bouleversant tant d'autres choses, a bouleversé la douce existence de la grisette du quartier Saint-Denis. L'ingrat commis marchand la méprise, aujourd'hui qu'il est garde national ; aujourd'hui qu'il sait, d'après le *Constitutionnel*, qu'à l'exemple des soldats de l'empire, dans la giberne de chacun desquels se trouvait un bâton de maréchal, il y a pour lui sous les cotonnades qu'il remue, au fond des rayons qu'il époussette, une carte d'électeur, une médaille de député, peut-être un manteau de pair de France ! Or, voudriez-vous en bonne conscience qu'il pût désormais exister un rapport quelconque entre un futur électeur, futur député, futur pair de France, et une malheureuse grisette ? C'est bon pour un commis sans appointemens, c'est bon pour un républicain qui n'a pas de col de chemise, mais pour lui ! Il songe à se produire, à se lancer dans le monde, et pour prendre un avant-goût de ses ambitieuses jouissances, le présomptueux jeune homme va jusqu'au boulevart des Filles du Calvaire, monte dans l'omnibus de Vincennes et se fait conduire au bal de la Tourelle. Nous l'y retrouverons tout à l'heure.

Cependant la pauvre grisette délaissée a pris gaîment son parti. Elle jette un châle de cent sous, dernier cadeau du perfide, sur ses fraîches épaules, parées de cela comme d'autres le seraient d'un cachemire. Elle passe son bras au bras d'un pur et stoïque républicain de dix-huit ans, qui noircit sa moustache soir et matin, fume et fait la poule comme feu Robespierre. Elle abdique le chapeau aristocratique, laisse bravement flotter au vent les brides de son petit bonnet ; et, se tutoyant fraternellement, la grisette et le républicain montent la rue non encore débaptisée d'Angoulême, tournent à droite, grimpent la rue des Couronnes, et les voilà chez Bruneau, à l'*Elysée*.

Vous tous qui allez aux bals champêtres pour danser vous-mêmes, ou voir danser les autres, vous tous dont une musique de contredanse affecte agréablement l'ouïe, je vous conjure d'en croire mes paroles ! Si vous n'avez point vu le bal de l'*Elysée*, vous n'avez rien vu, vous n'avez entendu de votre vie une vraie musique de bal. C'est un bal de tous les dimanches et lundis depuis la première jusqu'à la dernière feuille d'arbre. C'est un bal fondé par Bruneau, le maître de danse, mon maître de danse à moi, jugez ! Prenez donc la rue de Ménilmontant jusqu'à la barrière, puis la chaussée de Ménilmontant jusqu'à la première rue à gauche, l'Elysée est dans cette rue-là ; un lustre en verres de couleur, pendu au milieu du chemin, vous le dit. C'est une salle oblongue, plantée de superbes marroniers qui font la voûte. Tout autour sont des gradins peuplés de chaises, avec de petits bancs pour mettre les pieds. Le sol est uni comme une glace; pas la moindre petite pierre, pas la plus légère aspérité. Je vous ai déjà dit que l'orchestre était excellent. Regardez les danseurs. Tous sont élèves de M. Bruneau, qui les dirige, qui les appelle par leur nom, qui les connaît et les aime tous comme ses enfans. Il a du tabac pour les cavaliers, le brave homme ; et des bonbons pour les dames ; il a du vin et des gâteaux pour tout le monde ; on paie le vin et les gâteaux. On peut venir là tout seul, sans inquiétude, sans souci. N'avez-vous point de danseuse, demandez à M. Bruneau : point de *vis-à-vis*, demandez à M. Bruneau. C'est son affaire ; c'est son honneur ; il se tuerait comme Vatel, si quelqu'un pouvait dire avoir vu à son bal une quadrille incomplète.—En place, s'écrie-t-il;—et aussitôt les quadrilles se forment, droites, fixes, alignées comme des files de grenadiers ; c'est à peine si deux ou trois bougent pour mettre leurs gants ; encore, Nous sommes en retard ! dit le maître qui voit tout. Quand l'ordre est bien établi, quand il ne manque de *quatrième* nulle part, M. Bruneau se tourne vers l'orchestre :—Quand vous voudrez ! dit-il avec gravité. — A ces mots, l'orchestre attaque la sautillante ritournelle, puis il s'arrête, il attend de nouveaux ordres. Alors M. Bruneau promène rapidement ses regards autour de lui ; ils y sont tous, point de trous, point de files creuses ; c'est bien ! Ce sont de magnifiques quadrilles bien assorties, bien arrangées, les bonnets d'un côté, les chapeaux de l'autre : le maître crie d'une voix retentissante : — Chaîne anglaise ! — Orchestre et danseurs partent tout d'une pièce, avec un ensemble d'opéra. Si vif et si ardent qu'il soit, pas un danseur ne passera l'autre, soyez-en sûr. Le professeur a l'œil partout, cet ensemble fait sa gloire ; il y tient comme à la vie. Aussi voyez comme tous ces corps tombent et s'élancent d'un seul tour, comme toutes ces jambes dessinent à la fois la même figure, avec une grâce, une décence, une mesure admirables ! Et que cet accord si rare des trois qualités essentielles d'un bal ne vous étonne point. Toutes les danseuses sont parisiennes et jeunes ; voilà pour la grâce ; il y a des gendarmes à la porte, voilà pour la décence ; quant à la mesure, le moyen d'oser y manquer devant M. Bruneau !

Voici la valse, la valse à un seul pas, valse d'amour, valse inconnue dans le monde, brillante et voluptueuse figure ; délicieux tournoiement plein de mollesse et d'abandon, où la danseuse semble mourir aux bras de son danseur. C'est une danse de perdition que celle-là ! C'est une valse satanique comme la valse de Faust. M. Bruneau dit qu'elle est très-facile à apprendre.

Ce qui compose ce bal, précieux entre tous les bals, est la pure essence des rues Saint-Denis et Saint-Martin. Il s'y mêle un peu de Marais. Les danseuses sont lingères, couturières, fleuristes, passementières, éventaillistes ou polisseuses de bijoux. Par-ci par-là percent deux ou trois blanchisseuses de fin, deux ou trois modistes venues avec leurs élèves de *Tivoli* ou des *Montagnes* ; enfin quelques dames à grand châle qui se disent rentières. Les danseurs sont commis, bijoutiers, ou horlogers. Ceux qui n'y sont jamais venus disent que c'est *très-mauvais genre*.

Maintenant quittons Belleville et l'Elysée et tout ce quartier-là, en donnant un coup d'œil de regret aux guinguettes de la Courtille qui ne sont point de notre domaine. Traversons Paris, les ponts, le faubourg St-Germain. Ce boulevart que vous voyez est le boulevart du Mont-Parnasse. Ces fiacres en station devant une porte basse et mal éclairée vous annoncent la *Grande Chaumière*.

Qui ne connaît la *Grande Chaumière*? Dans quel coin de la France n'a-t-on pas entendu vanter la *Grande Chaumière*, ce paradis des étudians, la plus douce tradition qu'ils aient à remporter de Paris quand ils s'en vont? Leur premier bol de punch, leur premier amour, leur premier duel datent de la *Chaumière*. C'est à la *Chaumière* qu'ils sont devenus hommes politiques, c'est à la *Chaumière* que le lundi 26 juillet 1830 ils ont organisé leur part de la grande insurrection. Je les vois encore s'aborder rouges et frémissans de colère entre deux contredanses, et se prêter, à voix haute, au nez des gendarmes interdits, un serment de victoire ou de mort qu'ils ont tenu en braves jeunes gens. C'est encore à la *Chaumière* qu'ils sont venus jouir de leur gloire, s'enivrer d'encens, d'enthousiasme et de liberté. C'est enfin à la *Chaumière* qu'ils se consolent aujourd'hui, les pauvres parias rejetés du monde, en horreur au gouvernement qu'ils ont, sans le savoir, contribué à fonder, haïs, méprisés, calomniés par cette imbécile et trop nombreuse fraction du peuple qui va ramassant ses opinions dans les journaux. Car c'est pitié de voir comme ils sont traités aujourd'hui, ces étudians que la Chambre de 1830 déclarait avoir bien mérité de la patrie. On dirait vraiment qu'au lieu d'être comme toujours la plus noble représentation, la véritable fleur de la jeunesse française, ils en sont la fange et l'écume. Tout ce qui tient à quelque chose, tout ce qui a propriété, fonction publique, grade civil quelconque, les repousse impitoyablement. Enfermés dans le *quartier latin* comme dans un lazaret, ils n'ont de logis que le logis public, de table que la table publique; c'est aux lieux publics qu'il leur faut demander plaisir, bonheur, amour, il n'y a plus une famille qui voudrait d'eux aujourd'hui. L'étudiant est proscrit, banni de toutes les sociétés qui s'appellent honnêtes; sa présence au-delà des ponts ferait fuir tout le monde : et l'on s'étonne que cette jeunesse, pleine d'ardeur et de feu, ait voulu se faire un existence à part, adopter un costume particulier ! A qui la faute?

La *Grande Chaumière* est donc aux étudians, en toute propriété. Vous qui les avez chassés de partout ailleurs, ne venez point les troubler là, au moins ! Ce jardin est leur domaine, cet orchestre est leur orchestre, et ne doit parler que pour eux. Ces femmes sont leurs femmes, respectez-les ou malheur à vous ! Tous ces cœurs d'hommes bouillonnent et fermentent incessamment : qu'une étincelle maladroite y tombe, et gare l'incendie. Le gouvernement s'est surpris à frémir plus d'une fois en songeant que trois jours de la semaine, deux ou trois cents étudians se réunissent à la Chaumière.

Dites s'il n'y a pas quelque chose d'effrayant à voir danser cette jeunesse, étrangère au milieu de Paris ? Ces hommes tout noirs des pieds à la tête, avec leur pâle figure qui sort plus blafarde et plus triste de ces longs cheveux tombans, de cette épaisse moustache, de cette barbe inculte perdue dans une cravate noire sans col, ne jettent-ils point dans votre âme une impression sinistre ? Ils figurent machinalement une danse ridicule, sans que leur immobile physionomie témoigne la moindre participation intellectuelle à ce bizarre exercice. Décolorés et froids comme des cadavres, ils communiquent à leurs danseuses l'étrange expression dont ils sont revêtus, et ces jolis visages de femme, si frais, si gais de nature et d'origine, puisent dans leurs regards une tristesse sympathique; c'est un reflet funèbre qui ternit leurs joues, qui les rend pâles et frissonnantes.

Les voilà ces jeunes gens, si brillans et si tumultueux jadis! Vous voyez en eux le type de la génération qui naquit au moment où mourait l'empire ; triste dans son repos, triste dans ses plaisirs, elle n'a de flamme et de vigueur que pour l'action sérieuse, pour la bataille, pour l'émeute. Le présent lui pèse, l'avenir la dévore. Fournissez donc un aliment à leur surabondante énergie, ou prenez garde ! Cette énergie les brûlera; et vous, qui les méprisez tout haut en les craignant au fond de votre âme, vous serez brûlés avec eux.

Je crois avoir suffisamment indiqué le profond dédain où sont tenus les étudians par l'immense majorité de la population parisienne. Je dois dire maintenant qu'il y a de leur part dédain pour dédain, mépris pour mépris ; que la revanche soit juste ou non, peu importe ; toujours est-il que l'étudiant reste fidèle à sa Chaumière et qu'il n'en sort jamais pour aller, à l'instar du commis marchand, explorer les hauts bals, ou se mêler aux riches quadrilles de la banlieue. La Grande Chaumière suffit à ses graves délassemens, il y trouve des ombrages touffus, et des femmes, et des fleurs. Les chars roulent sur les *Montagnes suisses* comme sur les *Montagnes françaises*; et celles-là ont de plus que celles-ci des chevaux et des ânes de bois, moyens de transport bien autrement dangereux, bien autrement riches en émotions.

A quelque distance de la *Grande Chaumière*, sur le même boulevart du Mont-Parnasse, est l'*Élysée des Dames*, bal demi-champêtre, plus fréquenté l'hiver que l'été. Tout le monde y va, ouvriers, commis et étudians; ouvrières, grisettes, femmes entretenues et autres. Je n'en parle que pour mémoire.

Suivez-moi maintenant. Montons en *coucou* à la place de la Concorde, sortons de Paris par la barrière de Passy; prenons la route de Versailles; saluons en passant Auteuil et sa mare, et son bal inutile à visiter, puisque nous devons plus loin en trouver la reproduction. Voici le pont de Sèvres, arrêtons-nous. Sur la hauteur à gauche, c'est Meudon, Ville-d'Avray et le bal de Bellevue : à droite, le parc de Saint-Cloud et son bal. Allons au bal de Saint-Cloud.

La révolution de juillet a fait de ce bal comme de l'infortunée grisette du quartier Saint-Denis. Autrefois, le jeudi de chaque semaine, du mois de juin au mois d'août, le bal de Saint-Cloud pouvait hardiment défier tous les autres. Nulle part vous n'eussiez trouvé tant de richesse et d'élégance. Ce que la cour et les ambassades, ce que les châteaux et les maisons de plaisance de la magnifique vallée possédaient de jolies femmes et de fashionables cavaliers, s'y donnaient rendez-vous fidèle entre neuf et dix heures du soir. C'était un parfum de noblesse qui se répandait au loin ; c'était une foule imposante et hautaine en dépit de ses efforts pour paraître aimable et douce, pour n'effrayer personne et se mettre obligeamment à la portée de tout le monde. Quand la dernière voiture publique était partie, quand il n'y avait plus à craindre de trop déroger, de se mésallier monstrueusement, la noble foule s'ébranlait alors et dansait comme une bourgeoise, sur la terre dure, sous un toit de marroniers, éclairé par des quinquets rouges, au son d'une musique de guinguette. Une femme, connue seulement alors pour la plus aimable des femmes, une femme, l'âme des plaisirs, la reine des fêtes de la cour, la duchesse de Berry enfin, présidait aux pompeux quadrilles. Sa présence joyeuse, animée, chassait l'étiquette, chiffonnait les cravates diplomatiques, amenait de force le sourire sur des physionomies jusqu'alors impassibles. Cédant à cette entraînante impulsion, la courtisanesque multitude jetait bas sa morgue et s'essoufflait à suivre la duchesse. Heureux alors les obscurs jeunes gens qui, bravant le risque de revenir à pied ou de ne pas revenir du tout, avaient osé tenter la concurrence de cette fin de bal avec les gardes-du-corps; quelles belles histoires à raconter le lendemain! quel plaisir de chercher et de deviner dans l'Almanach Royal le nom et la demeure de leurs danseuses inconnues !

Maintenant le bal de Saint-Cloud n'a plus rien de particulier; c'est un bal comme Auteuil, comme Bellevue, comme le Ranelagh, comme Sceaux, enfin comme celui de la Tourelle dont je vais vous dire quelques mots.

A une demi-lieue de la barrière du Trône, au carrefour connu sous le nom des Quatre Chemins, le voyageur aperçoit à droite de la grande route une maison faisant encoignure, l'angle armé d'une petite tourelle. Sur cette maison est écrit : *Dubois, pâtissier-restaurateur, fait noces et repas de corps. Salon de* 60 *couverts*. C'est la petite tourelle dont je viens de parler qui donne le nom à l'endroit. Au bout de la maison de M. Dubois est une grille. Vous entrez par là dans le bois de Vincennes, et tout de suite à droite, derrière une petite maison cachée dans les arbres, se trouve le bal dit *de la Tourelle*, où l'on danse tous les dimanches d'été. La petite maison cachée dans les arbres fut jadis habitée par le célèbre Eugène Scribe, qui a fait le *Mariage d'argent*.

Tous les dimanches d'été donc, à sept heures précises du soir, l'orchestre de *la Tourelle*, au complet ou non, selon que la température du jour promet peu ou beaucoup de danseurs, commence la longue série de ses contredanses uniformes dont jamais une valse, jamais un galop ne viennent rompre la monotonie. La valse et le galop sont tous deux proscrits de ce bal, comme indécens et dangereux pour les familles. Les Parisiens retirés l'été à Saint-Mandé, joli village qui touche à la Tourelle, composent le fonds d'approvisionnement du bal. Ce sont des rentiers du Marais, des négocians que leurs affaires empêchent de se faire campagnards à plus d'une demi-lieue des barrières, de jeunes femmes convalescentes ou ennuyées, quelques poitrinaires, quelques artistes, le tout broché d'une demi-douzaine de carlistes, boudeurs qui veulent aussi avoir l'air de délaisser Paris.

Autour de ce noyau peu nombreux, mais fidèle, viennent se grouper les bourgeois gentilshommes de Montreuil, de Charonne, de Vincennes et de Saint-Maur. Tout ce monde réuni ne ferait point foule cependant, si les omnibus et les fiacres et les coucous, arrivant de minute en minute de la Bastille et du boulevart des Filles-du-Calvaire, n'y versaient incessamment par douzaines les ambitieux commis-marchands dont je vous parlais tout à l'heure, et force marchandes de modes, force parfumeuses, ébénistes, confiseuses, bijoutières, même épicières de toute la partie de Paris qui va de la porte Saint-Denis à la barrière de Charenton. Il y vient peu de grisettes, d'abord parce qu'elles haïssent ce bal, qui leur prend leurs amans, ensuite parce que c'est du trop beau monde pour elles, enfin parce que le soir les voitures y sont rares et chères, et qu'il faut avoir au moins un commerce pour se faire traîner à ce prix-là. Il y vient peu de femmes galantes, parce qu'elles ont peur de figurer vis-à-vis quelque fâcheuse créancière de chapeaux ou de robes. Il n'y vient pas de courtisanes, parce qu'elles ne sauraient que faire, ni comment danser la *chahut*. De sorte que le bal de *la Tourelle* peut passer pour l'un des mieux composés de Paris. C'est du moins la réputation dont il jouit et qu'il se conserve depuis bien des années dans les magasins de nouveautés et les maisons de commerce de la capitale. Il est vrai de dire cependant qu'il a baissé d'un cran sur l'échelle des bals champêtres depuis la républicaine invention des omnibus. Et cela se conçoit. Avant qu'il y eût une voiture omnibus du boulevart à Vincennes, ceux qu'on appelle les petits bourgeois ou les petits marchands s'interrogeaient dix fois avant de prendre une voiture de place; le coucou répugnait aux femmes, comme ignoble, comme destructeur de chapeaux et écraseur de manches ; on disait : —Nous verrons dimanche. Et dimanche venait, rapportant avec lui les mêmes réflexions. Tandis qu'aujourd'hui la personne la mieux élevée du monde peut monter en omnibus. Là du moins, si les gigots souffrent, les chapeaux sont respectés, et puis il n'en coûte que douze sous par tête pour aller jusqu'à Vincennes, une demi-lieue plus loin que Saint-Mandé.

Enfin, à part ce faible motif de déconsidération, le bal de *la Tourelle* est fort beau, c'est-à-dire foulé, pressé, plein à éclater de toutes parts, de huit heures à neuf heures et demie du soir. Alors Parisiens et habitans des communes environnantes s'en vont par douzaines comme ils étaient venus ; le fonds seul reste, et l'on continue à danser en famille jusqu'à onze heures, ni plus ni moins.

Voilà donc les trois genres de bals champêtres aujourd'hui existans : bals de grisettes, bals d'étudians, bals d'électeurs. Je les ai observés tous trois; et tous trois, il faut bien que je le dise, m'ont présenté un caractère de désespérante uniformité. J'ai vu danser tout ce monde; et partout, jusqu'au bal de Vincennes, bal spécial des officiers d'artillerie, partout j'ai trouvé de la foule, du mouvement, de la vie comme jamais; mères, jeunes femmes et jeunes filles, graves personnages grisonnans, imberbes adolescens, pères de famille, célibataires, tous dansaient pêle-mêle, par un besoin instinctif, par principe ou par incitation, par goût ou à la façon des moutons de Panurge; c'était une contagion qui m'a saisi moi-même, après quatre ans d'oubli. Mais tout ce monde semblait jeté là, comme les marionnettes de Joly, ou faire un métier comme les comparses d'un théâtre. Après une froide et cérémonieuse invitation, venait une succession non moins froide de figures toujours les mêmes; et, malgré cette finale pleine de verve récemment inventée sous le nom de *Saint Simonienne*, la contredanse s'achevait, le cavalier reconduisait gravement sa danseuse, sans que le plus petit éclair de gaîté, le moindre indice de plaisir eussent désassombri le visage de l'un ou de l'autre. On avait eu besoin d'exercice, on s'en était donné, voilà tout. On commençait tranquillement, comme on monte à cheval; on allait plus vite, on finissait par un temps de galop, comme à cheval, et l'on reprenait sa place, comme on descend de cheval, sans avoir parlé, sans avoir ri, sans avoir le moins du monde songé à se divertir.

Un manteau d'universelle tristesse est étendu sur nous. Que cache ce manteau? Je l'ignore.

Auguste LUCHET.

Octobre 1833.

PARIS NOCTURNE.

LES BASSES OEUVRES.

Je n'ai pas à vous parler, ami lecteur, de meurtre, d'adultère ou d'inceste : ce sont là choses usées et rebattues. J'ai du neuf à vous offrir, et pourtant du classique et du vrai.

> Rien n'est beau que le vrai, le vrai seul est aimable.

Beau et aimable, pas toujours : que si le vrai,

celui qui me plaît à moi, n'est ni aimable ni beau, c'est un malheur auquel je ne puis rien : ce vrai-là, je vous en préviens, et tenez-vous-le pour dit, a je ne sais quoi de repoussant, de hideux, c'est à faire crisper les nerfs du plus hardi; si votre nature n'est point robuste, si votre âme est faiblement trempée, éloignez-vous et bien vite : j'entre en matière.

Cela s'appelait autrefois les basses œuvres. De plus savans que nous diront l'origine de cette dénomination. Il y avait les hautes et les basses œuvres. Les maîtres des hautes œuvres travaillaient au grand jour et face à face avec leurs cliens; les maîtres des basses œuvres avaient une mission plus obscure et moins relevée; l'un était l'exécuteur des lois que les hommes ont faites; l'autre était le mandataire de la nature. A-t-on voulu établir une ligne de démarcation entre deux professions bien distinctes?

Ce vers si connu,

Franchement ils sont bons à mettre au cabinet,

donnerait à croire que les mots *basses œuvres*, à peu près comme ceux-ci, *basse latinité*, faisaient allusion aux mauvais écrits de l'époque, et qu'ils en indiquaient la fin dernière. Quoi qu'il en soit de ces inductions, comme il n'y a plus aujourd'hui d'aristocratie de métier, comme nous n'avons que de grands écrivains, l'application d'une étymologie n'a plus de sens, car les maîtres des basses œuvres ont changé de nom.

N'exerce pas qui veut cette utile profession; on n'y est admis que sous le bon plaisir de M. le préfet de police. Préalablement, il convient que vous dépensiez 30 ou 40 mille francs à établir un matériel d'exploitation, que vous ayez voitures, tinettes, ustensiles de tout genre et d'excellens chevaux, et qu'il soit bien prouvé que vous ne resterez pas court à l'ouvrage : cela bien constaté, M. le préfet vous permet de travailler. Il ne vous reste plus qu'à exercer en honnête industriel, et à faire en sorte d'être en bonne odeur dans le monde.

Il y a des entrepreneurs de nuit et des entrepreneurs de jour [1]. Les voitures des entrepre-

---

[1] On compte à Paris quatorze entrepreneurs travaillant de nuit et desservant les fosses en maçonnerie, et trois entrepreneurs travaillant de jour, et desservant les fosses inodores et portatives. Les premiers occupent cent soixante ouvriers et emploient cent cinquante chevaux et soixante-six voitures de toute dimension, et du poids, avec leur chargement, de seize à dix-huit mille : ils enlèvent chaque nuit de quarante-deux à

neurs de nuit entrent en circulation à dix heures du soir en hiver jusqu'à huit heures du matin, à onze heures du soir en été jusqu'à six heures. Ecoutez: l'horloge de l'hôpital Saint-Louis a donné le signal du départ. Les vastes terrains voisins de la barrière du Combat, rendez-vous obligé des maîtres actuels des basses œuvres, se sont émus : un effroyable bruit se fait entendre. Le pavé gémit sous le poids qui l'accable. Hâtez-vous de rentrer au logis, ô vous, hommes du jour, aux habitudes molles et paisibles, fermez portes et fenêtres. Le Paris de nuit s'est réveillé, il a secoué sa méphitique chevelure; le voici qui s'empare de la voie publique. C'est un mauvais compagnon que le Paris de nuit : il est maussade, querelleur; il ne respecte rien, pas même les patrouilles d'ordre public; il se rue sur la vie, sur la bourse du marchand et du rentier atardés, et souffle son haleine empestée au front de la jeune fille qui,

---

quarante-cinq toises. Les seconds occupent cinquante ouvriers et emploient dix-huit baquets et quarante-cinq chevaux : ils enlèvent neuf toises environ. Le nombre des fosses en maçonnerie est d'un peu plus de soixante-dix mille; celui des fosses inodores et portatives est évalué à quatre mille six cents. Près de quatre mille maisons n'ont ni fosses en maçonnerie, ni fosses portatives.

tout à l'heure, couronnée de roses, s'enorgueillissait, au milieu d'un salon parfumé, d'être comparée à la déesse des fleurs.

Avant l'arrivée des voitures, les ouvriers font l'ouverture des fosses et préparent leurs appareils. C'est au moyen d'un papier enflammé qu'ils s'assurent s'il y a péril. Si le papier s'éteint, on ne descend qu'avec prudence; s'il continue à brûler, il y a sécurité. La pompe dite antiméphitique est employée à l'extraction du liquide ; on la place au dessus du trou d'ouverture ; ses longs tuyaux s'étendent depuis l'escalier des caves jusqu'à la tonne qui stationne dans la rue. La pompe est mise en mouvement ; des jets fétides s'échappent par de nombreuses fissures et par les joints mal soudés, et lorsque la tonne est remplie, une écume jaunâtre, repoussée par le trop plein, s'écarte en gémissant et retombe sur le pavé du roi. Si le liquide est épuisé avant que la tonne soit remplie, la partie solide est apportée dans des hottes et déversée au dessus de la voiture, et souvent les ouvriers, dans le trajet, ont à traverser les escaliers, les cours et la rue. Certes, l'administration ne pouvait mieux faire que d'accorder un brevet d'invention à une innovation aussi heureuse. Le mode des tinettes et des tonneaux est moins expéditif que celui des tonnes, mais du moins l'opération est concentrée dans l'intérieur des maisons pour lesquelles on travaille. Les tinettes et les tonneaux sont déposés aussi près que possible de la fosse; on les ferme hermétiquement et on les enduit de terre glaise à mesure qu'ils sont remplis.

Heureux les locataires qui ont été avertis à temps de la fatale visite! il leur est permis d'envoyer au loin les dorures et les objets que le gaz des fosses altère et noircit, et de se protéger eux-mêmes en calfeutrant toutes les issues dont aurait profité l'air extérieur pour les entourer d'un nuage fantastique. Le portier reste seul debout au centre même de l'action, et, comme le sage d'Horace, il aspire impassible l'atmosphère qui le presse de toutes parts ; il a pris courage en pensant que, le lendemain, il pourra faire aux voisins un touchant récit de ce qu'il aura vu, de ce qu'il aura souffert.

Il y a quelque temps, l'un des premiers avocats de Paris avait convié à une soirée *dansante* une société nombreuse et choisie. De riches draperies, d'orgueilleux candélabres, des corbeilles surchargées de tous les attributs du printemps, attestaient combien l'amphitryon avait à cœur de se faire un renom de luxe et de galanterie. Les salons se remplissaient d'une foule joyeuse ; les femmes étaient jeunes et belles, et nombreux les danseurs qui prenaient rang sur leurs tablettes privilégiées ; ce n'était que doux propos, précurseurs du bonheur et du plaisir. Une, deux voitures massives, au lointain retentissement, se sont arrêtées devant la porte de l'hôtel; les larges vitres des salons en ont frémi. Un domestique entre avec précipitation ; sur sa figure pâlissante se lit une étrange nouvelle. Monsieur, dit-il à voix basse, ce sont les. . . . . ! L'homme de loi a tressailli. Les . . . . oh ! grand Dieu ! Il sort éperdu, descend à grands pas les escaliers, et s'adressant au chef d'équipe, il le supplie de remettre son œuvre au lendemain. J'ai des ordres, répond froidement celui-ci. — Mais. —J'en suis fâché, cela n'est pas possible. Offres d'argent, menaces, moyens oratoires, péroraisons des grands jours, tout fut inutile et l'opération commença. Les dames reprirent leurs cachemires ou leurs boas, et les salons, veufs de leur population, ne furent bientôt plus qu'un désert. On raconte qu'un incident avait mis le comble à la consternation générale. Au moment où les premières émanations avaient surpris les odorats sans défense, des visages brillans de fraîcheur, et sur lesquels l'auteur de *Fanchon* eût reconnu que la rose avait fait alliance avec le lis, étaient devenus tout à coup blêmes et ternes.

Autrefois, la nuit était chargée de dissimuler

nos haillons. On a inventé les fosses inodores et portatives, et désormais une partie de nos misères se déroule à la face du soleil. C'est en plein jour que des haquets traversent Paris, chargés de lugubres appareils. Il était tout simple de placer les tonneaux debout dans des voitures fermées; on les a couchés sur des haquets, la bonde renversée. Prenez-garde, ô vous, piéton sans défiance, de les raser de trop près. Il n'est pas besoin de la verge de Moïse pour en faire jaillir une miraculeuse cascade.

Le monde poursuit de son dédain l'ouvrier qui accomplit, sans se plaindre et au prix d'un modique salaire, une horrible tâche; cet ouvrier a femme et enfans; il les nourrit de son travail; il est honnête, non moins que celui qui le dédaigne. Sous son costume grossier bat *un cœur d'homme*, un cœur que ne désavouerait pas l'école moderne. Vienne le moment du danger; que le *plomb*, ce gaz terrible qui se cache, traître et mystérieux, dans une fente, un trou inaperçu, se dégage et frappe, aussi prompt que la foudre, l'un des travailleurs, l'ouvrier descend d'un pied hardi l'échelle qui le sépare de son compagnon; il le saisit, l'étreint de ses bras nerveux et le dispute à la mort; il va succomber lui-même. Un, deux, trois ouvriers, tous les ouvriers se précipitent dans le gouffre. Malheur sur eux, si le chef, dans son trouble, méconnaissant le devoir qui lui est imposé, ne les a pas contraints à ceindre le bridage qui doit aider à les soutenir et à les retirer ! Qui parlera de ce noble dévouement ? l'administration ni les journaux n'en apprendront rien, et le nom d'un homme de courage restera inconnu, et sa belle action sans récompense.

On a dit qu'un héros avait toujours son côté faible; notre ouvrier n'est pas affranchi de la commune dette; s'il a des vertus, il a aussi des défauts. Historien fidèle et consciencieux, je le présenterai tel qu'il est. Il prend peu de soin de sa personne; l'art n'est pas fait pour lui, il est nature. Audacieux dans ses paroles, il appelle sans vergogne les choses par leur nom; peut-être aussi, anacréontique par tempérament, fait-il, suivant l'expression vulgaire, un dieu de son ventre; l'autel sur lequel il sacrifie lui importe peu. Au lieu même de son travail, il boit, il mange non moins tranquille qu'un habitué de Véfour. Et lui aussi il paie à la maladie du jour un déplorable tribut; il veut la richesse, il aime l'or; alchimiste nouveau, il le poursuit dans son asile le plus secret. Je n'aime pas à le voir broyant de ses doigts peu délicats le produit des infirmités humaines, recherchant d'un œil avide et s'appropriant le butin plus ou moins précieux que l'imprudence ou quelque accident y ont délaissé; et ce sont là pourtant ses moindres torts. Il est assez mal né pour estimer le chat à l'égal du lapin; même il en trouve, assure-t-on, la chair plus savoureuse et plus tendre. Cédant à un irrésistible penchant, il fait la guerre aux chats domestiques; et, sans respect aucun pour l'hospitalité qu'il reçoit, bravant l'article du Code qui punit les abus de confiance, il abat tous ceux qu'il peut atteindre, les arrache à leurs affections, et les livre à son épouse qui les met en gibelotte : on prétend que la vente de la peau sert à payer les épices. Le charretier est complice de ces attentats; il a des chiens dressés à cette chasse urbaine, et ces chiens n'épargnent ni le sexe ni l'âge; on peut voir le matin les voitures, à leur sortie de Paris, surchargées de déplorables trophées. La révélation de ces faits expliquera la disparition d'une foule de paisibles commensaux, qui faisaient les délices et la joie de leurs maîtresses. A l'avenir, on se tiendra pour averti, et le matou favori sera mis sous clef.

Les entrepreneurs, dans l'intérêt de la vie des ouvriers et de la salubrité publique, sont astreints à déclarer à la préfecture leur travail de la nuit; quelques uns s'affranchissent de cette obligation, ceux qui n'ont pas le moyen d'établir un matériel que l'administration puisse accepter comme offrant garantie suffisante d'une exploitation régulière ; ils font la contrebande. Le propriétaire dont la fosse est mauvaise a recours au contrebandier, et se dérobe ainsi à l'œil de la police ; celui qui n'a qu'un tonneau dans sa cour, et qui veut un travail au rabais, s'adresse aussi au contrebandier, et c'est la terre, toujours discrète et complaisante, qui enfouit ces méfaits. On a lieu de croire que près d'un quart du travail de Paris est ainsi exploité clandestinement. C'est un rude métier que celui de notre contrebandier : le fraudeur qui fait entrer dans Paris des sucres, des cafés, du tabac, n'a contre lui que des chances ordinaires et prévues ; il n'a d'autre ennemi que l'octroi. Le nôtre est signalé de loin, on peut le suivre à la piste ; il est en guerre avec le genre humain, il n'est pas un nez qui ne lui soit hostile.

La plupart des fosses en maçonnerie sont construites à l'entrée des maisons, sous les boutiques, au centre même de la partie habitée ; elles filtrent dans les terres, les puits, les égouts, les catacombes et les autres souterrains, ainsi que dans la Seine et la Bièvre. Une ordonnance royale avait prescrit, en 1819, un mode de reconstruction des fosses mauvaises ; six mille sont vidées chaque année. Il était facile d'améliorer progressivement et de tarir les sources qui infectent le sol de Paris ; ce n'est point ainsi qu'on a procédé. Les agens subalternes ont trafiqué du mauvais état et de l'irrégularité des fosses qu'ils étaient chargés de surveiller ; les propriétaires, au lieu de dépenser 1000 à 1200 francs en réparations, ont payé de 25 à 100 francs le droit d'asphyxier leurs locataires ou de les empoisonner. On peut se le rappeler, c'est dans le voisinage des fosses, au rez-de-chaussée des maisons, que le choléra a frappé les victimes d'une main plus rigoureuse. L'eau des puits sert aux besoins domestiques ; c'est avec elle que les boulangers pétrissent le pain que nous mangeons ; ainsi que nous l'avons dit, les fosses filtrent et filtreront long-temps encore dans les puits.

L'établissement des fosses inodores et portatives devait faire révolution : oh ! c'était un merveilleux système ! d'où vient donc ce proverbe devenu populaire : *sentir mauvais comme un inodore ?* Les appareils sont placés dans une cave ou dans quelque recoin obscur du rez-de-chaussée et reposent sur la terre nue : point de pavé, point de dalles ; luxe inutile ! Le sol, les murs, le plafond, tout s'imprègne d'une impure transpiration. S'il arrive que l'appareil soit en bon état, s'il ne laisse rien échapper de ce qu'on lui confie, le portier, confident des procédés économiques du propriétaire et désireux de couper court aux visites trop coûteuses de l'entrepreneur, pénètre dans le sanctuaire à l'heure de minuit, à cette heure que les romanciers du bon temps ont si judicieusement réservée aux pensées criminelles; un seau dans la main gauche, une canelle dans la droite, il pratique une ouverture au tonneau; une liqueur dorée s'en échappe; le portier la recueille; et, insalubre conspirateur, il la verse au ruisseau de la rue.

Et c'est au 19e siècle que nous conservons avec amour ce hideux héritage! La peste est au sein de nos habitations, au milieu de nos rues, nous l'aspirons de tous nos poumons, elle se glisse impunie jusque dans nos alimens; elle nous poursuit dans notre sommeil; nous la retrouvons au matin sous nos pas. Aussi voyez à Paris cette chétive reproduction de notre chétive race, ces enfans amaigris, ces adolescens aux bras énervés, ces jeunes filles flétries avant l'âge. La province nous prend en pitié : pour que la capitale ne périsse pas, elle nous envoie des hommes robustes, des femmes saines et fraîches; et nous, ingrats et stupides, nous tirons vanité de notre décrépitude anticipée, nous insultons à la force, nous rions de la beauté; il n'y a que nous qui fassions honneur à l'espèce. Notre faiblesse est du bon ton, notre pâleur, de la grâce. Cette faiblesse, cette pâleur sont des symptômes de mort, d'une mort lente, à laquelle nous n'arrivons qu'après avoir, impuissans et stériles, végété long-temps sur des cloaques et dépensé la moitié de la vie sur des couches fiévreuses.

On parle d'intérêts matériels à satisfaire. L'assainissement du foyer domestique est le plus pressant de tous; il nous touche, nous qui sommes encore debout; il intéresse ceux qui vont nous suivre. La voie publique est libre désormais; Dieu merci, plus d'émeutes, plus de troubles; l'administration a ses coudées franches; qu'elle agisse donc. Les moyens de désinfection sont connus, il n'y a plus qu'à les appliquer. L'autorité nouvelle a déjà fait quelque pas en avant; avec une volonté forte, elle doit achever le grand œuvre, qui s'achèvera un peu plus tôt, un peu plus tard; car une génération, malade au physique et au moral, s'inquiète et se fâche : il faut à tout prix lui donner satisfaction.

B.-T. DUVERGER.

FIN DU TOME DEUXIÈME.

TABLE DES MATIÈRES.

MM.   Pages.

Achille DE VAULABELLE. — Bibliothèques publiques 1
    Bibliothèque de l'Arsenal................... *Ibid.*
    Bibliothèque de l'Hôtel-de-Ville............ 14
    Bibliothèque Sainte-Geneviève............. 18
    Bibliothèque Mazarine..................... 23
Ernest DESPREZ. — Le dimanche à Paris....... 33
Théodore MURET. — Sainte-Pélagie (prison politique)... 55
A. ALTAROCHE. — L'avoué de Paris............ 75
    I. Ce qu'il est............................ *Ibid.*
    II. Son âge................................ 77
    III. Son genre de vie..................... 78
    IV. L'avoué garçon........................ 80
    V. L'avoué marié.......................... 81
Emploi de la journée........................... 84
    VI. Le cabinet............................ *Ibid.*
    VII. Affaires de ville..................... 87
    VIII. Travail de l'étude.................. 89
    IX. Petits bénéfices...................... 91
    X. La requête............................ 93
    XI. Une licitation....................... 95
    XII. Retraite de l'avoué.................. 100

MAURICE-ALHOY. — Les prisonniers pour dettes. . 103
N. BRAZIER. — Le chiffonnier. 135
Frédéric SOULIÉ. — Les marchands de nouveautés. . 147
RICHARD. — De la maison pénitentiaire 167
Félix PYAT. — Les bureaux de confiance 183
Michel MASSON. — Le boutiquier 213
Albert DES ÉTANGS. — La Salpétrière. Aliénation mentale. 233
A. JAL. — Les comiques de Paris. 263
P.-L. JACOB (bibliophile). — Les amateurs de vieux livres 333
Auguste LUCHET. — Les bals champêtres en 1833. 367
B.-T. DUVERGER. — Paris nocturne. Les basses œuvres. 395

FIN DE LA TABLE.

www.ingramcontent.com/pod-product-compliance
Lightning Source LLC
Chambersburg PA
CBHW052132230426
43671CB00009B/1221